株式会社新論
―コーポレート・ガバナンス序説―

中條秀治著

文眞堂

まえがき

　「神は細部に宿る」という言葉を初めて聞いたのは中京大学の故相馬志津夫先生からであったと思う。細部にこだわることの重要さを説くこの言葉を大学人の研究姿勢に重ねて言及され，研究姿勢として守るべきは，細部にこだわることであり，そのことなしには本物の研究にはなり得ないというような話をされたと記憶している。

　前著『組織の概念』が幸運にも組織学会賞を受賞したとき，幾人かの人から「この組織概念を使って何を分析しようとするのか。次の研究テーマは何か」というような質問を受けた。どのような研究意図のもとでの概念構成であるかは重要な問いかけである。わたくしが定義したように組織を概念化して，それがどれほどの実践的意味をもつのかという疑問がそこに含まれていたように思う。

　集団・団体・組織などという概念は多くの研究者には同義語でしかなく，それらの微細な差異を論じてみたところでなんになるのかとの感想を抱かれそうな領域である。取り立てて問題とする意義がそもそもわからないというのが一般の反応ではないかと思う。しかし，「神は細部に宿る」のである。

　わたくしがここで展開しようとしている株式会社についての議論は集団や団体や組織という概念の細部の差異にこだわるところから生まれた。集団・団体・組織という概念の差異にこだわることで，いままで見えなかった世界が見えるようになる。しかも，ここから見えてくる世界は広大な裾野をもっている。国家レベルの議論から本書で問題とする株式会社の理論に至るまで，これら概念の適用なしには本質的な議論を展開することはできないのではないかと思う。

　株式会社の本質を団体概念で捉えることで，株式会社に関連して論じられたほとんどすべての論争の核心部分に迫ることができる。逆にいえば，団体

概念をもたずに，株式会社制度を論じてみたところで議論の核心には到底迫り得ないということである。

　自分の研究動機がリアリティある組織理論の構築ということであった以上，現実の経営が実践されている場である株式会社というものがわたしの組織概念を適応すべき対象となることは自然なことであった。集団・団体・組織で実際の株式会社がどう分析できるかを検討してみることにしたのだが，それは我ながらあらためて概念のもつすごさを実感できた瞬間でもあった。

　集団・団体・組織という分析概念を持ったわたくしには，これまで無味乾燥に思えた会社法の規定やその背後にある考え方が組織理論の延長線上で理解できるようになった。合名会社と株式会社に関する商法上の規定を集団概念と団体概念のそれぞれの適応例としてみるとき，商法上の規定が一貫した論理の適用であるという事実は驚きですらあった。なぜなら，私自身，これまで会社の種類の違いによって規定される会社の性格とそれがよって来る論理構造を問うことなく，ただ法的に規定されたものとして各種会社に関する諸規定を丸暗記しようとしていたにすぎないからである。いままでは単なる機械的な暗記の対象でしかなかった商法の各種会社規定が会社の性格をめぐる論理の上に組み立てられているということが実感できるようになったのである。

　合名会社の性格をめぐる議論としては，個人法的に解釈して「組合」とする見方と団体法的に解釈して「社団」とする見方がある。また，株式会社の性格をめぐる議論としては，これを商法の規定どおりに「社団」と考える立場とは別に，「財団」や「第三法人」と捉える見方などがある。しかも，株式会社については，「一人会社」や「一円会社」が認められるようになっており，株式会社を「社団」と規定している現行法では，このような現実を整合的に解釈することができなくなりつつある。会社をめぐるこれら諸問題のすべてを整合的に説明するためには本書が問題とする「集団」ないし「団体」の概念が必要となる。

　これら概念の差異にこだわることで，商法に対するわたくし自身の理解は

格段に高まり，商法を読み解く姿勢にも変化が現れた。商法の規定を金科玉条のようにただ受け入れるという立場ではなく，現行商法の規定に論理的な整合性があるかどうか，また現行の規定に論理の一貫性が認められないと感じられる場合，どのように規定変更すれば論理的に一貫したものとなるかというような，あるべき商法を構想するような態度に変わったのである。その時，法律の専門家にしか歯が立たないと考えられていた領域について，組織理論の方面から，これらの概念用具を用いて接近できるとの実感を得たのである。しかし冷静に考えて見れば，これは当然のことで，法といっても，社会の中で成立しているのであり，社会を離れて法は成立しない。商法は社会科学の考え方に影響をうけながら，その成果を取り入れて法解釈をしてきたという側面があるからであろう。

いずれにしろ，わたくしを含めて，これまで組織論の研究者は商法といった分野とはほぼ無関係に存在しており，商法の規定の根拠に関心を持つことはなかったし，たとえ持ったとしてもその根拠を解釈し分析するための道具立てを持たなかった。しかし，いま，組織理論は商法の分野をも視野に入れ，それとの整合性を保ちつつ，理論展開するための分析用具を手に入れたといってよい。商法は現実世界との関連性が強い領域であるから，そのような領域をも意識する組織理論は現実との対応関係を強くもった理論としてより実践的で切れ味鋭い理論となるはずである。

昨今，株式会社をめぐってはコーポレート・ガバナンスの議論が盛り上がっており，経営関連の学会の主要テーマとなっている。

株式会社なるものはいかなるものか。これこそ団体の概念を適応して初めて理解できる対象である。株式会社は概念構成体であり理念体である。人間ならざる存在である。英語ではこれをコーポレーション（corporation）と呼ぶ。コーポレート・ガバナンスの議論は株式会社がコーポレーションであるというところから始まる。コーポレート・ガバナンスはコーポレーションのガバナンスである。コーポレーションとは何か。これがまずは問われるべき課題である。単なる会社（company）のガバナンスの問題ではない。ま

ずは，コーポレーションという存在の意義とその特殊性を認識しなければ，なぜこれにまつわるガバナンスというものが問題になるかがわからない。

しかるに，これを議論するのに必要な概念をもたずに，この課題に立ち向かおうとしてきたのが，これまでの状況である。多くは，既存の法的枠組みでの解釈を墨守するというにとどまる。すなわち，株式会社は「株主の社団」であり，「株主のもの」であるのだから，「株主価値」を最大化すべく経営者を監視すべしと主張する。これは会社一般を出資者のものと考え，出資者が経営にも参加するという原初的な人的共同事業形態を念頭においたものである。しかし，株式会社をこのような人間中心の共同事業体としてイメージしてよいのであろうか。株式会社は人間の限界を超えようとする新しい発想から生み出された社会制度である。この制度の論理は人間存在を超える「団体」の論理であり，人間そのものに還元できるようなものではない。

なぜ会社支配論からコーポレート・ガバナンス論への流れが押し寄せてきたのか。なぜにこれほどコーポレート・ガバナンスの議論が盛んであるのか，なぜこれほどの議論の広がりをもちうるのかと考えるとき，従来の株式会社をめぐる議論の枠組みをこえる新しい発想が必要となる。このことを説明するためには，「団体」の概念を必要とする。株式会社制度の成熟の結果として，株式会社という存在が社会活動の中でその団体性を本格的に発揮し始めたという認識が必要である。

「団体」の概念は古くから存在する概念であり，幾多の批判を浴びてきた概念でもある。全体主義に反対する立場からの反論には心情的にもその論拠からいっても痛烈なものがある。また，これは方法論の問題としてもいまだ未解決の問題を含んでおり，これまで長らく論争の対象となってきた「個」と「全体」にかかわるいわくつきの概念である。方法論の観点からも，この「団体」という概念に接近する道を探ることなしには株式会社という新しい制度は理解できない。本書は方法論的関係主義の発想にたち，観念実在論の成立を一部認めるところから，概念構成体としての団体の実在性を主張する。

「会社は誰のものか」が現代株式会社に対する切実な問いかけとなっているのは偶然ではない。団体概念をもって発想すれば，会社は誰のものでもなく，「会社それ自体」として存在するものである。株式会社をめぐる所有権の問題にしても，「株主の会社に対する所有」と「『会社それ自体』の会社財産に対する所有」が株式会社における「所有の二重構造」として両立している。株式会社の所有構造は資本主義の根幹にある「所有の絶対性」に揺らぎを与えているともいえる。また，「経営者の正当性」に関する議論においても，従来のように，株主の所有権に由来する説明ではなく，団体の成立を論拠とした「団体機関としての正当性」という論拠が主張できる。さらに，株式会社を団体概念で捉えることの派生的側面として，日本型経営に見られた「家の論理」は伝統的な「家共同体の論理」を株式会社という団体の論理として援用したものであるとの見方を提示できる。さらに，経済のグローバル化の進展とともに，「家の論理」が急速に過去のものとなり，近年では団体としての株式会社が「社会制度的存在」という面を強めていることも指摘できる。

　株式会社を「団体」の概念で理解する立場からは，「団体の責任」の取り方についても新しい提言が可能となる。すなわち，株式会社は，永遠性を組み込まれた社会的実在であるがゆえに，「法人実在説」の立場に立って「会社それ自体」を罰し，時に，法制度的枠組みをもって「死を与える発想」が必要となる。もちろん，株式会社が健全に発展するためには，資本主義社会の原動力としての自由な欲望追求と経営行動とのバランスが重要となる。そこで，株式会社の運営に責任をもつ「団体機関としての経営者」のもつべき経営哲学が最終的には問題となる。

　本書が主張しようとしていることの核心は，株式会社とはこれまでの人的結合を基本とする「集団」の概念で理解される会社とは異なる内的論理と統治構造をもったまったく新しい社会的発明であるということである。そして，株式会社を「団体」の概念で捉えてはじめて，現代社会が「組織の時代」であるということの意味も明らかとなる。すなわち，人にあらざる概念

構成体であるゴーイング・コンサーンとしての団体を，団体機関の機能単位としての組織人が，団体の目的とその論理に従いつつ運用するという事態こそが「組織の時代」が意味するものなのである。株式会社の理解のために必要な基礎概念こそ，本書が問題とする「団体」の概念である。

　本書は中京大学経営研究双書として出版されたものであり，大学からの出版助成に対してお礼を申し上げる。

　　2005年2月1日

中條　秀治

目　　次

まえがき

序章　団体の概念 …………………………………………………… 1
 I　はじめに …………………………………………………………… 1
 II　閉鎖的社会関係と「境界」の出現 ……………………………… 1
 III　集団の概念 ………………………………………………………… 3
 　1　関係性の総体としての集団 …………………………………… 3
 　2　集団の本質 ……………………………………………………… 4
 　3　集団の限界 ……………………………………………………… 6
 IV　団体の概念 ………………………………………………………… 7
 　1　概念構成体としての団体 ……………………………………… 7
 　2　団体における人の位置づけ …………………………………… 8
 　3　団体の存在意義 ………………………………………………… 10
 V　団体と組織 ………………………………………………………… 14
 VI　結び ………………………………………………………………… 15

第一章　株式会社とは何か
　　　　　―団体の成立― ……………………………………………… 17

第一節　合名会社の社団性について考える ……………………… 17
 I　はじめに …………………………………………………………… 17
 II　会社とはなにか …………………………………………………… 17
 　1　会社とはなにか ………………………………………………… 17
 　2　社団とはなにか ………………………………………………… 18
 III　合名会社の社団性 ………………………………………………… 19

        1　組合か社団か ……………………………………………… 19
        2　鷹巣信孝の合名会社論 …………………………………… 21
    Ⅳ　集団としての合名会社 ………………………………………… 24
    Ⅴ　結び ……………………………………………………………… 26
  第二節　株式会社の社団性について考える ………………………… 27
    Ⅰ　はじめに ………………………………………………………… 27
    Ⅱ　株式会社の社団性 ……………………………………………… 27
        1　社団説 ……………………………………………………… 28
        2　財団説 ……………………………………………………… 29
        3　第三種法人説 ……………………………………………… 31
    Ⅲ　株式会社は「株主の社団」か ………………………………… 32
        1　株式会社は「株主の社団」か …………………………… 33
        2　「一人会社」の社団性 …………………………………… 36
    Ⅳ　株式会社の特質 ………………………………………………… 38
    Ⅴ　結び ……………………………………………………………… 39
  第三節　株式会社の法人性について考える ………………………… 41
    Ⅰ　はじめに ………………………………………………………… 41
    Ⅱ　合名会社の法人性 ……………………………………………… 41
        1　法人とはなにか …………………………………………… 41
        2　合名会社の法人性 ………………………………………… 42
        3　合名会社を法人とする意義 ……………………………… 44
    Ⅲ　株式会社の法人性 ……………………………………………… 46
        1　法人としての株式会社 …………………………………… 46
        2　法人格の意義 ……………………………………………… 47
    Ⅳ　結び ……………………………………………………………… 48

第二章　株式会社をめぐる存在論と方法論
　　　　―団体の存在論と方法論― …………………………………… 50

  第一節　法人の存在論争を考える …………………………………… 50

	I	はじめに ……………………………………………………………… 50
	II	唯名論と実在論 ……………………………………………………… 50
		1　ネコは存在するか ………………………………………… 50
		2　「観念が実在する」とはどういうことか ……………… 52
	III	法人の存在論 ………………………………………………………… 55
		1　法人擬制説 …………………………………………………… 55
		2　法人否認説 …………………………………………………… 57
		3　法人実在説 …………………………………………………… 58
	IV	「実在」か「実体」か ……………………………………………… 59
	V	結び ……………………………………………………………………… 60

第二節　団体の方法論―方法論的関係主義― …………………… 62

　　I　はじめに ……………………………………………………………… 62
　　II　方法論的個人主義と方法論的全体主義 ……………………… 62
　　III　方法論的関係主義 ………………………………………………… 65
　　　　1　「集団」の方法論と「団体」の方法論 ………………… 65
　　　　2　方法論的関係主義 ………………………………………… 69
　　IV　結び ………………………………………………………………… 71

第三章　株式会社は誰のものか
　　　　―団体の所有論― ……………………………………………… 73

第一節　株式会社の所有について考える ………………………… 73

　　I　はじめに ……………………………………………………………… 73
　　II　所有権とはなにか ………………………………………………… 73
　　　　1　所有権とはなにか ………………………………………… 73
　　　　2　所有権と主権 ……………………………………………… 74
　　　　3　所有権と処分権 …………………………………………… 76
　　III　合名会社の所有権 ………………………………………………… 77
　　IV　株式会社の所有権 ………………………………………………… 78
　　　　1　「総有」という所有形態 ………………………………… 78

　　　　2　「会社それ自体」と「団体有」 …………………………… 80
　Ⅴ　株式会社の所有の二重構造 ……………………………………… 81
　　　　1　株式とはなにか ……………………………………………… 81
　　　　2　株式会社の所有の二重構造 ………………………………… 83
　Ⅵ　結び ………………………………………………………………… 84
第二節　会社は誰のものか―「会社それ自体」論の可能性― ……… 85
　Ⅰ　はじめに …………………………………………………………… 85
　Ⅱ　会社は誰のものか ………………………………………………… 86
　　　　1　株主のものか ………………………………………………… 86
　　　　2　経営者のものか ……………………………………………… 91
　　　　3　従業員のものか ……………………………………………… 93
　　　　4　社会のものか ………………………………………………… 98
　　　　5　「会社それ自体」のものか ………………………………… 100
　Ⅲ　「会社それ自体」論の可能性 …………………………………… 102
　Ⅳ　結び ……………………………………………………………… 104

第四章　株式会社の内部構造
　　　　―団体の内部構造― ……………………………………………107

第一節　「会社それ自体」論の展開―系譜とその批判― ……………107
　Ⅰ　はじめに …………………………………………………………107
　Ⅱ　「会社それ自体」論の系譜 ………………………………………107
　Ⅲ　北原の「会社それ自体」論 ……………………………………109
　Ⅳ　「会社それ自体」論に対する批判 ……………………………113
　　　　1　西山の批判 …………………………………………………113
　　　　2　奥村の批判 …………………………………………………115
　　　　3　内川・中村の批判 …………………………………………118
　　　　4　勝部の批判 …………………………………………………120
　Ⅴ　結び ………………………………………………………………127
第二節　株式会社の内部構造―「会社それ自体」の三側面― ………128

Ⅰ　はじめに …………………………………………………………128
　　Ⅱ　モノとしての側面 ………………………………………………129
　　　1　株主の所有権 …………………………………………………129
　　　2　株主の有限責任 ………………………………………………130
　　Ⅲ　ヒトとしての側面 ………………………………………………133
　　　1　「会社それ自体」 ……………………………………………133
　　　2　法人とはなにか ………………………………………………135
　　Ⅳ　組織としての側面 ………………………………………………136
　　　1　会社の機関 ……………………………………………………136
　　　2　代表権と業務執行権 …………………………………………138
　　　3　株主は組織メンバーか ………………………………………139
　　Ⅴ　結び ………………………………………………………………141

第五章　経営者の正当性
―団体の運営論― ……………………………………………………142

第一節　会社における代表権と業務執行権 ………………………142
　　Ⅰ　はじめに …………………………………………………………142
　　Ⅱ　合名会社の代表権と業務執行権 ………………………………142
　　Ⅲ　株式会社の代表権と業務執行権 ………………………………143
　　　1　代表権 …………………………………………………………143
　　　2　業務執行権 ……………………………………………………145
　　Ⅳ　「団体の長」と「組織の長」 …………………………………148
　　　1　代表取締役と社長 ……………………………………………148
　　　2　「団体の長」と「組織の長」 ………………………………150
　　Ⅴ　結び ………………………………………………………………151

第二節　経営者の正当性―団体機関の正当性― …………………152
　　Ⅰ　はじめに …………………………………………………………152
　　Ⅱ　経営者の正当性の根拠 …………………………………………152
　　　1　経営者支配に正当性はない？ ………………………………152

			2　ドラッカーの正当性論 ………………………………………153
			3　三戸のドラッカー正当性論批判 ………………………………158
		Ⅲ　団体に由来する正当性論 ………………………………………160
			1　団体機関としての正当性 ………………………………………160
			2　ガバナンス・システムによる正当性 ………………………162
			3　社会に由来する正当性 ………………………………………163
		Ⅳ　結び ………………………………………………………………165
	第三節　経営者をどう監視するか―コーポレート・ガバナンスとは
				なにか― ………………………………………………………166
		Ⅰ　はじめに …………………………………………………………166
		Ⅱ　経営者の「お手盛り」ぶり ……………………………………167
		Ⅲ　「株主価値」か「企業価値」か …………………………………169
			1　「株主価値」か「企業価値」か ………………………………169
			2　企業価値の向上とTOB ………………………………………171
		Ⅳ　経営者をどう監視するか ………………………………………173
			1　日本企業のコーポレート・ガバナンスの問題点 …………173
			2　大和銀行巨額損失事件 ………………………………………174
			3　公開会社の取締役の責任 ……………………………………176
				(1)　取締役の義務 ………………………………………………176
				(2)　「経営判断の原則」 …………………………………………177
				(3)　株主代表訴訟 ………………………………………………178
		Ⅴ　結び ………………………………………………………………179

第六章　株式会社の社会的責任と企業倫理
　　　　―団体の責任論― ………………………………………………181

第一節　株式会社の派生的側面―社会制度的存在としての株式会社― …181
　Ⅰ　はじめに …………………………………………………………181
　Ⅱ　共同体としての側面 ……………………………………………182
　　1　家共同体としての日本型経営 …………………………………182

2　日本型経営の未来 …………………………………………183
　Ⅲ　社会制度としての側面 …………………………………………185
　　　1　株式会社の公益性 ……………………………………………185
　　　2　永続体としての株式会社 ……………………………………186
　　　3　公器としての株式会社 ………………………………………187
　Ⅳ　結び ………………………………………………………………188

第二節　団体物神と死―株式会社にいかに死を組み込むか― …………190
　Ⅰ　はじめに …………………………………………………………190
　Ⅱ　団体の物神性 ……………………………………………………190
　Ⅲ　法人実在説の必要性 ……………………………………………193
　Ⅳ　いかに死を組み込むか …………………………………………195
　Ⅴ　結び ………………………………………………………………196

終　章　資本主義の本質と経営の哲学 …………………………………198
　Ⅰ　はじめに …………………………………………………………198
　Ⅱ　資本主義の成立と個人の自由 …………………………………198
　Ⅲ　資本主義の原動力としての欲望 ………………………………201
　Ⅳ　所有概念の揺らぎと新しい資本主義の可能性 ………………202
　Ⅴ　結び―組織の時代と経営の哲学― ……………………………205

あとがき ……………………………………………………………………208
参考文献 ……………………………………………………………………211
索　　引 ……………………………………………………………………216
初出一覧 ……………………………………………………………………226

序章
団体の概念

I　はじめに

　株式会社の分析を始める前に，まずは本書で使用する主要概念である団体について理解しておく必要がある。

　私はこれまでウェーバー（Weber, 1913, 1922）の発想の延長線上で，行為が生み出す関係性の違いとして集団・団体・組織といった概念を明確に区別する必要のあることを主張してきた[1]。これら概念については，前著『組織の概念』でかなり詳しく分析したが，それでもその時点ではかならずしも明確でなかった点があり，その後の研究で考えを深めたところがある。集団と団体の本質的な違いについては，本書を執筆する過程で，より明確にその質的差異を意識するようになったし，また，それら両概念が組織という概念とどのような関係にあるかについても明快になった。

　集団から団体への移行は現実には流動的な面があるとはいえ，集団と団体の成立論理は異なっている。ここでは，集団と団体の概念の差異に焦点をあてながら，団体概念の本質に迫ろうと思う。

II　閉鎖的社会関係と「境界」の出現

　行為が関係を作る。この発想が社会現象すべてを説明しようとする場合に

---

[1] ウェーバーは自らの研究上の課題の観点で，『基礎社会学のカテゴリー』（1913）の時点では，あらゆるものを社会的行為から形成される社会的関係に分解できるということを示そうとした。そこで用いられた基礎概念は「社会的行為」・「社会的関係」・「強制団体（anstalt）」・「任意団体（verein）」などであった。これに対して，『社会学の基礎概念』（1922）の時点では，団体（verband）の類型化を試みていた。ここでのウェーバーの概念整理については，団体の結合関係を二つの分析軸によるマトリクスの形成として，すなわち「任意か強制か」の関係軸と，テンニース的な「共同社会関係か利益社会関係か」の関係軸による団体の類型化の試みとして整理した（中條, 1999）。

適用されるウェーバーの根本的発想である（Weber, 1913）。他者を意識した行為が社会的行為であるが、どのような行為がなされるかで関係性に違いが生じる。われわれは関係性の違いを識別するために、特定の関係性に対して特定の名称をつけて行為の意味内容を区別している。

たとえば、われわれは特定の人々に挨拶し、他の人々には挨拶しない。また特定の人々との間でどのような行為が行われているか、またそこにどのような意味が込められているかでそこに成立している関係性の違いを識別している。知人と友人と親友には関係の強さに濃淡があり、恋人と婚約者と配偶者という関係性には質的な違いがある。要するに、このような関係性における行為の意味内容の違いをわれわれは異なる社会的関係であると理解し異なる呼称を与え区別しているのである。

社会における秩序とは、関係性の違いを的確に感じ取り、その関係性が想定する範囲内で適切な行為が行われている状態である。それは、予想される行為が予測の範囲内で推移する状態でもある。われわれは、特定の人々がどう振舞うかをある程度予測し、人々の行為がその想定内にあるかぎりで安心して生きていられる。

ところで、関係には誰でも自由に参加できる「開放的関係」と特定の人々との間でのみの行為を基本とする「閉鎖的関係」がある（Weber, 1922）。人間社会の場合、誰に対しても開かれている関係性というものは特殊であり、完全市場といった理念的存在のなかにしか成立し得ない。誰に対しても分け隔てなく接し、同じ値段で物を売ったりするという市場的現象の方が歴史的には新しい現象である。何気ない行為、たとえば見知らぬ人を見つめる行為ですら、社会的な文脈やその時々の状況判断を必要とする。他者に対する不用意な行為はいらぬ誤解やトラブルを生むということで、普段の社会生活では他者に対する働きかけは注意深く自制されている。

一般に、行為というものは、特定の相手との間でなされ、そこには「閉鎖的な関係性」が成立している。要するに、行為以前にそこには特定の関係性が成立しており、その関係性に基づいて行為がなされる。そもそも、何の関係性もない人との間では相互行為というものが起こらないのである。

このように相互行為は誰に対しても自由に行われるのではなく，特定の人の限られた範囲の人々との間で成立するのが普通である。そこから，この「閉鎖的な関係性」により「境界」という概念を概念化するのが天才ウェーバー（Weber, 1922）の閃きである。

　「境界」の概念は社会科学にとってきわめて重要な概念であるが，組織理論にとってはさらに重い概念となる。なぜなら，集団や団体といった概念を考えようとする場合，それらがどのような関係性を持つかが問われねばならないからであり，また組織における権限の及ぶ範囲というようなことを考えようとするだけで，組織の「境界」が問題にされねばならないからである。しかるに，これまでの組織理論にはこの「境界」という概念が明示的に取り上げられることはなかった[2]。

III　集団の概念
1　関係性の総体としての集団

　この境界の概念が契機となって「集団」という概念が構想される（Weber, 1913, 1922）。つまり，「閉鎖的社会的関係」により「境界」を成立させて，その内部の社会的関係が特定の関係性をもっている状態を「集団」と規定するのである。それゆえ，物理的な空間を共有していなくとも，特定の行為の可能性が想定できれば集団は成立していると言える。集団という概念を「人が集まっている状態」としてではなく，特定の人々の間に成立している特定の「関係性」として説明できるのである。つまり「集団」というものを「人の集まり」としてイメージするのではなく，特定の行為の可能性が特定の範囲の人々との間に成立するという関係性として集団をイメージするというわけである。

　人々が関係を結ぶ動機とその目的はさまざまである。結合する目的とそこ

---

[2]　もっといえば，バーナード理論などに典型的に見られるように，組織の境界をあえて無視する理論がもてはやされてさえいたのである。それはシステム論と機能論の影響を強く受けて，あらゆるものは相互関連するものであり，あらゆる要素が機能的結合関係の観点で再構成される組織概念を採用するものであったからであろう。機能の観点で相互関連性を解釈すれば，境界という概念は重要でないばかりか，理論にとってはかえって邪魔な概念とすら位置づけられたのである。

に属するための資格要件が明確なものとなるにつれて，境界が明確となり集団としての存在感も増す。この境界の程度はその集団の閉鎖性の程度として意識される。参加するための条件にはさまざまなものがありうるが，民族・言語・出身地・職業・学歴・年令・性別・人柄・趣味などなんでも閉鎖性の基準となりうる。たとえば，友人が複数集まって集団を形成する場合ですら，なんらかの基準がこの関係性に参加するために要求されている。境界の内部関係に属する者が「仲間」として意識される。

2 集団の本質

では集団の本質はどこにあるのか。集団は構成員の個性の相互作用に焦点をあてた概念である。内部の社会的関係を律する主体はあくまで構成員の側にある。集団の議論においては，構成員を超える存在を仮定するのではなく，諸個人の作る連結的な関係性の総体を一つの全体性として捉える見方となる。集団概念における全体というのは，個の集まりをイメージする。「皆は一人のために，一人は皆のために（All is for one, one is for all）」という騎士的盟約はこれにあたる。

ここで重要なのは，集団という社会的関係が関係の閉鎖性を持ちながら，その内部での個の連結の程度に温度差をもつということである。集団には，個の自由度が大きいものから自由度の少ないものまでが含まれることになる。最終的には個の結びつきが非常に強い状態で，個の自由度が最低となり，その時点でより明確に全体性が出現する。

そこで集団の本質であるが，この概念は各人の行為の相互作用を問題とするものであり，構成員の社会的関係を超えるいかなるものも理念的には認めないという立場に立つ。これは，各個人の個性を維持した社会的関係を一つの総体として見る見方である。要するに，集団という概念は構成員を超えた概念構成体を観念化して，それに存在を与えるという抽象的な思考操作をしていない段階の概念である。

前著でわたくしは以下のように書いた。

「たとえば狼の集団を考えてみよう。ボスの出現以前の狼の群れは集団で

ある。狼の群れには一定の閉鎖的な社会的関係が成立している。しかし，それぞれの狼は個の意思で動きうる存在であると想定できる。しかるに，ボスの出現は事態を一変させる。一旦ボスが出現すればどうなるか。ボスの意思こそが他の意思を圧倒し，集団全体の意思となる。ここに，集団は団体へと性格を変える。もはやボスを倒すことなしには個々の狼たちは自己の意思を主張することは許されない。」（中條，1998）

狼の集団におけるボスの登場を契機に，集団概念から団体概念への移行があると考えたのである。しかし，これは間違いであると気づいた。これまでの説明はボスの登場で群れはボスの支配を受けることになり，ボスの意思が群れを全体として動かすから，これは団体であるという説明であった。しかし，これは考えてみれば，一匹の狼が他の狼より優位に立って自己の意思を通したにすぎない。

この例は集団の例であって，団体成立の例ではなかったのである。いくら一人に権力が集中し，そのボスないしリーダーが群れを自分の思い通りに動かそうと，それは要するに個体レベルの権力闘争であり，個を超える存在を想定した議論ではないからである[3]。

集団は個人レベルの社会的関係ではあるが，個々人の活動に集団としての統一的な方向性を与えようとする場合に組織化という契機は必然となる。人々が特定の目的で集まる場合，その秩序を維持する必要がある。集団における秩序形成の側面として，集団にも規律と規範が必要である。個人行動の連結に伴う個人行為の制約が起こる必然性がここにある。

それゆえ，集団に組織はあるのかという問いに対して，運営行為としての組織はあるといえる。集団的活動を企画した場合，たとえば活動日を調整したり，活動内容の企画・準備・案内が必要となる。これらの作業を一人でやる場合もあれば，手分けしてやる場合もある。多人数の利害を調整したり，集団としての活動に統一的な方向性を与えようとする場合に組織化は必然と

---

[3] 林（2005）は「ボスなくしては集団も存在しえない」との立場から，この時点でのわたくしの集団概念を批判している。しかし，ボスという支配者は集団の中から生み出されるのであって，集団のないところに，支配と服従関係はそもそも成立しない。ボスの存在は既存の集団関係に対してそのボスを頂点とする一つの権力パターンを作るものでしかない。

なる。これらは個人結合の総体としての集団を維持運営するための機能であり、このような機能に関わる行為は集団における組織的行為と言える。しかし、集団における組織はあとで詳しく述べる団体における機関としての組織とは性格を異にする。集団レベルにおいては、相互行為の調整という意味での運営的行為が必然化するが、基本的に集団が集団にとどまる限り、諸個人の連結という性格が強く、構成員という資格とは異なる機能単位としての組織イメージはそれほど強く出てこない。また集団としての社会的関係には社会的な圧力は存在するから、組織はある程度の強制力をもつはずである。しかし、その強制力は集団の目的と性格に依存し、諸個人の取結ぶ社会的関係の違いにより千差万別でありうる。

3　集団の限界

集団は、人間的な限界の中で成立する関係性である。人間という存在は、触れ合いを求める一方で、人と争い仲たがいし、感情や利害で離合集散を繰り返すような存在である。それゆえ、人間の作る集団は、時に強固であり、時にはかない。もちろん、集団維持の観点から、集団における規律や規範が構成員に課せられ、集団における秩序維持が図られるが、集団には致命的な欠点がある。すなわち、集団はいずれ消滅する運命にあるということである。なぜなら、人は死すべき存在であるからである。これは人間という生物的存在における必然である。集団に永遠性を求むべくもないのは、人間性にまつわる限界が如何ともし難いからである。この点を確認することで、集団という概念の限界が見えてくる。

集団についてまわるこの人間性の限界を克服するためには、まったく違った発想を必要とする。人は自らの人間としての限界を意識したとき、この限界を克服する方策を模索する。この限界を克服するための努力の必然的帰着点は、構成員である人間とは別に、結合関係そのものの理念や理想や目的がそれ自体として維持される方策を探ることである。われわれはごく自然に人々の集まりを「会」と呼び、「会」としての運営に移行する。これは日常的に見慣れているのでわれわれは当たり前のように「会」を作りその存在を

受け入れているが、この発想は個人を超える存在の概念化として非常に高度な抽象的な思考である。この思考の根本にある発想が次に述べる概念構成体としての団体というものを成立させる考え方である。

IV 団体の概念
1 概念構成体としての団体

　団体という存在は集団とどこがどう違うのか。一言で言えば、団体は人間にあらざる存在であるということである。つまり、団体は理念・理想・目的から構想された概念構成体である。集団が具体的な諸個人の関係性の総体としてイメージされていたのに対して、団体という存在は理念先行の観念的存在である。団体という概念において、団体理念の発議や団体目的の設定が重要となる所以はここにある。端的にいえば、団体は自然人には還元されないものとして成立する。

　集団から団体への移行は流動的な面を持つが、それぞれの概念の成立論理は根本的に異なっている。集団においては、構成員の個性が重視され、個の自立性や個の主体性が維持されていた。そして、諸個人の相互作用とその連結の総体が一つの全体性を生み出すが、そこに成立している全体性はあくまで諸個人の存在とその相互作用の結果としての社会的関係であった。これに対して団体においては、理念・理想・目的を具現化した概念構成体を成立させるプロセスが先行し、それゆえに、団体は個々の構成員とは別の存在となる。団体は、完成型においては集団とはまったく異質な性格を帯びることになる。人間は団体機関ないし団体執行機関の機能単位としてのみ団体と関わることになる。

　ウェーバーは「完全に発達した場合には、目的結社は一時的なものではなくて、永続的な『社会的組織体』である」（1913, 訳 p.49）と述べる一方、目的結社の本質的な特徴として、「一般的諸規則の協定」と「自己の団体諸機関の存在」（訳 p.51）という二つを挙げている[4]。

4　ウェーバーはゲゼルシャフト関係の定律の発想から目的結社をイメージしており、必ずしも、

また団体構成員をどう規定するかは団体本体の成立とは別の議論となる。たとえば，社団ということなら団体理念や目的に賛同する自然人を構成員とすることになるが，財団として団体を成立させると団体の基礎はお金ということになる[5]。すなわち，財団のようにはじめから構成員をもたないという選択肢もありうる。いずれにしろ，団体本体とは別の存在として構成員は扱われることになる[6]。団体への自然人の参加は，団体の掲げる理念・理想・目的に賛同して，団体の構成員となるか，あるいは団体機関として，すなわち組織構成員として団体に参加するかである。団体構成員や組織構成員の加入・離脱は団体存在の本質とは関わらないが，それら構成員の範囲をどこまで広げるか，構成員の加入や離脱をどのような基準や手続きでするかが問題となる。

2　団体における人の位置づけ

　人は団体とどのように関わることになるのだろうか。団体そのものは概念構成体であるため，必ずしも自然人を構成要素とする必要がない。そして，当然のことであるが，団体構成員の交替は団体そのものの存在とは無関係である。団体構成員をどうするかは，団体をどのように概念構成するかである程度決まってくるものだろうが，構成員の範囲については，恣意性がついてまわる。

概念構成体としての団体を見据えていない。このような団体類型は株式会社の発展により明確なものとなることから考えれば，ウェーバーの死んだ20世紀初頭では会社形態も出資者が経営権をもつ合名会社か個人の結合としてのパートナーシップが中心であり，構成員とは別の存在を概念構成する株式会社制度が本格的にはいまだ普及していなかったと考えられる。

[5]　社団法人である茶道の流派と財団法人である学校を考えて見よう。茶道流派としての団体にとって守るべきは理念である。同好の士が集まって茶道の普及をする目的で結合した「人の集まり」を法人とし，永続性を追究する。しかし，団体の本体は「人の集まり」ではなく，「流派」という守るべき価値のほうにある。学校法人としての財団は寄付行為で成立する。学校は教育理念で成立し，団体として永続性をめざす。早稲田大学の校歌は象徴的である。「…集まり散じて人は変われど仰ぐは同じき理想の光」という一節がある。

[6]　強制団体と任意団体という対比を考えれば，強制団体，たとえば，国家などでは国民の資格要件として法的な基準を定めることとなるが，それが法である以上，恣意性は避けられない。任意団体の場合には，その構成員は団体理念や理想あるいは目的に賛同し，団体活動からなんらかの便益を受けるために参加するということになる。

たとえば，国家については，国民を構成員とする社会的関係の総体という集団的な見方をする場合もあるが，これを団体概念から読み解くと，国民あっての国家というイメージは必ずしもあてはまらない。国家理念や国体のイメージが先行する形で，国家概念を成立させるのが歴史的には一般的であるからである。

　アメリカ合衆国がピルグリム・ファーザーズの宗教理念を憲法草案に生かしたように，また明治維新の日本が，プロシアにならって国体を構想し明治帝国憲法の骨格を決定したように，近代国家は国家理念を成立させて，そこから構成員である国民を規定するという発想をする。

　要するに，国家というのは，理念体として概念化されるものであるがゆえに，歴史や文化や人種や宗教などを含めた現実の社会的関係とは必ずしも整合的でない国家建設も時に行われることになる。

　たとえば，理念体としての国家においては，人種や宗教を問わずに，国旗に忠誠を誓うことで国民となることができるアメリカ合衆国のような国も成立するし，宗教により国家を分割再編したインド・パキスタン・バングラディシュ型の発想も生まれる。また，アフリカや中東諸国における直線的国境線の存在は国家概念の恣意性をいみじくも物語っている。それらは植民地支配の痕跡そのものであり，人種や宗教や民族を分断して幾何学的に線引きされている。

　また，イスラエルの建国（1947年）などは宗教的な信念である「シオニズム」と国際政治状況が結びついた結果であろう。シオニズムという国家建設の理念（旧約聖書の予言にある「ダビデ王の国の再興」）とその理念に沿った運動が先にあって，第二次大戦後の混乱の真只中，その理念に沿って国家がまったく新たに建設され，その理念に適合ないし賛同する人々を国民として受け入れたのである。人間の具体的な社会的関係が先にあって，その関係性の総体が国家として概念化されたのではなくて，理念としての国家概念に沿って国家が建設されるという典型的なパターンをたどっているのである。

　国民と国家を同一視することはできない。国民あっての国家ということは

必ずしも正しくない。国家というのは理念であり統治の体制であり，それが作る社会的関係である。

国民の存在と国家を結びつける考え方をする限り，国民が無傷なまま国家が消滅したというような無血革命という事実をうまく説明できない。たとえば，1991年のソビエト連邦の崩壊では，何がなくなったからソビエト連邦という国家が滅びたというのか。旧ソビエト連邦の場合，その社会体制を動かしていた権力構造がほころびを見せ，体制維持の装置が動かなくなった。革命が起こり，国民は新しい国家体制と権力構造を支持した。国民と国家は内容物と入れ物のような関係にある。入れ物と内容物とを混同した議論は間違いである。国民そのものが国家であるという発想は入れ物と内容物を区別しない発想である。団体と団体の構成員は別ものである。確かに，団体構成員あっての団体という面はあるが，一旦，団体が入れ物として成立すると，入れ物それ自体がそれ独自の存在を主張する。

国民を超えるものとしての国家イメージはすこぶる評判が悪い。お国のために死んでいった第二次大戦の後遺症とでもいうべきか，国民を超える国家概念に対しては一部には抜きがたい嫌悪感がある。主権在民の戦後民主主義の発想からすると，国家は国民を越える存在として存在するというよりも，国民の総意により擬制せられた制度的存在にすぎない。しかし，本質的には国家は団体である。すなわち，概念構成体として成立し，その構成員である国民とは別の存在であることを主張するという事実から目をそむけてはならない。

3 団体の存在意義

団体概念が存在感を増せば，団体意思というような表現も見られるようになる。法の大家として知られるヴィノグラドフ（1959）は，団体を実在と捉えて，以下のように述べる。

「この団体的意思は，その社会に関係する限りにおいて，個々の構成員の意思に優越するものである。株式会社，学会，市自治体，県，自由教会（Free Church），カトリック教会などは，いずれも団体的な目的と意思とをそなえ

た社会である。それらは，その構成員の行為を規制する法を制定する。」（訳p.46）

　団体は概念構成体であるから，団体それ自体が考えたり，意思を表明するなどということはない。団体行為というのは，団体の代表権を持つ人間の意思決定ないしその代表権者から権限委譲された管理スタッフの決定に基づく行為である。団体行為が結局は自然人の行為に還元されるからといって，団体行為など存在しないということはできない。個々人が主体的・自律的に判断して行為するというのが個人行為であるとすると，団体行為は団体における指揮権をもつ者の意思の下で，諸個人は従属的・他律的に団体に奉仕するために行為するということになる。団体行為を統制しているのは団体の代表権者であり，個々の行為は一つの機関運動として行われるのである。そこには，個人としての動機や目的や意味はない。なぜなら機能単位としての個人行為は団体意思にもとづくものであり，それは個人意思とは別のものであるからである。われわれは団体意思の存在を認め，団体行動を個人行為と識別する視点を必要とする。

　人間存在を超える団体はいかなる動機で生み出されるものであろうか。概念構成体である団体の存在意義について検討しよう。

　特定の理念や理想や目的のために人々が集まったとして，人はやがて死ぬ。「人生わずか50年」といわれた時代であれば，死はつねに目前に迫り来るものであったろう。現代日本のように平均寿命が85歳に手が届こうかという時代でも，死はいずれやってくる。自分の死後，これまで築き上げてきたものが瓦解してしまうと考えると気が重いし，苦労の甲斐もない。死すべき運命を背負った人間がその運命を深く自覚したときどのような行動をするか。

　人間は自己の理念や理想や目的の追求を本気で考えれば考えるほど，個人の死に左右されないものを求めるはずである。そのための自然な発想が，自らという存在とは別の存在に自らの思いを託すことである。この場合，自らを良く知る人や自分の子孫にこの思いを託すというやり方がある。これが遺言であり遺産という考え方である。しかし，これはとても完全と呼べる代物

ではありえない。なぜなら、託す対象が人間であるからである。人間は心変わりする。物忘れもする。なにより自分のために生きようとする存在である。しかも、やがて死ぬ存在である。

ではどうするか。自己の活動を永続化したいと願うことは人間の自然な思考の流れである。

人は自らの死後も自己の思いが存在しつづけ、自らの意思が貫徹できる方策を考え出す。それが団体である。自己の理念・理想・目的をまさに体現する団体を設立し、それが適切に運営されるようにすればよいのである。

ウェーバーが指摘するように、人間は利害に生きるものであるが、歴史の転換点では理念や理想のために死ぬこともできる存在である。団体は「死すべき人間」が人間的限界を超えるために苦心の末に生み出した社会的構築物である。団体は、理念や理想や目的を掲げて、それらを追求する。その存在目的は設立者により与えられる。そして適切に運営される限り、それは永遠に存在し続ける。すなわち、永続的な運動体（ゴーイング・コンサーン）が団体なのである[7]。団体は、それ自体に運営機関が組み込まれた制度的存在である。一旦、団体が成立すれば、団体運営は機関としての管理スタッフが遂行する。団体は、運営機関の経営努力を通じて、その理念・理想・目的を具体化する存在となる。

団体はその本質からして、観念的存在であり、人にあらざるものである。団体の基本的な存在意義を定義し、活動目的を与えるのは設立者であるが、設立者とは別の存在として永遠の命をもつという見方が重要である。団体は理念体ゆえに、構成員をどう規定するかも自由である。団体構成員をいかに規定するかは団体の掲げる理念の影響を受ける。団体構成員は少なくとも団体理念や目的に賛同する人々をコアにもつ必要がある。団体理念の実現を目指して、そのために団体秩序を強制する組織の中核を担う人材を必要とするからである。

---

[7] 奥村（1984, p.21）にも同様の指摘がある。「株式会社はゴーイング・コンサーンといわれるが、株主が変わっても会社は永続する。もちろん現実には倒産したり、解散する会社もあるが、論理的には会社は死なない。身体のない法人である以上、会社に死はない。死を絶対的に避けられない自然人とここが異なる。」

基本的に，団体という存在と団体の構成員は別の存在である。つまり，構成員がたとえゼロになっても，団体機関という管理スタッフが存在するかぎり，団体本体は維持されることになる。つまり，団体構成員が死に絶えたとしても，理念・理想・目的としての団体は観念的に存在し続けるからである。もちろんこれを運動させる人間がいないのであれば，この団体は休眠状態ということになる。

　団体概念は団体精神や団体規律という言葉から推測されるように，構成員とは別の存在を想定する抽象度の高い観念的な世界の話である。団体などという観念的存在を生み出すことは，人間という概念操作能力をもつ知的生物においてのみ可能なことだといえる。

　それゆえ，人間以外の動物を例に引いて，団体というものを説明するのは誤解の元となるかもしれない。そもそも，人間以外の動物に構成員を超えるような存在をイメージする抽象能力があるとは思えないからである。

　人類とDNAレベルで1.5％程度の違いしかないといわれるサルでも理念体としての団体を成立させるだけの抽象能力はもたないであろう。社会生活をする動物は群れを作るが，個体同士の連携という集団概念の域をでるのは難しい。

　社会的な生活を営む昆虫の世界，たとえばミツバチとかアリの活動の方が団体というイメージに近い。ミツバチはDNAに組み込まれた活動をミツバチのコロニーの繁栄のためにせっせとこなしてるように見える。団体活動が本能的に成立している。自分のために生きるのではなく，コロニーという団体のために働くことがDNAに組み込まれている。

　女王蜂は自ら勝ち取った地位ではない。ロイヤルゼリーのえさを与えられてその地位につけられるようである。女王蜂は機関である。卵を産むことを使命として組み込まれた産卵装置であり，女王蜂自身としての自由な意思は見当たらない。全体に奉仕するための機能単位としてみるのが適切であり，その機能はより多くの卵をうみ団体の維持拡大というコロニーの全体性に奉仕することである。

　要するに，蜂やアリのコロニーでは個々の個体に役割以外の行動パターン

が許されていない。動けなくなった働き蜂やアリは仲間によってゴミとしてかたずけられる。個々の存在は機能を果たすかぎりの存在である。その機能は全体コロニーという団体のためであり，自分のためでは決してない。この機能単位としての生き方が組織の理念型と悲しくも一致する。このように見ると蜂やアリの社会には団体概念が適合するようにも思われる。しかし，蜂や蟻のコロニーは理念により作られるのではなく，本能で形成される。自らが構想した観念に従っているのではなく，DNA に組み込まれた行動パターンとしての活動でしかない。ここのところが，人間の作る概念構成体としての団体とは大きく異なる。

V 団体と組織

　組織という概念が曖昧なままで，「組織の時代」という表現が一人歩きしている。組織という現象が社会の前面に出てくるのが，今世紀の社会を特徴付けるものであることは誰しも認めるところではある。しかし，「組織の時代」とはどういうことを意味する言葉なのであろうか。

　二十世紀の資本主義社会を代表する団体は株式会社であるが，公的団体や公益団体も活動領域を広げ，近年では非営利団体（NPO）や非政府団体（NGO）の出現もある。要するに，さまざまな形式の団体が社会生活のあらゆる局面で活動するようになったのが現代社会であるといえる。われわれはこのような団体を組織と言い換える用語法に慣れ親しんでいるが，団体そのものとその組織とは異なる概念である。各種団体の社会での拡散とその影響力の拡大により，団体を運営する側面に関わる組織という存在も意識されるようになったといえる。

　今世紀に急速にわれわれの前面に出現し，われわれがその中で生活を営む団体の本質について知らねばならない。団体あっての組織である。つまり，組織とはなにかを議論する前提として，団体の概念の理解が不可欠なのである。団体という存在が明確になることによって，組織という概念も明確になる。

　団体はこれまで述べてきたところから明確なように，団体それ自体が概念

構成体として観念的に成立するものである。団体は概念構成体であるがゆえに，これを運営するために運営機関を必要とする。この機関を担うのは当然に自然人である人間しかいないわけであるが，この場合，機関を担当する人間は個人人格の体現者としての人間ではなく，組織人格の体現者としての人間である。団体の業務執行機関を特に「組織」と呼ぶが，組織人はトータルな人間として団体に参加するのではなく，あくまで団体運営を担う機関ないし機能単位として振る舞う事を要請されている。それゆえ，組織人は自らも役割遂行に特化した機能的存在足るべく，専門能力の習得を目指す。組織は機能単位であるから，機能が低下すれば新しいものと交換されるし，またより高機能なものが出現すれば，それと取り替えられる運命にある。そのような新陳代謝が適正に行われてはじめて，団体の持続的な発展と永続性が保証される。このような組織の持つ機能単位としての側面が，「部品」や「歯車」のイメージと重ねられる所以となっている。そこから組織は，人間的要素を払拭した機械的イメージと重ね合わされて団体機関と呼ばれもするのである。

　会社であれ，役所であれ，社会生活の全般において各種団体が主役となった現代社会にあっては，人は団体の機能単位，すなわち組織人としてしか活動の場を持たない。組織人は運営機能の単位であり，個人としての目的や全人格的な人間性を全面に押し出して生きてゆくことがもはや許されない時代にわれわれは生きているのである。団体が主役となり，人間は組織単位となった時代にあっては，ウェーバーが予言したように，組織という「鉄の檻」の中の専門人として生きてゆくしかないのかもしれない。われわれは特定の機能単位に特化し，道具性を極限まで高めることで労働市場力での競争力を高めようとしているのは確かな事実である。

VI　結　び

　近代社会以前の社会においても，運営にかかわる行為という意味の組織はあったであろう。しかし，その時代，本当の意味での団体はいまだ登場していなかった。現代社会ですら，概念構成体としての団体概念が広く社会に受

け入れられているわけではない。概念構成体としての団体が「団体それ自体」としての実在性を獲得するためにはそれなりの時間を必要とする。具体的な人間存在を超越した団体が成立して初めて，団体機関としての組織が成立する。すなわち，機関としての組織というイメージは概念構成体としての団体にしか結びつかないのである。要するに，新しい現象としての組織は団体という概念構成体が社会制度として一般化するにつれて社会的に認知されるようになるのである。

「組織という目に見えない怪物が，人間を奴隷としてその中に組み入れ，その組織に役立つものを不当に拡大し，それに役立たないものをはき出し，ふみつぶしながら，ますます強力に発育して行っている」(伊藤整, 1953) というような組織観は機能単位としての組織というものの一面を捉えている。団体運営のための組織では，人間の全存在を必要としているのではなく，特定の職務を遂行する特定の能力，すなわち機能が求められているからである。

もろろん，それほど悲観的になることもないのかもしれない。団体を設立するのは人間である。そして，団体機関を具体的に担うのも人間である。人間の自由な発想とその可能性に期待することも必要かもしれない。いずれにしろ，概念構成体である団体については，さまざまな理念や理想や目的をそこに盛り込むことができる。またその運用についても多様なやり方が可能である。もちろん，団体というような存在をどのようなものとして納得するかは人によるとしか言いようがない。擬制としてしか受け入れない人もいるし，実在と捉える人もいる。そこが団体という概念の面白いところである。しかし，団体が作る関係性が人々の行為を多分に制約しているという現実から判断して，団体は単なる「擬制」ではなく「実在」と捉えられるべきものである。

第一章
株式会社とは何か
―団体の成立―

第一節　合名会社の社団性について考える

I　はじめに

　商法上，会社は「社団」と規定されている。しかし，合名会社には民法の「組合」の規定が準用されており，合名会社の解釈に関しては，「社団」と「組合」という二つの異なる概念が併存していることになる。

　合名会社を「社団」と理解するか，「組合」と理解するかは，会社の内部構造の理解において本質的な議論である。これは合名会社の編成原理の根幹に関わる観点であり，組織理論としては避けて通れない問題のはずである。このような問題を扱えて始めて組織理論はリアリティーをもった学問となりうるのである。しかし，これまでの組織理論からはこのような問題に対する接近は不可能であり，この問題を分析する概念も，またそのような問題意識もなかった。

　本章では，合同企業形態の中で株式会社と対比される合名会社を取り上げ，その分析を通じて集団概念の有効性を検討しようと思う。

II　会社とはなにか
1　会社とはなにか

　会社は営利社団法人として社会的活動を担うことになる。会社の特徴としては，その営利性・社団性・法人性があげられるが，それぞれをどう考えるかが問題となる。

会社とはなにかについては，商法（52条）は「会社トハ商行為ヲナスルヲ業トスル目的ヲ以テ設立シタル社団ヲ謂フ」とあり，また「営利ヲ目的トスル社団ニシテ本編ノ規定ニ依リ設立シタルモノハ商行為ヲ為スヲ業トセザルモ之ヲ会社ト看做ス」と規定している。要するに，会社は「営利目的」で設立された「社団」である。

会社の営利性については，法的に規定されている。すなわち，営利を目的として掲げなければ「会社」という名称を用いることはできない。会社という団体が営利目的で設立されるということは，それ以外の目的の活動は許されないということである。会社の営利性を社会的に認知されたものとするためにさまざまな議論が展開されてきた。会社を「必要悪」と見る見方から自由主義社会における必須の経済単位であるとの見方を積極的に展開したのが，ドラッカー（1974）である。そこでは，企業（個人企業であれ，共同企業であれ）の設立動機が営利目的のものであれ，社会制度としての企業はさまざまな社会活動ないし貢献を社会に対して果たしており，企業の目指す利潤は結果的に社会貢献度を判定する基準となっていると主張した。要するに，利潤というものが企業の社会的貢献を測る基準であり，それに替わる基準をわれわれは今のところ持ち合わせていないという議論であった。会社の営利性の問題はそれ自体難しい問題を含んでいることは事実である。しかし，会社が営利を目的として設立され，営利を追求する存在であることについては解釈上特に問題にすべきことはない。これに対して，会社の社団性をどう理解すべきかについては議論がある。

2　社団とはなにか

社団性は人の結合として理解されるが，それは集団の概念だろうか，あるいは団体の概念と重なるものであろうか。

「社団は共同企業主が団体を形成し，その団体自身を独立の企業主体とするものである」（倉沢, p. 732）と説明されるなど，社団を団体と置き換える表現も散見される。社団は団体と言い換えられているが，問題は団体という概念にいかなる意味を込めてそれぞれの研究者が使用しているかである。

会社は一般にその構成員とは区別される法人として一つの全体性を主張するという事実からすれば，会社は団体の概念と重なりあうように見える。しかし，その全体性の成立論理を検討して見ることなしには，それが集団概念なのか団体概念なのかは特定できない。

会社という概念を理解するためには，社団という概念がどのように理解されているかを知る必要がある。

河本によれば，商法52条の社団という概念は「単に人的結合の意味に用いられていて，それが条文上に採用されたにすぎない」(pp. 22-23) という。また「民商法は，さきに団体の内部関係に関する規定を基にして組合的団体から区別されたものとして理解された社団的団体であることを，法人格収得の要件とはしておらず，人の団体でさえあれば，法人格を付与するものと解される」(p.23) と指摘する。河本は「組合的団体」と「社団的団体」という用語を使い団体の性格を表現しようとしているが，集団と団体の社会的関係を別次元のものと考える私の枠組みとも重なり非常に面白い。河本の主張は商法に規定されている社団性というものが，単なる人的結合を広く意味するものでしかなく，人的結合のあり方についてはそれほど重視する必要はないという主張である。それゆえ河本は「会社がその実体において社団か組合かを議論することはさほど重要なことではなく，むしろ，会社のもつ法人格にこそ議論の重点をおくべきように思われる」(p.23) と述べている。

会社は商法上では社団であると規定されながらも，民法で規定される組合概念を含むものと主張されるのであるが，河本がいうように社団か組合かは問題ではなく，法人性こそが重要なのだろうか。私はこの主張には疑問がある。私は「会社がその実体において社団か組合かを議論すること」こそ，会社の法人格の議論の基礎にすえられるべき本質的な問題ではなかろうかと考える。

III 合名会社の社団性
1 組合か社団か

合名会社の本質を「組合」と捉え，組合本来の理解である個人原理であく

まで説明しようとする立場があり，また組合性を認めつつも，商法の規定にある社団性を重視する立場がある。あくまで個人原理で解釈するか，そうではなく団体原理で解釈するかでは，その後の論理展開がまったく異なったものとなる。また個人原理によらずに全体性を仮定する場合も，諸個人の結合関係を一つの全体として仮定するという立場と構成員を超える別の存在を仮定するという立場がある。合名会社の本質を考える場合，「組合」と「社団」という二つの異なる概念のどちらを選ぶか，あるいは両者を融合する道はあるのかが問われねばならない。

民法上の組合は共同企業形態の一つである。ここで企業という用語があらわれるが，商法では企業を「計画的に利潤をあげようとす経済主体」（辞典，p.3）として定義付けている。このような計画的に利潤をあげようとする経済主体は個人の場合もあり，また共同して事業を展開する場合もある。前者が個人企業であり，後者が共同企業である。個人企業は自然人一人を企業主とするものであり，共同企業は複数の人々の結合である。そしてその結合形態に「組合」と「社団」という二つの形態がある。

まず組合がどういうものであるかと言えば，民法（667条）の規定によれば，「いく人かの人が集まって，それぞれ出資し，共同で仕事をやろうと約束することによって成立する契約」[1]（辞典，p.327）だと解釈されている。組合は契約により成立する。契約は組合員の主体性を維持したそれぞれの意思の表示という考え方に立つ。

「組合」と「社団」について，これをともに団体として説明する見解がある。北沢（1998, p.13）は三つの見解を紹介している。

第1は，組合と社団について，その実質的性質により区別しようとするものである。組合は，「少人の構成員からなり，構成員の個性が濃厚であって，重要事項を決定するのに構成員の全員一致が必要であるような団体」であり，社団は「多数の構成員からなり，構成員の個性が希薄であって，重要事項でも構成員の多数決で決定しうるような団体」であるとする。ここでは組

---

[1] 「組合契約ハ各当事者カ出資ヲ為シテ共同ノ事業ヲ営ムコトヲ約スルニ因リテ効力ヲ生ス」（民法667条）

合と社団をともに団体と捉え，団体の性格の違いとして両者を区別しようとする。しかし，両者をともに団体という用語で捉えては，そもそも両者の性格の違いがどこから来るのかが説明できない。要するに，集団と団体の概念上の違いに気付いていない分析だと言えそうである。

　第2は，組合と社団の区別を形式的性質に求めるものである。組合は，「構成員が相互の契約社会的関係によって直接に結合する団体」であり，社団は「構成員が団体と構成員の間の社員関係により団体を通じて間接に結合する団体」とする。ここでは組合は「構成員間の関係」であり，社団は「団体と構成員間の関係」として捉えられている。ただ，ここでの説明でも組合を団体として理解しているようであるが，組合という社会的関係を団体の成立と看做して良いかどうかは一考を要する問題である。

　第3は，「商法がすべての会社を社団と規定していることから離れて，株式会社は営利財団法人である」(p.13)と考えるものである。これは組合か社団という議論の枠組みに囚われず，それを超えた見方をする。確かに，株式会社は資本金を信用の基礎とする「物的会社」であり，財団として扱うこともあながち不可能ではない。財団は一定の目的に捧げられた財産に法人格を与えるものである。財団法人は寄付行為により成立し，その財産の運営は理事によりなされる。物的会社としての株式会社が出資金という財産を中心に運営されるところは財団と違わない。違いは，財団は公益財団法人であるのに対して，株式会社は営利社団法人であることと，財団が理事会の決議に基づいて理事により運営されるのに対して，株式会社は株主総会という社員総会で選任された取締役により運営されることにある。ただ，株式会社の歴史的な発展を考慮すれば，株主の作る社団（人の集まり）が直接に経営権を行使してきたという事実に重みがある。また現在でも，日本の株式会社のほとんどが未上場の中小企業であり，資本と経営の分離という状況にはないことを考えると，会社を財団と扱いうる状況にはないことも事実である。

2　鷹巣信孝の合名会社論

　ここに取り上げる鷹巣は，従来の「組合説」や「社団説」とは異なる立場

から合名会社を分析している。鷹巣は組合における全体性を「団体」の成立という論理によらずに，個人の結合関係を一つの全体としてみるという立場を維持しながら説明しようとする。つまり，組合というものを「結合関係にある全社員対各社員の社会的関係」として一つの全体として扱いうるとしている。ここで確認しておくべき大事なポイントは，合名会社は組合の個人原理のロジックを含みつつ，しかも個人に還元されない全体性をもつという鷹巣の説明がまさに「集団」の概念と重なるということである[2]。鷹巣は，合名会社の法的性格をめぐる論争に決着をつけるというほどの意気込みで以下の議論を展開する。

合名会社についての従来の解釈としては，これを「組合」と考える立場と，「社団」と見る立場と，「実質組合，形式社団」との立場があったという。これらを簡単に説明すると以下のようになる。

① 合名会社社団説

これは商法の規定（商法52条1項・54条1項）を字義どおりに受け入れ，「合名会社も社団法人，即ち社員とは別個の法人格を有する団体であり，組合とは性質を異にすると解する」立場である。

② 合名会社組合説

「商法制定当時の資料に照らすと，五二条一項の「社団」は人的結合の意味にすぎず，組合とは峻別された意味での社団を指す概念ではなかった」と指摘する一方，「合名会社の組織・運営に関する実定法規は社員の個性（個別意思）を強く反映させる構成になっており，会社の内部関係につき定款や商法に規定がない場合には，民法の組合に関する規定が準用される（商法

---

[2] 「従来の学説は組合と社団を包摂する上位概念である団体の法的構造を明確にしないまま，「団体としての組織」とか「団体の行動」「団体の資産・負債」などの言葉を使い，さらに「団体自体」とか「団体そのもの」という表現を用いているために，「団体」が独り歩きしており，「団体」とは一体全体何だろうという根本的な疑念が湧いてくる。」（p.183）と述べる一方で，「ドイツ団体法理論の影響を受けたわが私法学は，組合と社団を区別し，両者の違いを種々列挙しているが，両者を区別する目的が明瞭でないために，十分な説得力を持ちえていない。つまり，団体を組合と社団とに区別する目的が実用のためであれば，団体をめぐる紛争解決の際に適用すべき法規を指定するに足る基準を立てなければならない。その区別が純粋に理論的関心に出ずるのであれば，団体の内部構造について作業仮説を立てた上で，これに照らしながら組合と社団を区別・連関づけるべきであろう。」（p.183）と主張する。

第一節　合名会社の社団性について考える　23

68条）反面，会社債務につき社員は第二次的ながら直接・無限責任を負うことになっている（商法80条）」というところを重視する。そこから，「これらの点を合理的に説明するために，合名会社を組合とする説が提唱され，次第に支持を得るに至った。この見解は法人格の機能にいくつかの段階（法人性の濃度の差）を認め，合名会社の法人格は会社の対外関係を処理するための法技術にすぎないと解しており，このような法人観が合名会社組合説を背後から支えている」（p. 179）と見る。

③　折衷案―実質的意味の組合かつ法形式的社団

「構成員の個性の濃淡を基準にした実質的意味の組合・社団概念と，構成員の結合の仕方（団体内部における成員相互の関係の処理の仕方）を基準にした形式的意味の組合・社団概念を区別した上で，合名会社は実質的意味の組合（構成員の個性が濃厚に反映する団体）ではあるが，法形式的には社団」（鷹巣, p. 181）という鈴木博士の主張を紹介している。これは，「合名会社は構成員相互の契約関係に止まるものではなく，団体と構成員との法律関係団体の内部関係を簡便に処理するために」，あえて商法は社団方式を採っていると積極的にその意義を強調する立場であり，合名会社を形式的意味の社団と解釈し，その法律上の形式合理性を貫徹すればよいとの立場である。すなわち，「わが商法が合名会社をも法人と規定している以上，わざわざこれを部分的な法人格の意味に解する必要は何ら存しない」という主張ともなる。

鷹巣は，上記の説明とは異なる論理をもって合名会社を分析する。すなわち，鷹巣の立場は，「古い組合理論を貫徹することでもなければ社団説へ回帰することでもなく，新しい角度から全体性を反映させた組合理論，つまり結合関係にある全成員対各成員の関係を認める組合理論を構成することである」（p. 214）という。すなわち，「組合」の解釈を個人契約的なものから，団体性を反映させたものにしようとするのが鷹巣の立場である。組合を個人間の契約関係ということにしないで，わたしの用語法でいえば，「集団」の概念でこれを解釈しようとするものである。つまり，完全に個人に還元するので

はなく，個人の結合体としての全体性を前面に出した主張を展開している。

「合名会社組合説に立ちながら，その内部関係としての会社（連結関係にある社員全員）と各社員の関係を認める」というのが，鷹巣の立場である。つまり，「組合」を個人法理で解釈しつつ，しかも「組合」の全体性を認めようとする発想である。これは，「団体」の成立を認めるロジックではなく，あくまで「集団」の論理に踏みとどまる立場である。鷹巣の問題意識で明確にされた点は，組合というものを完全なる個人に還元する発想に反対しつつ，しかも一つの全体性の成立を認める立場の存在である。つまり，諸個人の連合体を一つの全体性と捉えうるという立場である。

構成員を超える全体性の成立を団体と考える私の用語法からすれば，鷹巣の議論は「団体」の議論ではなく，「集団」の議論である。全成員というものと個人とを対比させていることからしても，鷹巣の議論は集団概念の範囲にある。問題は鷹巣が「集団」という概念をもたず，諸個人の連合体の次元を論じるにも「団体」という用語を使うところにある。鷹巣の用語法では，株式会社を論じる際に問題となる団体性との差異を明確にできず，異なる概念に「団体」という同一の用語が使用されることになるため混乱は避け難い。

IV 集団としての合名会社

会社は「社団」と商法に規定されていることは先に触れたが，合名会社については，民法の「組合」[3]の規定が準用されるというところに合名会社の性格の一端が表現されている。

合名会社は営業意思をもった者が出資行為をなし，業務執行をもおこなう合同企業形態である。この合名会社に集団の概念を重ね合わせると，合名会社というものの性格が非常に明確となる。

合名会社は各社員の信頼関係を基礎として，社員の個性が重視される社会的関係である。つまり，人的結合関係が濃密であり，社員の個性が維持されており，構成員の信用を基礎に成立している「人的会社」である。合名会社

---

[3] 民法における組合の定義は，「組合契約ハ各当事者カ出資ヲ為シテ共同ノ事業ヲ営ムコトヲ約スルニ因テ其効力ヲ生ス」（民法 667 条）である。

では，構成員である社員すべてが会社の代表権と業務執行権を持つのが原則である。重要事項の決定はそれらすべての社員の総意に基づかねばならない。社員の主体性を重視する立場から，多数決すらも拒否されているのである。すべての社員が会社債権者に対して，直接に連帯して無制限の責任を負う。個の主体的・自立的な結合関係としての集団においては，社員（出資者）すべてが個性をもった主役である。一人の代表者が前面にでるという発想は合名会社にはなじまない。それゆえ，合名会社においては代表権者を選出しないというのが一般的である。もちろん，あえて代表権者を選出するということは法的に妨げられてはいないが，合名会社の趣旨からして例外的なやり方といえる。

　合名会社では社員すべてが経営に関与するがゆえに，社員は無限責任を負う。合名会社の発展型としての合資会社では，無限責任か有限責任かという問題は経営に直接関わるかどうかの観点で考えると理解しやすい。たとえば，仮に有限責任社員が経営に関与した事実があった場合には，有限責任社員とはみなされず無限責任を負うことになる（商法159条）。ここからわかるように，経営に直接関与するかしないかが無限責任か有限責任かの分かれ目である。これは株式会社における株主の責任問題を考える場合にも応用できる論点である。

　合名会社には法人格が与えられるが，社団としての性格をあらわすために，「定款」や「社員」という概念が登場する。定款は社団としての社会的関係を規定するものであり，社団の構成メンバーであるために受け入れるべきものである。

　「集団」の概念は個性の相互作用を重視する立場であるから，結合関係によっては単純な個人と個人の相互作用として合名会社を理解することも可能である。また，相互作用による連結の総体を一つの全体性として捉える立場にも立てる。ここから，合名会社を個人の契約関係としての「組合」として理解する立場と商号で象徴された全体性を重視して「社団」だと理解する立場が出てくる。しかし合名会社の場合は，単純な個の相互作用という状況を越えて，「共同事業をなさんとする意思」のもとで諸個人が共同出資し，業

務活動を共同で行うのであり，そこには結合体としての一つの全体性が成立しているとみる見方に説得力がある（鷹巣, 1989）。それでも，ここでの全体性はあくまで諸個人の相互関係の総体を一つの全体性として理解するものであり，構成員を超える存在を想定するようなものではないことに注意する必要がある。いずれにしろ，合名会社は「集団」の概念で理解されるものであり，自立した個の集まりのイメージから結合体としての一つの全体性としての扱いまでの広がりを持つ概念となっている。

V 結 び

合名会社は，商法上，社団であると定義される一方で，民法の組合の規定が準用されている。会社を原理的に理解するためには，このようなことがなぜ行われるのかを説明する必要がある。

「集団」と「団体」の概念上の違いを重視する私の立場からすれば，合名会社は構成員間の相互関係の総体を一つの全体性と捉える考え方であり，概念構成体としての団体に対して一つの全体性を与える考え方とは根本的に異なる。要するに，合名会社は「集団」の概念と一致する。「集団」という社会的関係の特徴は，構成員の主体性が可能な限り維持されるところにあり，またその関係性の総体を一つの全体性とも見なしうる。しかし，考え方の基本は，どこまでも構成員が主人公であるということにつきる。

このことを押さえることにより，合名会社の特徴とされるものは一貫性をもって理解可能である。合名会社は組合的性格をその本質としつつも社団とみなしうることが重要である。この場合，諸個人の連結の総体を一つの全体性として考えるわけであるが，これはまさに人の結合関係としての社団である。しかし，これから論究する株式会社は単純に社団とは位置づけられないものであり，団体概念によってこそ解釈されるべきものである。いずれにしろ，商法の会社という概念には集団概念から団体概念への移行過程を跡付けるような類型が存在することになる。これは会社というものの発展過程を歴史的に跡付けるという合意もあり示唆に富む。

第二節　株式会社の社団性について考える

I　はじめに

　株式会社については平成2年の商法改正で「一人会社」が認められるようになった。しかし，社団が「人の集まり」を意味するなら，「一人会社」を許す根拠が問われねばならない。合名会社などの「人的会社」においては，社員が一人になると会社の解散理由となるからである。

　これは「物的会社」と呼ばれる株式会社における社団性をどう考えればよいかという問題でもあるが，このことを考察するための分析用具をわれわれは必要とする。これが「集団」と対比して論じられる「団体」の概念である。

　前節では「集団」の概念を合名会社に適用したが，ここでは「団体」の概念を株式会社に適用し分析することで，これら二つの会社形態が根本的に異質の内部構造を持つことが明確となる。合名会社については，「人の集まり」としての「社団」と捉えることはできても，株式会社を単純な人的結合関係と捉えてはならない。

　以下では，株式会社における社団性の意味を検討し，株式会社を「株主の社団」と考えることの問題点について論じようと思う。

II　株式会社の社団性

　商法は会社全般を社団と規定し（商法52条），出資者をその構成員である社員と表現している。合名会社のように出資者が無限責任社員として経営に携わるということなら，この表現でいい。しかし，株式会社は発起人が概念構成体としての団体を設立するが，その運営は機関が行うことを制度的に規定している。株主は株式会社の所有者として株主総会を通じて会社に一定の影響力をもつという仕組みとなっている。

　株式会社の社団性をめぐってはさまざまな見解がみられるが，大きく分けて，社団説と財団説がある。これらについて見ておくことにしよう。

1 社団説

　最も一般的にみられる見解が株式会社は「株主の社団」であるという見解である。これは，「株式会社は株主が自分の利益を図るためにこれを設立したものであるとして，個人主義的に考える」（服部, p. 82）立場であり，会社を株主と重ね合わせて理解している。要するに，株式会社とは「株主の集まり」であるとの立場である。

　この株主社団説に対して，社団の法人性を重視する見解がある。ルノーの社団法人説を服部（1964）は以下のようにまとめている。「ルノーによれば，株式会社はその内部的本質上法人である。それは株主の債務関係にすぎないものではなく，株式会社はそれ自体として，すなわち一つの全体として，その社員とある種の法関係に立ち，また社員および第三者に対して種々の法関係を結びうる。つぎに，株式会社は，一つの組織（Verfassung）を持たねばならないのみならず，執行権を委ねられた機関（Behorde）たる性格を有する取締役を欠くことをえない」（服部, pp. 258-259）とほぼ団体の概念があてはまるような発言をしている。このようなルノーの発言をうけるかたちで，服部は株式会社の法人格について以下のように解説する。「このようにして，各種の面から株式会社は法人と考えられねばならないが，いかなる性質の法人か，特に社団法人（Corporation，ローマ法における universitas personarum）であるかどうかということがつぎの問題となる。社団法人であるためには，法人格の結びつけられる実体または外部的基礎が独立の法的目的のために存立する Verein であること，換言すれば，一つの全体として総括される複数の構成員を包含していることが必要であるが，株式会社においては明らかにこの実体が存在する」（服部, 1964, 260）。

　服部はルノーを引用しその文言を解説するが，ルノーの理解と服部の解釈は微妙にずれているように思われる。つまり，ルノーは「株式会社はそれ自体として，すなわち一つの全体として，その社員とある種の法関係に立ち」と表現するところから見てわたくしの用語法でいえば「団体」の概念を採用しているのに対して，服部の解釈は「一つの全体として総括される複数の構成員」という表現に端的に現れているように集団の概念を採用しているよう

に思われるのである。つまり服部は団体（Verein）という用語を使いながらも，私の用語で言えば「集団」の概念で株式会社を解釈しているのである。ここで示した解釈上の食い違いは，株式会社を考える場合，非常に重要な論点となる。社団であると主張する研究者においても，その社団性の解釈において異同があるということである。

　社団性を重視する立場には，先にあげた株式会社を「株主の社団」と見る一般的な立場に対して，「株主の社団」とする考え方を否定し，「団体機関の組織体としての社団」という見方をする立場もある。鷹巣（1989）は，「社団を機関の組織体と解し，出資者たる地位においては団体を構成しない」（p.397, 注 2 ）と主張する。

　この考え方には，多くの利点がある。「一人会社」については，以下のように説明される。「要するに，株式会社を株主の結合体と見るならば，『一人会社』は社団性を有しないことになり，社団法人たる株式会社の例外事象ということになる。しかし，社団（法人）を機関の組織体と見るならば，一人会社も社団性を有しており，何ら例外事象ではない，というよりも『一人会社』という呼び方は適当ではない」（1989, p.390）という解釈となる。さらに財団についても，「従来の学説では目的財産がその実体をなすとされている財団（法人）も，理事や監事から成る組織体が，寄附行為者の『事業をさせる意思』に対応して『事業をする意思』の主体となり，事業活動を担っている点では，社団（法人）と同じ構造を有しているが，出資者が構成する総会が存在しない点で社団（法人）と異なっているにすぎない」（1989, p.390）と見る。

2　財団説

　商法（52条）は「会社トハ商行為ヲナスルヲ業トスル目的ヲ以テ設立シタル社団ヲ謂フ」と規定されているが，株式会社は財団の性格をもつ。「資本金」と呼ばれるこの出資金は会社内部に固定されて，もはや株主といえども取り戻すことはできない。株主にできることは，株券の転売だけである。株券については，これを転売しても所有者が変わるだけで，会社内部に固定

された資本金については不変である。それゆえ株式会社に関しては，「物的会社」という表現も一般化している。このような観点で，株式会社の性格を再考すると，株式会社は「社団」ではなく「財団」と解釈する見方が当然出てくる。すなわち，株式会社は出資金を信用の基礎とする「財団」と解する方が論理として整合性があるからである。

戦前の上田貞次郎の考え方は財団論に近い。上田はいう。「…株式会社に至りては法律家の所謂財産団体なるが故に何人の人格，何人の家族関係にも依頼することなくして存立し，純然たる営利の機関として其の永久の生命を維持しつつあり。」(上田，1994，p. 94)

戦後においては，「株式会社財団説」を唱えている八木弘がいる[4]。「株式会社は人的結合ではなくて，物的結合であり，その性質は，営利社団法人ではなくて，営利財団法人であると規定してはいかがと考える」(1963，p. 2)というのが八木の立場である。八木は，「株式会社は株主をもって構成される社団ではなくて，株式資本をもって構成せられ，株主は単なる株式の帰属者にすぎない」(p. 8)と主張する。

財団論に対する批判としては，株主総会で株主の意思が経営に反映されることを財団説では説明できないという意見が説得力をもつ。たとえば，鷹巣は「株式会社は株主の結合体ではないが，株主総会という機関が認められている限り，この総会を含む機関の組織体としての社団であり，これを営利財団とするとはできない」(1989，p. 395)と述べ，八木の財団論について，「株式会社財団論も法定の権利として株主の議決権を認め，株主総会の存続を認める限り，財団論にはなりえない」(p. 395 注1)と株式会社を「財団」と見ることには反対する。

また河端は以下のように述べる。「『経営者支配』型の大規模公開企業においても，株主の意向は軽視されてはいるが，『株式会社財団説』を構成するほどに無視されているともいえない。それゆえ人的側面を軽視し，資本の結合体としての側面のみを強調する見解といわねばならない。また現行法の財

---

[4] また脱資本主義論を主張する西山も株式会社の現実についてはこれを財団であると見ている。

団法人は，設定者の決定した根本規則に基づいて理事が活動するに過ぎず，社団法人と異なりその活動を自主的に決定する機関はなく，財団法人の寄付行為はこれを変更できないことなどからすれば，株式会社財団説は解釈上無理があるのではないだろうか」（河端，p. 32）。

3 第三種法人説

財団論に近い理論ではあるが，株式会社というものを，社団でもなく，かといって財団でもない両者の中間的な性格を持つ「第三種の法人」と捉える考え方がある。

「株式会社が財団法人であると言い切ってしまうのは，現在のわが商法の立場から無理がある，やはり財団法人ということでは説明のできない規定も多い，しかし他方，社団法人概念で説明できない場合もある，従って，現在の株式会社は社団から財団への移行形態を示し，財団的な面もあるし社団的な面もあり，過渡的なものであると見なければならない」（服部，pp. 82-83）という境教授の発言を引用したあと，服部は，「わたくしもこの境教授の説に似た見解をもっており，八木教授ほど徹底して財団論をとらないが，要するに，株式会社は純粋な社団ではなく，また純粋な財団でもない，従って第三種の法人と認められねばならないと考えるわけである」（p. 83）と第三種法人説を主張する。

服部はいう。「元来，財団法人は一定の目的に捧げられた財産を中心とし，これを運営する組織を有するものであるが，社団ないし団体と異なって，社員とか構成員とかを持たず，従って社員総会もない。それ故，自主的にその意思を構成して活動することができないで，ただ設立者の意思によって与えられた固定的な目的と組織の下に存続するにすぎないのである。ところが，株式会社においては，株主総会—これを社団法人の社員総会と見るかどうかは別として—が存在し，そこにおいて目的の変更を含む，定款の変更を行うことができる。その他，株主には株主総会を通じて，営業の譲渡ないし譲受・転換社債の発行・資本減少・解散などの重要事項の決定に参加する権利が与えられている。従って，株式会社を社団法人とすることにつき疑問があ

るからといって，直ちにこれを財団法人とすることには，解釈論として著しく無理があるのみならず，立法論としても問題がある」（服部，pp. 55-56）。

服部は，「第三種の法人」の例として，「すでに戦時中の営団や金庫においてその例が見られるが，最近では公社や公庫，また宗教法人などが第三種の法人と認められる」（1964, p. 55）と指摘する。服部（p. 56）は八木の財団説に対しては，「考え方の傾向としては強く賛意を表さねばならない」と述べる一方，社団説に対しては，「株式会社を社団法人となす従来の理論は，立法論としてはもちろんのこと，解釈論としても絶対的ではない」と鋭く批判する。そして，「商法五二条および五四条の規定において，総じて会社は社団法人とせられるが，この規定は絶対的なものではない。各種の規定や現象を通じて，社団法人ということにつき疑問があるとすれば，右の規定に反して社団法人説を棄てて差支えないであろう」（p. 56）と自らの「第三種法人説」への移行を呼びかけている。

服部の「第三種法人説」については，鷹巣の批判がある。鷹巣は，「機関の組織体としての社団」という立場から，「社団は出資者の結合体ではなく，機関の組織体と解する場合には，株主総会は形骸化しているとはいえ，株式会社は社団の範疇に属しており，これを財団法人とか第三種の法人と解する必要はないように思われる」（1989, p. 397 注1）と主張している。

Ⅲ　株式会社は「株主の社団」か

株式会社については，財団的性格が強まるが，株主の関与の余地を残す以上，純然たる財団とは言いかねる。それゆえ，財団の性格と社団の性格とを併せ持つものと考える立場が出てくるのは当然である。原子物理学の世界では光が「物質」か「波」かという論争があり，結局，同時に二つの性格をもつというところに落ち着いているようである。株式会社も限りなく財団に近いが，それでも限定されているとはいえ株主の所有権にもとづく株主総会での意思表示という局面が残っているかぎり完全な財団ではありえない。株式会社では株主の意思の発動により団体のあり方が変化する可能性があるからである。しかし，考えて見れば，概念構成体として団体を捉えると，株式会

社は構想力によりいかなるものとしても概念化しうるものである。それゆえ，重要なことは株式会社制度というものがいかなるものとして構想されているかということである。

1　株式会社は「株主の社団」か

　商法は「集団」の概念で解釈すべき合名会社と「団体」の概念で解釈すべき株式会社を一括して社団として論じているが，その議論に問題はないか。この問題を考える場合，株主の置かれている社会的関係の側面からの考察が必要であるように思われる。社団という以上，株主の作る「閉鎖的社会関係」の性格とそこでの行為の意味内容が問われねばならない。株主の間にはいかなる閉鎖性があるのだろうか。

　まず，社団というものを「境界」概念を援用して考えて見ると，面白いことに気づく。もし，株式会社が「株主の社団」というなら，この株主には閉鎖的社会関係が成立しており，境界があるはずである。株券をもつということが境界の内部への参加資格である。しかし，考えてみれば，これは市場取引である。市場というのは自由な交換の場であり，その本質的性格は誰でも自由に参加でき，また退出できるという自由な関係性の世界である。

　市場での株式の購入は月曜日から金曜日までほぼ毎日可能であり，株主は市場参加者として特定化できない。市場的な関係は，開放的社会関係であり，このような関係には境界という概念が成立しない。境界が成立しない社会関係に対して社団という概念は当てはまらない。株主に関わる「閉鎖的社会関係」について考えて見ると，株式会社を株主の社団であると考えることには問題があることがわかる。閉鎖的社会関係あってはじめて境界が成立する。開放的社会関係からは境界という概念がそもそも成立せず，それゆえそのような社会的関係に対して「社団」という表現は使えないはずである。要するに，株式会社を「株主の社団」とすることには，論理的な無理がある。

　会社の内部統制に服するのかどうかという観点から見て，株主は市場参加者であり，参加と離脱を自由にできる存在である。このような出入り自由な市場取引の参加者に過ぎない者を団体の構成員として捉えることはできな

い。団体構成員ならば団体の秩序の下に拘束される。株主はいかなる意味で拘束されているのか。株主が拘束されているという意味は資金を株式という形式に変え所有しているということでしかない。しかも，この株式は市場での取引を通じて，自由に転売しうるものである。株主の出資者としての拘束性は株式の公開企業としての性格が高まると実質的にはほとんど意味がないといえる。

　団体内部は規律と規範の及ぶ範囲であり，閉鎖的な社会関係が成立している。役員といわれる取締役や監査役といえども，会社の秩序の中でその役割を果たす者である。使用人である従業員も会社に雇用されて会社に従属する。経営者も従業員も団体規律と団体規範に拘束される。一人株主のみが自由な存在である。株主は出資というリスクは負うが，その他のいかなる自由も放棄していない。株主は単なる市場関係者として会社と関わるのみである。株主の責任については有限責任となっていることも重要である。これは，株主となる人間は出資の範囲で金銭的なリスクを取るということ以上のいかなる責任も意味しない。自分の所有している株券が紙くずとなるかもしれないというリスクはあるが，それが余裕資金である限りいたって気楽な立場にある。

　株主は出資金では固定されているが，株式の転売により常にその投資資金は回収可能状態にある。しかも会社との関係では株主としての権利はあっても，なんら義務はなく，会社の内部秩序に拘束されることのない自由な存在である。この意味で株主は閉鎖的社会関係にあるとはいえない。要するに，株主は団体の内部構成員と捉えられるべきではなく，団体外部にあって所有権を主張する者と考えるべきである。

　株主を会社の所有者として言及することは理屈にあうが，会社の社員，すなわち構成員として言及されると違和感がある。この違和感はどこからくるのか。一般投資家，とくに昨今のネットでのトレーダーは数分単位で株の売買を繰り返す。このとき，いちいち社員になったり離脱したりしていると感じている投資家はいない。彼らは投資活動をしているのであって，会社の社員として一般にイメージされる拘束性に服することはない。しかも株主の資

格では会社の運営には一切タッチできない。株主は一定の金銭的なリスクを取ることで，株主としての権利を得ているのである。株主は，会社を所有する者であって，会社の内部にいる団体の構成員ではない。株主は会社に所属しているのではなくて，会社を所有しているのである。つまり，会社は株主にとっての所有物であり，株主が上位概念である。株主は会社の所有者として株主総会において会社の運命を左右できる立場にある。つまり，会社に支配される立場にあるのではなく，会社を支配する立場にある。この強い立場は団体の内部構成員ではなく，会社から独立した外部者ゆえのものである。株主総会というのは市場を通じて外部に開かれた会社機関である。株主という市場参加者が会社の所有権の一部をもって機関運営に関与するという仕組みなのである。株式会社制度というのは市場を機関運営に取り込んだ経済システムである。株主は株式の自由な売買行為によりいつでも会社との関係から離脱できる。これは市場性を株式会社の存在と連動させる非常に巧妙な制度的な工夫である。市場の信任なしには株式会社という存在は維持されない。

　株式会社制度においては，株主は株主総会に出て，所有者としての意思表示をする権利を有している。すなわち，制度的に株式会社の機関，それも最高意思決定機関の構成要素と位置づけられているのである。団体を所有する者として一定の権利を与えられ意思決定する機関の一単位となりうるのが株主である。このような観点から株主総会を捉えなおすと，株主総会は，いかなる団体的制約のもとに位置づけられるものでもなく，単に株主としての権利を執行する場ではある。資金提供者が会社の運営に対して，一定の意思表示をなしうる権利と理解する方がわかりやすい。これは債権説の立場に近づく。

　結論的に言えば，株式会社は概念構成体としての団体である。株式会社の最高意思決定機関は株主総会であるが，これについても人格的な捉え方をしてはならない。すなわち，株主が総会に集まっていてもそれは「人の集まり」とみるべきではなく，株券に付与された機関運営権の集積とみるべきものである。そうであるがゆえに，一人一票ではなくて，一単位株につき一票

と発想するのであろう。もちろん株式会社は株主あっての存在である。株主は市場メカニズムの体現者である。株主から見放された会社は現実には消えてなくなるしかない。株主の信任を失えば，上場企業なら，証券市場で株式が売られることになる。不祥事を起こした企業の株については，売りが売りを呼び上場基準をみたせないほどの株価下落や株主数の減少も起こりうる。その場合，公開企業なら上場廃止となり，証券市場から撤退することになる。これは株式会社としての死刑宣告である。このような事態を避けるためにも，経営者は株主の理解を得るために情報を積極的に開示し説明責任を果たさねばならないことは言うまでもない。

2 「一人会社」の社団性

まず確認しておかねばならないのは，商法で問題とする社員は株主であるから，ここでの社団性は株主が一人ということが可能かどうかという議論である。会社との雇用関係にある一般従業員が作るいわゆる"会社"については，これは複数の人々の協働であり，このレベルでは見事に社団性は確保されている。しかし，これは商法が問題としているレベルの社団性ではない。

平成2年の商法改正以前は，7名以上の発起人が発起人組合を作り，設立登記に必要な定款[5]を作成することが義務付けられていた。また，発起人は株式を持つことが義務付けられていたので株主は最低でも7名以上いないと設立ができなかった。

株主が一人になっても解散理由とならない理由としては，将来的には株主が複数あらわれる可能性があるためと一般的には説明される。つまり，「一人会社」を認める法的根拠は，分割すれば複数の株主ができるということを根拠として，会社の社団性という条件は潜在的に満たされているとするのが現行での通説である。

しかし，より本質的に考えれば，株式会社が資本金を信用の基礎とする「物的会社」であるからだとも考えられる。もし一定の出資金を保証するこ

---

[5] 定款には，事業の目的，所在地，資本金，代表取締役，監査役，株主総会に関わる事項などが盛り込まれる。

とが実質的な物的会社の基礎なら，複数の出資者を名目的に確保するという手続きにこだわることもないという考えが出てきても不思議ではない。一旦出資された資本金は会社財産となり，株主には払い戻し請求権はないからであり，会社の信用の基礎である資本金は株主の数とか株主が誰であるかには無関係である。株式会社を「出資者の集まり」と見るよりも，「出資金の集まり」を信用の基礎とすると見方が理解しやすいのはこのためである[6]。株式会社において，なにが不変のものとして存在しているかといえば，資本金として固定化された資金である。会社の資本については，会社債権者の保護のため，よく知られた3つの原則がある。「資本維持・充実の原則」，「資本不変の原則」，「資本確定の原則」である。これら原則は資本を会社存在の基礎とする物的会社としては存立基盤に関わるゆずれない原則である。株主は株式を換金したければ証券市場で自由に転売するだけである。要するに，会社の実体は資本であり，会社という団体が法人となったときから，会社は資本の運動としての側面をもつ。

株主が一人ということは実質的に法人格をもつ会社を一人の株主が支配しているということである。名目的に会社を別の人格としておきながら，実質的にそれを一人の個人が支配しているのでは，個人企業と変わらない。このようなところから，「一人会社」については法人格否認論が世界的傾向であるという。井上（1999）によれば，「単独株主に無限責任を負わせることは世界的傾向であり，わが国においても法務省民事局参事官室により検討されているが，いまだ立法に至っていない」（p.87）のが現状であるという。

また公開株式会社における上場基準にはさまざまな基準が設けられているが[7]，たとえば証券市場の種類により株主の最低人数が決まっており，それ以下になると上場廃止となる。また，持株比率についても上位十位までの株

---

[6] 非公開株式会社と公開株式会社の質的相違は重要である。法人所得税のメリットを享受するために本来的な意味では株式会社とは呼べないようなものが，「法人成り」することが目につく。もとより公開の意思なく，大規模資本を必要としないような事業を株式会社と言う企業形態で立ち上げる必要はないはずである。このことが株式会社制度の意義を分かりにくくしている。

[7] 株式上場廃止基準としては，1.上場株式数，2.株式の分布状況，3.売買高，4.上場時価総額，5.債務超過，6.銀行取引の停止などのほか，7.有価証券報告書または半期報告書の提出遅延，8.財務諸表等または中間財務諸表等に係る虚偽記載又は不適正意見等などがある。

主比率が75%を超えると東証における上場基準を満たさなくなる[8]。持株比率の不実記載問題で逮捕され世間の耳目を集めている西武グループの堤義明氏の事件はまさにこの問題にかかわる。このことから言えば,「一人会社」は公開会社では許されないことは明白である。閉鎖会社というのは実体としては個人企業と変わらないようなものも多く,株式会社の完成型からはほど遠い。この観点から言えば,「一人会社」が許されるのは理念型としての株式会社となりうる潜在的な可能性ゆえであるとしか考えようがない。

資本と経営の分離を前提として株式会社制度はつくられていると考えると,少なくとも公開会社においては個人企業と変わらない支配構造は問題となる。株主に株主総会での議決権がある以上,株券が集中する場合には,株主意思と法人としての意思との間で綱引きが起こることになる。つまり,株主意思が全面にでる事態は法人格の希薄化という問題となる。

IV 株式会社の特質

上田貞次郎は株式会社の本質として次の三つを挙げている。証券制度・重役制度・有限責任制度である（上田,1944,p.89）。

上田は言う。「株式会社には発起人なるものあり。発起人は会社の基礎となるべき有望なる事業の発見者にして,且つその組織者たり。彼らは創業総会を開く前に於いて事業の材料を集め,何人を重役に為すべきやをも定め居れり。唯資本の足らざるを以って株主を一般に募集するものなり。若し発起人が充分の資本を融通し得る場合には彼等は同時設立の形式に依って会社を直ちに成立せしめ,然る後に其の株式を一般の投資家に売出すべし。されば一般株主は事業の計画に参与するものにあらずして,唯発起人の定めたる計画を可とすれば株主となり,然らざれば株主とならざるのみ[9]」（上田,1944,p.90）。

株式会社というのは設立理念を概念構成して事業体として実在化させるという画期的な社会的発明である。そこでは事業活動の内容なども含めて,設

---

[8] 東証は75%超,大証は90%超,名証は80%超。いずれの市場も,「90%超かつ比率の改善に関する公表がない場合,猶予期間をおかずに廃止」(『会社四季報』)。

[9] 漢字について,旧字を新字に改めてある。

立発起人により構想され，設立総会における取締役・監査役の選任，出資金の振り込み確認書などをそろえて，設立登記の手続きが進められる。株式会社は設立登記の完了と同時に，法人格を取得するものであり，概念構成体としての株式会社が誕生する。

　株式会社という団体は概念構成体であるがゆえに，機関による運営が前提とされている。「重役制度なしには株式会社は成立することを得ざるものなり」（上田，1944, p. 90）と早い段階より指摘されていた事実を重く受け止める必要がある。われわれにとっては，日常的な現象であり，あまりに当然すぎて，機関としての重役が運営する株式会社というものの革命的な意義がかえってわかりにくくなっているのである。いずれにしろ，株式会社という団体は人間的な要素を払拭した観念的な存在であり，団体の活動は団体機関により運動させられるという理屈が貫徹する。

V　結　び

　当初，わたくしは株式会社の本質を資本金に求め，株式会社は「人の集まり」としての社団というよりは出資金の集積としての「資金の集まり」としての財団と考えるほうがよいと考えていた（中條，2000b）。それは株式会社が「人の集まり」という面からみると，社会的関係としては退出自由の関係にあり，そこには関係性における閉鎖性が見出せないと考えたからである。閉鎖性があるとすれば，それは出資金の側面であり，一旦出資された資金は会社内部に固定されて資本金となるということであり，株主は転売以外の方法ではそれを取り戻すことはできない。資本金は株主の意思を離れて固定化されるのだから，まさに財団における基金と同様の作用を果たすと考えたのである。確かに，株式会社は株式の分散化とともに株主の存在が見えなくなり財団的な性格を強めることは事実である。しかし，資本提供者としての株主には意思の表明機会が制度的に与えられている。要するに，株式会社は限りなく財団と似てくる可能性があるが，それでも株式会社を完全なる財団と位置づけることは株主総会の存在を考えると正しいといえない。この意味で社団という面を否定できないと思い悩んだが，株主総会は「株主の集まり」

ではあるが、実質は「株券の集まり」であり、「株券に付与された権利の行使の場」であることに思い至った。ここで改めて、株式会社をめぐるあらゆる要素が観念的に構成されていると気づかされたのである。つまり、一般にイメージされる「人の集まり」としての社団説ではなく、理念を極限まで純化した概念構成体としての団体説に立つべきだと考えるようになったのである。

　わたくしは、最終的には、株式会社は社団でもなく財団でもない範疇ではないかと考えるようになった。それは、極限までの観念化の結果として産み出された概念構成体としての社会的構築物の姿である。その意味で鷹巣（1989）の「機関の組織体」の考え方は参考になる。しかし、鷹巣は機関説を徹底させずに、人の集合イメージである社団説にとどまる。わたくしは、人間存在は機能として不可欠なものであるとは考えるが、株式会社の本質ではないと考えている。つまり、株式会社は団体の概念で理解すべきものであり、そもそもの存在が人間存在を超越した概念構成体である。それゆえ、理念型としての株式会社は本質的にはいかようにも概念化できる。社団的にも、財団的にも、あるいはそれ以外の観念的なものとしても概念化できる。

　株式会社の発展史をたどれば、たとえば、株式会社は　資本が稀少であった時代、マルクスが考えたように資本を基礎として概念構成され「資本の運動」と考えられていた。その後、資本面以上に人的要素の重要性が認識されるようになると、「人的資源」こそ会社の基礎という表現が見受けられるようになる。しかし、現代のグローバルな競争下にある株式会社は理念体としての原点に立ち返ることを求められているようである。つまり、資金と人材が比較的容易に手に入るようになった現在、強調されるのは、ビジネス・モデルであり事業コンセプトである。これが魅力的であれば、「資金」も「人材」も自ずと集まってくる。そうすると、株式会社とはなにかという問いに対して、「お金」とか「人」とかいう答えではなく、「事業コンセプト」であるというような見方が出てくるのも自然な流れなのである。「一人会社」が許され、いま「一円会社」も恒常的に認められるようになるという。株式会社はもはや「人の集まり」（社団）でもなく「お金の集まり」（財団）でもな

くなった。株式会社をいかなるものとして概念構成するか。それは最終的にはわれわれの構想力に依存すると言えるのではあるまいか。

第三節　株式会社の法人性について考える

I　はじめに

　法人格の成立は株式会社制度にとって本質的である。「法人とは何か」ということを理解するためには，団体という概念がどうしても必要である。法は会社に対して法人格を与え，団体としての存在を法制度の面から実体化している。一旦，法人格をもって会社が成立するに及んでは「会社それ自体」が自然人と同様に権利義務の主体となり，財産権すら持って「社会的実在」となるのである。

　以下では，法人性と団体性との関係，法人格の意義，法人格否認の法理などについて，団体概念を適用して考えようと思う。

II　合名会社の法人性
1　法人とはなにか

　法人の種類としては，公法人と私法人が識別される。前者は国家・都道府県市町村などの地方公共団体などであり，後者には公益法人・営利法人・中間法人がある。学校・宗教・社会福祉などの分野で公益を目的に設立されるのが公益法人であり，営利を目的とする合名会社・合資会社・株式会社および有限会社などが営利法人，労働組合・協同組合などの営利とも公益ともつかない中間的な性格のものが中間法人である。

　法人は，人または財産の結合が法的に権利能力の主体となったものである（辞典, p.213）。一定の目的をもった「人の集まり」が権利能力の主体となる場合が社団法人であり，一定の目的に捧げられた「お金の集まり」が権利能力の主体となる場合が財団法人である。人の結合であれ，財産の結合であれ，法人格を得ることによって，一人の自然人と同様な一個の人格を法的に

付与された存在となる。

　法人をこのように取り扱うことがいかなる効果をねらっているかについては、「団体の法律関係を簡単にするため」とか「団体の永続性と取引関係の簡易化を図る」とか「権利義務の帰属がきわめて簡単に処理される」（河本, p25）とか色々な説明があるようだが、いずれにしろ、「法人という制度は、その名において契約を締結し、その名において権利を収得し、義務を負い、その権利義務のためにその名において訴訟当事者になる」（河本, p.25）わけである。

　しかしこの法技術的な試みの最大の意義は、「団体に提供された財産が構成員の個人財産から区別され、構成員個人に対する債権者の責任財産ではなくなって、法人自体の債権者に対する排他的責任財産を作り出す」（河本, pp.25-26）ところにある。要するに、団体構成員とは別の存在としての人格および財産関係を作りだす法技術として意義があるというのである。

　法人の概念は、団体の成立を認め、これを法的な権利主体として取り扱うことであるが、これにより団体の社会的実在性はかなりな程度保証されることになる。もちろん、この社会的実在性はあくまで社会的関係としての実在性であるが、この点については別に章を設けて論じる。いずれにしろ、法人は法的人格の主体として実在化され、構成員とは別の権利主体となる。

　会社の団体性と法人性の関係は以下のようになると考えられる。まずは団体性がより重要である。株式会社の設立の過程を辿ってもこのことは明瞭である。「まず発起人組合が結成され、その組合契約の履行行為として定款の作成、株式の引受、設立事務の執行等の実体形成のための各種行為がなされ、最後に設立登記によって会社が成立する」（落合ほか, p.27）というのが設立順序である。要するに、まずは発起人が集まって組合を作り、それから一つの全体性を主張する概念である団体を成立させ、それを設立登記することで法人格を得るのである。

2　合名会社の法人性

　法人格は法人としての存在を主張するものである。しかし合名会社の実体

第三節　株式会社の法人性について考える　43

は複数の社員の存在そのものである。だとすると，社員を越える別の人格をあえて会社に与える必要があるのかが問題となる。

　厳密な論理を組み立てるという観点からすれば，組合と社団の議論に立ち戻らねばならない。

　組合は構成員の主体性が維持される社会的関係である。法人性を与える契機としては，一つの人格とみなしうるだけの一つの全体性が必要となる。全体性を主張するには，集団か団体とならねばならない。つまり，組合関係を集団論的に解釈して，構成員の作る社会関係の総体を一つの全体性として捉える考え方か，あるいは団体論のように構成員とはまったく別の観念的存在を概念構成体として成立させる考え方に立つかである。組合を個人法的に解釈して，あくまでも個としての次元にとどまる発想をすると，全体性というものが浮かび上がってこない。

　合名会社の法人性については，個人法的解釈と集団法的な解釈があり，議論が分かれる。たとえば，ドイツ商法は合名会社を社員間の契約としての「組合」として位置付け，「法人性」を認めない。これがドイツにおける多数意見であるという。英米法においても合名会社は「組合」として位置付けられている。「アメリカでは合名 (general Partnership) および合資会社 (limited partnership) には法人格がないので，corporation にはふくまれない」[10]（田中編，英米商辞典，p. 202）とされる。これに対して，「フランス法系諸国の通説によれば，人的会社のみならず民法の組合までが法人」（鈴木，p. 3）であるという。

　我が国の場合，合名会社に対して商法は法人格を与えている。会社を一括して営利社団法人と扱いつつ，しかし具体的な運用においてはこれを組合としても取り扱っている。現実問題の処理としてはこの程度の妥協は致し方ないのかも知れない。

　いずれにしろ，合名会社には二通りの考え方が成立する。合名会社の由来が，フランスにおいて社員すべての名前を会社名として使用したということ

---

[10] 英米法においては，会社は Sole Proprietorship（個人企業），Partnership（組合），Corporation（株式会社）に区別される（西川，2004）。

にあるとすると，社員の個性を信用の基本としていることは明白であり，あくまで個人主義的な立場に立って，個人の存在を有名無実化するような法人の成立を認めないとする立場が一つある。他方で，社員の人格・個性を重視しつつも，諸個人の相互作用の総体としての関係性を一つの全体として捉え直し，その全体性に対して法人格を認めるという立場がありうる。

3　合名会社を法人とする意義

　日本の商法では，合名会社にも法人格が与えられているが，これは合名会社の責任問題として難しい問題を含んでいる。すなわち，合名会社では法人格を会社に与えながら，会社の債務は法人に帰属するのではなく，社員の無限責任となっている。

　この問題に対して鷹巣（1989）は，以下のようにいう。「合名会社に法人格を認め，社員とは別個の独立した法主体とであることを重視すれば，その営業活動に伴う債務が法人に帰属するのは当然のことであり，社員の個人責任は法人性の例外であると解することも出来る。他方，合名会社が組合である点を重視すれば，会社の債務は社員の債務であるから社員の個人責任は当然のことであり，右の法人性の例外が却って合名会社の本質をなすということも出来る」（p. 216）。そこから，鷹巣は，「会社債務に対する社員の個人責任は，合名会社の法人性からすれば例外であるが，組合性からすれば当然のことであるというディレンマは如何にして解決可能であろうか」（p. 216）と問う。「また，組合に法人格を認めた場合に組合員の権利（業務執行権や財産的権利）を如何にして基礎づけうるかという問題」（p. 216）もあると指摘する。すなわち，法人が成立するなら，業務執行権や財産権も法人に帰属すると考えねばならないからである。

　鷹巣（1989）は，「合名会社の法人格の意義についての考察は，これらの問題を整合的に解決するに足る構成を試みなければならない」（p. 216）という。結論的に言えば，彼は，合名会社を個人法的に解釈して「組合」と考えるのではなく，個人の相互作用の総体を一つの全体性と扱う集団概念による解釈を提示している。

第三節　株式会社の法人性について考える

　鷹巣は，合名会社を「法人」とする意義については，以下のように述べる。「…共同事業意思の下に複数人が結合している場合には，構成員の数だけの権利義務が存在する必要はなく，全員に一個の権利・一個の債務が帰属すれば足る。というよりも，個人法原理のとおりに各構成員を独立の法主体として取扱ったのでは，共同事業を遂行する障害となりかねないし（例えば，共有物の分割請求や持分の処分），構成員の意識に反する事態も生じてくる（例えば，組合債務につき個人責任が先に追求されたり，組合事業と関係のない共同不法行為による債務につき組合財産に執行されるが如し）。のみならず，構成員各自を独立の法主体としてのみ取扱ったのでは共同事業体そのものが形成されえない。そこで，分割請求権や持分処分の自由を排除したり，組合の財産関係と組合員個人の財産関係を分別し，あるいは組合債務と個人責任の関係を明確にしておくなどの必要があるが，これらの措置を個別的にとるのではなく，一括して採用するところに，合名会社を『法人』とする意義があるのではなかろうか」(p.218)。

　鷹巣の結論は，「合名会社の法人格は会社を社員総体とは別個の法主体とする法技術ではなく，社員全員を商号によって統一的に表示することにより一個の権利義務の帰属主体として処理する法技術と解するのが妥当であろう」(p.217) というものである[11]。つまり，「共同事業のための結合」という面を重視し，「組合の実情に即して，組合員全員で一個の権利を有し一個の債務を負担するという構成に変えるところに，合名会社の法人格の意味がある」(p.225) とする。要するに，「合名会社にあっては，共同事業目的の下に結合した複数の主体を商号によって統一的に表示させることにより，全社員を一個の法主体として取扱う」[12] (p.225) ことができるというのである。

---

[11] 「因に，中世イタリアの合名会社に関してヴェーバーは，商号が合名会社の計算による財産関係を一括するためにのみ仕えるのであれば，それは一種の略号にすぎないが，商号が一種の人格を取得することによって，合名会社は独自の存在（法人）となり，組合財産を特別財産とするに至ったとしている」(鷹巣，1989, p.227) という指摘がある。

[12] 「① 合名会社は商号によって取引しなければならない。
② 商号によってなされた取引をめぐる訴訟は，商号によって当事者を表示しなければならない。
③ 会社債権者が会社財産に対して執行するためには，商号で表示された債務名義を得なければならない（ド商124条2項）。

ここでなされているのは、あくまで「集団」の論理による説明であり、「団体」の論理による説明を避ける構造となっている。集団概念で解釈すべき合名会社はあくまで諸個人の存在に基礎をおいた論理である。個人に還元する考え方が前面に出た場合には、合名会社を「組合」として捉えることになり、また諸個人の作る相互作用の総体を一つの全体として見る立場に立てば、「社団」と捉えられる。結局、合名会社の法人格は個人の作る関係性の総体を一つの全体性とする法技術であるといえる。しかしながら、ここで主張されている全体性は、構成員とは別個の存在を成立させる団体の論理ではないことに注意が必要である。

III 株式会社の法人性
1 法人としての株式会社

「株式会社の設立とは、法律的には、株式会社という法人を創造する手続」（長浜ほか, p. 68）だと考えられる。会社は法人であるから、自己決定し、その決定に基づいて行動する。法人格の目的は「法人自身の財産とその構成員・機関構成員等の財産とをきりはなし、法人という独自の財産の主体を創り出すことにある」（上柳, p. 6）と言われる。株主の出資金である資本金を基礎としつつも、それは「会社それ自体」の財産を形成し、「会社それ自体」が権利義務の主体となる。法人が権利義務の主体となるというのは、「(a) その名において権利を取得し義務を負うことができる。(b) その名において民事訴訟の当事者となることができる」（上柳, p. 6）ということである。

法人は構成員とは別の法的存在である。株主は会社の所有者ではあるが、会社は株主の影響下にはあっても、株主とは別の人格を持つ者として行動する事が想定されている。法が法人格を認めるという主旨は「会社それ自体」

---

④ 商号による不動産登記が認められている（不登36条1項2号）。
⑤ 合名会社には破産能力が認められ、支払不能に陥ったときには裁判所の手を借りて清算することになる（商94条5号・破127条2項・126条）。
⑥ 会社と社員間の紛争についても裁判所を利用することができ、ある組合員と彼を含む全組合員の訴訟という、個人法原理の下では考えられないことが認められるに至る。」（鷹巣, 1989, pp. 225-226）

の独立的な存在を保証するものである。法人は株主・取締役・一般従業員とは異なる人格として存在する。

法人格は突きつめれば観念的な存在でしかない会社というものに人格を認める法技術である。法人を実体としての存在であると考えることはできない。しかし、この概念は実体としては捉えられないが、実在しないとは言えない。「会社それ自体」が権力の源泉であることは周知の事実である。概念構成体でしかない株式会社が権力をもつという事実をどう解釈するか。これが団体概念から見えてくる世界であり、悩ましくも面白い現象なのである[13]。これについては、別に章をあらためて論じる。

2 法人格の意義

岩井（2003）は古代ローマの都市の例を出し、「市長が交代するたびに、自治特権をめぐって領主と交渉し直さねばならないのではたいへん」だから、「そういう時に考えだされた制度が『法人』だった」（p. 66）と説明する。つまり、市長が市民を代表して署名するが、市長が死んでしまえば、契約は効力をうしなうというのではあまりに不便だというのである。岩井は、組合的な共同企業における契約関係が構成員のすべてと対応する必要があることを述べたあと、構成員のひとりが抜けただけで新たに契約を結びなおす事態は費用的にも大変で、法人を認めることで「外部との契約関係を大幅に簡素化」できるから、法人というものが広まったと説明している。そこから、「法人とは、共同企業が外部の個人や企業とむすぶ契約関係を簡素化するために導入された、法律上の仕組みにほかならない」（p. 62）と結論づける。

確かに、法人擬制説は法技術としての立場から法人の意義をわかりやすく説明する。わたくしは契約を簡素化するためという岩井の説明に一部同意し

---

[13] これは、行為論から関係論へ、そして「閉鎖的な社会関係」から「境界」を導きだし、集団論・団体論、そして組織論へと理論を組み立てる道筋を鳥瞰できないとなかなか理解しがたい話であろうと思う。しかし、この筋道を一通り辿りさえすれば、実体概念ではないが、社会的関係としては存在し、しかもそこで期待される行為の可能性がなくなれば「虚構」ともなるということに思い至ることができる。この理論的な道筋については、『組織の概念』（中條, 1998）を参照されたい。

つつも，団体としての全体性の成立が契約行為の前提としてあることに注目したい。つまり，契約関係を簡素化するということとは別に，またそれ以上に，団体という観念がすでに成立していたがゆえに，それを形式的に完成させる手続きとして法人格が団体に付与されるに至ったのではないかと考えている。要するに，構成員を超える全体性が観念的に成立しているということこそが重要であると考えるのである。法律的な手続きの簡素化という面を否定するつもりはないが，それは団体の成立という観念が先行しているということから比べれば，それほど重要なものではない。

　たとえば，現在でも，「人格なき社団」と呼ばれるものが多数ある。これは法人格をもたない各種団体，たとえば，PTA・町内会・学会などである。法人格をもたないから，契約は団体の長が個人としての資格で契約することになる。契約主である団体の長は無限責任を時に負う羽目になり，団体として活動しているという実質と合致しないし，確かに不便である。それゆえ，「人格なき社団」に対しても，容易に法人格を与えようというNPO法案の動きにつながっていると考えられる。

　ここで主張したいのは，法人格をもたない段階ですでに，団体が成立しているという事実である。法人格をもつかどうかは，法律上の手続き上の問題でしかない。法人格を与えられているいないに関わらず，団体がすでに成立していることが重要だと私は考えている。近年，学術関連の学会がNPO法案で可能となった法人格取得で動き始めているが，学会は法人格を法的に獲得する以前にすでに成立しているということからみても，法人性よりも団体性が本質的であるという理解が重要である。

IV　結　び

　株式会社は法人として存在を認められる。会社に法人格が認められているのは，株主とは異なる主体性を「会社それ自体」が主張するがゆえである。株主の意思と会社の意思が完全に一致する状態を想定すると，そもそも会社の人格を株主とは別に構成する必要はない。もし株主の人格通りに会社が動くなら会社の法人性はそもそも否定されねばならない。会社の人格と株主の

第三節　株式会社の法人性について考える　49

人格とが一致しているのだから，これはいわゆる「法人格否認の法理」にあてはまる事例となる。

　一般に，「法人格否認の法理」は「法人成り」した会社に対して，実質的に両者が不可分であると認められる場合に，会社の法人格を否認して会社の実権をにぎる個人の責任を問うことを趣旨とする法である。つまり，法人が実質的には個人のダミーとして存在しているような場合に，会社の法人格を否認できるとする考え方である。この考え方の基礎には法人格をもって存在する「会社それ自体」が独立した人格主体としての法的権利主体たりうるとし，法人としての権利・義務・責任をもつと考えている。要するに，会社は「会社それ自体」として行為する義務と責任を負っていると考えられているのである。

　これを株主との関係で考え直してみると面白いことがわかる。近頃のアメリカ型のコーポレート・ガバナンスの議論は「株主」の意向に全面的に従う経営者を理想とする感がある。しかし，もし特定の株主の意向を前面に打ち立てて，「株主価値」なるものを会社が追求するなら，法人格は否認されるべきなのではないだろうか。なぜなら，ここには法人が株主とは別の存在として成立していないからである。株主，イコール会社なら，会社の法人格などそもそも認める必要はないという話となる[14]。

---

[14] 会社の法人格が否認される場合として，以下がある。「会社の設立が未完成のまま事業が開始された場合，株式未発行でかつその対価を受領せず事業が開始された場合，株主総会，取締役会を開催しない（または不開催の同意の署名がなされていない）場合，株主が共同経営者であるかのように決定を下している場合，株主が会社資産と個人資産を厳格に区別していない場合，会社の資産を個人的な費用の支払いに充当する場合，適切な会計処理をせずに個人資産を会社の費用の支払いに充当する場合，または，完全な会社記録及び財務記録が維持されていない場合などには，会社という別個の法人格が否定される危険性が相当程度に発生するであろう。」（ハミルトン，訳 p.98）

第二章
株式会社をめぐる存在論と方法論
―団体の存在論と方法論―

第一節　法人の存在論争を考える

I　はじめに

　法人が擬制であるというのは議論の余地がない事実である。人間が観念的に作り出したものであり，それは実体ではないという意味で擬制という考え方は正しい。確かに，実体として実在するのは，人間のみである。では，法人は観念に基づく擬制だから，存在しないと考えていいのか。観念的存在であるから，それは存在しないと単純に言えるのだろうか。

　わたくしは，株式会社という団体は観念的存在であるが，それは「社会的実在」でもあると考えている。一方で，観念的存在と規定しながら，他方でそれが「社会的実在」であると主張するのはどのような意味においてであるか。これは概念構成体としての団体の存在論として本質的な議論である。

　以下では，法人の存在論争を取り上げ，団体の実在性について検討しようと思う。

II　唯名論と実在論
1　ネコは存在するか

　岩井（2000）は「ネコは存在するか」という突飛ともいえる問題を投げかけ「法人の存在論争」の世界へと読者を誘う。「ネコ」というものが存在するのか，はたまた「ネコ」は存在せず，存在するのは具体的な「個物」かという哲学上の「普遍論争」を手がかりに，「会社という存在」を読み解こうとする。

第一節　法人の存在論争を考える　51

　岩井は次のように書く。
　「はたして『ネコ』なるものは実在しているのかしていないのか？　これは，中世スコラ哲学のいわゆる『普遍論争』からはじまって，いまなお哲学者を悩ましている問題である。もちろん，まだ名前のないわが家の猫，隣のミケ，筋向いのシロ，車屋のクロ，遠くの国に住むムルは，疑いなく実在しているはずである。問題は，一匹一匹のことではなく，それらを総称した普遍概念としての『ネコ』なるものがそれ自体として実在しているのかどうかということなのである」(p.230)。
　猫という範疇があることは常識的に理解できる。しかし，「ネコなるもの」が実在しているかと改めて問われるときょとんとしてしまう。猫という概念は観念だから実在ではないはずである。だから，猫という一般など存在しないのは考えるまでもないことで，存在しているのは具体的な個物としての猫に決まっている。これは「りんご」でも「人」でも同じである。わたしやあなたは具体的な個物としての実在であり，人やりんご一般は単なる共通の名称である。このことは明白で，このような例を挙げて説明されても，わたしにはこの問題提起自体があまりピンとこなかった。このようなわかりきったことがなぜ論争になるのかがわからなかったのである。
　しかしここから先，岩井の「ネコ」のお話は，「法人格」を持つ「会社」という概念に重ねられる。そして，読者は，「会社」は実在するか，あるいは「会社」は実在せず，実在するのは株主や経営者や従業員といった具体的な人間であるのかという「法人論争」へと導かれる。
　「ネコなるもの」が存在するかという話が「会社というもの」が存在するかという話に結びつけられるとこれまでわからなかった問題提起が意味をもつ。会社は会社として人を雇い，商品やサービスを生産し販売している。現実社会では会社はその存在を認められている。会社は物を作り販売する。会社は人を雇い，首をきる。会社は社会貢献し，ときに社会に害を及ぼす。公害を出した場合，会社自体を罰するのか。それとも，個人を罰するのか。会社は実在なのか単なる名前なのか。「会社それ自体」が存在すると考えて良いものか，あるいは会社は「人の集まり」として株主や経営者や従業員など

の行為に還元されるものなのか。

　岩井の結論は，「実在論」と「唯名論」という二つの見方が異なる国でそれぞれ生きているという主張である。「会社主義」の日本は実在論であり，「株主主義」のアメリカは唯名論の世界であると結論づけられる。すなわち，日本では「法人実在説」の立場から「会社それ自体」が主張され，アメリカでは「法人擬制説」の立場から「会社は株主のもの」と主張されるというのである。

　岩井の語り口は読者になにが出てくるかと期待をもたせる。しかしこの論争に最終的な決着はつかず，当初の対立は対立のまま残る。しかし，読者はそれぞれの立場に対する理解を深めており，二つの見方の並存という事実をつきつけられても，それを致し方なしと受け入れるほど説明は絶妙のものである。

2　「観念が実在する」とはどういうことか

　実在論（realism）とは，「世界がわれわれの心の外に，独立して存在するという説」であり，われわれの認識と無関係に事物が存在すると考える。唯名論とは，「名が付けられることで存在する」，つまり認識することで事物の存在を確認すると逆の発想をする。常識的に考えれば，名があろうとなかろうと存在するものは存在するといえる。しかし，存在そのものに気づかないのがわれわれの認識能力であり，またその存在に対するわれわれの認識を疑い始めると，存在するとかしないということを確定するのはほとんど不可能というような世界に迷い込む。デカルトの「われ思う。ゆえに我あり」は疑っている自分という存在だけは確かにあるという信念に基づく方法論である。しかし，疑っている自分という存在がそれほど確実な基礎となるのかとの疑問もわく。「無人の森で木が倒れたとき，音はするか」（1974, 訳 p. 175）というような問答をドラッカーが紹介している。ドラッカーの答えは「音はしない」というものである。主体を離れて，音は認識されないという発想である。つまり，唯名論の立場である。経営学にとっては主体の判断が中心となるという発想がドラッカーにはある。だから，認識主体の存在しない空間での出来事については音を聞き取る主体がいないという意味で「音はしな

第一節　法人の存在論争を考える　53

い」という立場にたつ。

　ところで，中世の普遍論争は，観念（イデア）や普遍概念が実在するかどうかを巡っての論争だという。観念の存在論争は単純な存在論争とは次元が異なる。つまり，普通の存在論争なら認識対象が物理的にあるかないかを確かめればいいのだが，それが観念となると，そもそも頭の中で作り出した概念についての実在論争となるからさらに厄介である。観念（イデア）や普遍は，「個物に先立って」存在すると考えるのが観念実在論であり，「個物を観察した後に」人間が特定の名称で呼んだに過ぎないとする唯名論とが対立してきたといわれる。

　プラトンのイデア論は，「存在物の原型となるところの，理想的な形をもった，時間的に普遍の絶対的存在」（哲学・論理学用語辞典，p. 41）を認める考え方である。たとえば机については，「机の理想型」という観念が実在として先行し，具体的な机はこの理想型をまねて作られると考える。しかも，具体的な机については，理想型とは異なり，「キズがあったりゆがんでいたりして完全なものではない」（『哲学・論理学用語辞典』，p. 41）という風に考えるのである。また美についても，「美それ自体」が個々の具体的な美しいものに先行して存在すると考え，ここでも個々の美しいものはイデアの不完全な模造品でしかないと考える。プラトンでは白や黒といった色，円や三角形といった図形，真善美などについても同様の発想をする。このように普遍概念が実在するとするのが，観念実在論である。観念実在論は観念論であり，主観主義の立場といえる。もちろん，プラトンのイデア説は単純な主観主義を唱えるものではなく，イデアは理性によって認識されるものである。プラトンのイデア説は観念や概念の実在性を主張するが，観念や概念の実体的把握は中世にあってはスコラ哲学の正統思想と認められていたといわれる。またその伝統は現代にも生き残っているという。たとえば，ドイツ観念論の中にあって，カント思想に対抗して独自の論理学を築いたボルツァーノは，命題自体や概念自体が認識の対象として実体的に実在すると主張しているというし，記号論理学の創始者であるフレーゲなどは論理記号の命題や函数が実体的に実在すると主張しているという（山崎・市川, 1979）。

では，社会科学にとって「実在する」とはどういうことか。ウェーバー的な「行為の社会学」においては，人々の行為に影響する場合，実体ではなくても，それが想念によるものであっても，「実在する」と考える。つまり，われわれの行為に対して一定の仕方で影響するなら，それは社会学的には実在するというのがウェーバーの社会学である。経験世界では客観的に実在かどうかというような問題設定はそれほど重要ではないのかもしれない。純粋な客観世界とは別に，諸個人の主観世界のせめぎあいの中に，認知的な世界というものがある。観念により行為を制約されるのが人間であるとの立場がある。ドラッカーのいう主観のフィルターで濾過され，主観の行為に影響する認知世界の存在である。

ドラッカー（1985, p.99）はコップの「半分の水」についての認識主体の捉え方について言及している。「半分もある」と考えるか，「半分しかない」と考えるかが決定的に重要だというのである。これはポジティブ・シンキングとネガティブ・シンキングという発想とも通じる。物事の捉え方を肯定的・積極的にできる人のほうが，実力を発揮できるという。

ゴルフを使った実験で，暗闇の中でライトアップされた100ヤード程度のグリーンに向かいボールを打つというのがある。ほとんどの人が難なくグリーンを捉える。しかし，別の照明がつくとそこに池が浮かび上がる。そこはなんと池越えのショットである。グリーンの手前に池があるとわかった被験者たちは，グリーン・オーバーや池ポチャのショットを連発する。同じ距離のグリーンなのに，認識の枠組みが変わると途端にむつかしくなる。この例は客観的事実はどうあれ，認識主体の認知が重要であるという主張の根拠となる。ボーリングでも同様である。ガター際に残った7番ピンや10番ピンは恐怖の配置である。しかし，スペアを取れるラインの幅は限定されるにしても，正確なライン取りをすれば，スペアは取れるはずである。しかし，現実にはガターが気になり平常心では投げられない。

行為の可能性を制約する状況については，これを社会学的には実在の関係性の成立とみることができる。それゆえ，自然科学の立場からは「科学的根拠」がなく，単なる「錯覚」や「こじつけ」というような場合でも，社会科

学はこれを行為への明らかな影響作用として認識すべきものとなる。たとえば，平安朝の日本人は陰陽道などを信じていて，易や占いなどで日常生活を送っていたようである。京都の都市計画そのものが悪霊の侵入を阻止するといような発想で設計され，人々は鬼神を恐れて生活していたのである。悪霊や鬼神など妄想だといってみても，実際にそれを信じて行動している人にとってその実在感はいかんともしがたい。

III　法人の存在論

法人という概念の実在性について，それを認めるかどうかで見解が分れる。大雑把に言って，法人擬制説，法人否認説，法人実在説がある。以下ではこれらについで簡単に検討しておくことにしよう。

1　法人擬制説

法律用語としての「看做す」あるいは「擬制」というのは，本来的には性格の異なる二つの事実について，法律的に同一と規定することである。突き詰めて考えれば性格の異なる事実であるが，法律的には同一のものとして処理するという立場である。もとより事実としてはそれぞれの事柄は性格が異なる事を知りつつ，法技術ないし法形式として「同一」と考えようとするわけであるから，当事者が実質的な観点からそれぞれの事実の差異を主張しても，法的に同一として法形式が優先される。ここでは形式が実質に優位する。

「擬制」に対して，「推定す」という法律用語を引き合いに出すと，ここでの議論がさらに明確になる。「推定す」は事実により反証されるまで有効とされるが，反証されれば，新事実が有効となる。ここでは実質が形式に優位する。

法人擬制説は，「自由な意思主体たる人間個人のみが法的主体者であるという意思理論から出発して，法人は国家によって単に法律上の目的のために人為的に財産権の主体として擬制された個人にすぎず，それ自身には意思も自覚もなく，また不法行為も犯罪もなすことをえないところの純粋の法律の世界での存在であるとする立場である」（河本，p. 24）。

擬制説というのは，先の存在論争には関わろうとしない立場であるといえ

る。つまり，本質的な議論を避けて，とにかく人間の生み出したものであるという一点を確認して，それ以上の形而上学的ともいえる存在論争には距離を置こうという立場である。それゆえ，擬制説という立場は便宜主義的立場ともなる。なぜなら，人間の生み出したものなのだから，人間の都合でどのようにでも扱えるし，扱うことにためらいがない。法学者の多くがこの立場に立ち，税法では法人実在説，刑法で法人否認説と状況ごとに使い分けている。

　税法を例に考えてみるのも面白い。シャープ税制の基本的な立場は「法人擬制説」である。法人擬制説の立場での税制は「会社それ自体」を実在すると「看做す」，つまり「擬制」する。もちろん根本的には会社は個人株主に還元されるべきであるとの発想がある。しかし，一旦，擬制として会社の実在を法的に認めるという法形式をとると，法的には会社は実在として取り扱われることになる。ここで，当事者が実質的な観点から，会社は本当のところは実在ではなく，会社は株主と同一であるのだから，会社から所得税をとり，さらに株主個人から所得税をとるのは税金の二重取りであると主張しても意味がない。意味がないというのはその論理がまちがっているということではない。確かに，法人の実在性を認めないという立場からすれば，「税金の二重取り」と感じられる。しかし，「擬制」という法技術の約束事をもう一度考えてみよう。法律にいう「看做す」，つまり「擬制」という立場はあえて実質的な性格の違いを踏み越える立場である。しかも，一旦，法律的に「擬制」されれば，当事者が事実はこれと異なると主張しても法を覆すことはでない。「擬制」という考え方はそれぞれの事実の性格の違いを認めた上で，法技術的に「同一」として扱いましょうということであるからである。

　株式会社成立の意義を分かりにくくしているのは，商法の多数派である「擬制説」の立場である。これは，一見すると，法人の存在を認める立場のようにも考えられるが，よくよく考えてみると，法技術の便法として株式会社をあたかも存在するかのように取り扱った方が便利だから，「擬制」としては認めましょうという立場である。しかし，本質的には団体など実在しないと考えており，団体の背後に自然人を想定するという発想からは抜け出せないでいる。この意味では法人否認説と同じ見方に立っているともいえる。

第一節　法人の存在論争を考える　57

「擬制説」の立場では非常にご都合主義となるのはいたしかたない。たとえば先にも見たように税法では，法人と個人に対する二重課税の問題が未解決の問題として存在するが，「擬制説」の立場では原理原則論には触れずに税収をあげることが目指される。また，会社犯罪に対する刑法では，これとは異なり，「法人否認説」の考え方が強く働く。単なる擬制である法人を処罰するのはナンセンスという立場にたつからである。それゆえ，企業犯罪については，自然人である経営者や従業員が訴訟の対象とされるが，会社を処罰するという発想は乏しい。最近は「会社それ自体」が訴えられもするが，数百万円というレベルの会社にとって痛くも痒くもない罰金であったりする。法人否認の考え方が根底にあり，擬制説が優位であると考えられるアメリカなどでも何百億円もの罰金刑が「会社それ自体」に課せられるのとは大きな隔たりがある[1]。

2　法人否認説

　法人否認説の考え方は，「法人制度の存在理由を実質的に観察して，その利益の帰するところをもって法人の本体とするか，あるいは現実に存在する財産または現実に活動する管理者をもって法人の本体とする立場である」（河本，p. 24）。
　ホーフェルド（1923）の次のような発言は，法人否認説の一例である。「いわゆる株式会社という形態，手法及び手続きによって事業を営むことが，個人もしくは自然人がその財産を享受したり事業に従事することのもう一つの形式であることが，不思議なことにこれまで良く理解されていなかった。複数の個人は，パートナー（組合員）として共同の事業を営むことができる

---

[1] 喫煙による健康被害を理由にした損害賠償請求訴訟では2000年にフロリダ州の巡回裁判所（1審）は，米たばこ最大手アルトリア（旧フィリップ・モリス）など5社に対し1450億ドル（約16兆4000億円）という米国裁判史上最高額の懲罰的賠償金の支払い命令が出て話題となった。また2002年には，肺がんになった米カリフォルニア州の64歳の女性が，米たばこ大手フィリップ・モリスに対し損害賠償を求めていた裁判で，経済的，精神的苦痛の損害賠償85万ドルに加え，280億ドル（約3兆4000億円）の懲罰的損害賠償の支払いを命じる評決があった。その後，ロサンゼルス地裁は同地裁の陪審団の下した懲罰的損害賠償を「過大で違法性がある」と判断し，1000分の1の2800万ドル（約34億円）に大幅減額する判決を言い渡している。

のと同様に，株式会社の構成員としても事業を営むことができる。株式会社は，まさしくそういった個人の集合体である。…ある個人が会社がなすべきことを決定し，他の個人が必要な行為を会社のために実際に行う。なぜなら，会社は，明らかに腕も脚も口も目も持たないからである。また，ある個人は会社からもたらされる利益を最終的に獲得し，他の人々は債務を最終的に負担する。現実的には，会社は単に個人が事業を行う道具であり，同一のまたは異なる個人が，利益もしくは損失を共有する。」(ハミルトン，訳 p. 18)

株式会社の背後で実際に会社を動かすのは人間であり，人間の存在こそが，会社の本質であるとの認識がここにはある。人間中心のこの見方はいかにもプラグマティストのアメリカ人である。

この考え方は単純な人間中心の考え方に立っており，団体という概念構成体を成立させることの意味を考慮していない。つまり，単なる人的結合としての会社（company）ではなく，なぜに概念構成体としての株式会社（corporation）が必要となるかについて考えようともしない。

3 法人実在説

最後に，法人実在説については，「法人は，法律によって擬制された空虚物でなく，一個の社会的実在であるとみる立場であり，そのうち有機体説と呼ばれるものは，法人の社会的実体を，団体であるとし，その中では，個人は団体法的原理によって相互に拘束されるのであるから，団体は自分の固有の意思と行為とをもつ有機体であり，この社会的実在について権利義務の主体たる地位を認めたものが法人であるとする」(河本，p. 24) 考え方である。

法人実在説に属する別の立場としては，「組織体説」と呼ばれるものがある。これは，「法人の実体を社会的有機体とすることを避け，権利主体たるに適する法律上の組織として実在する」(河本，p. 24) と主張するものである。

私の立場は法人実在説であるが，少し注釈の必要なものである。わたくしは，法人を「社会有機体」と考えていないし，また，「法律上の組織」とも考えていない。わたくしは「概念構成体としての団体」だと考えている。つまり，団体が法人格をえて，法的枠組みのなかでさまざまな関係性の網の目

を構築することで「社会的実在」となりうると考えている。

　団体というものの実在性に関しては，行為の可能性として把握される「社会的実在性」を考えている。つまり，わたくしは行為の可能性としての「関係性」の存在と団体の存在感を重ね合わせているのである。要するに，団体の実在性を「実体概念」で捉えることに反対し，行為の可能性としての「関係概念」で捉えることを提唱するのである。わたくしの考えでは，団体の実在性は，行為の可能性としての「関係性」の存在でしかなく，実体概念ではないという理解が重要である。それゆえ，行為の可能性としての団体の実在性は，行為を引き出す枠組みが揺らぐと一挙にその実在感を喪失し，虚構性をあらわにすることになる。そのため，団体は常に実在感を高めるべく団体機関（管理スタッフ）により維持されねばならないのである。なぜなら，鉄壁の基盤を持つように見える団体――国家であれ，株式会社であれ――も，団体維持のための努力がなされなければ，そこに成立している「関係性」にほころびが目立ち始め，やがては団体そのものが完全なる虚構と化すことになるからである。

IV　「実在」か「実体」か

　株式会社という存在はあくまで観念的存在である。これが会社であるという具体的な，目に見えるような存在ではない。会社の建物や設備は会社そのものではない。会社を実体としての事物で表現することはできない。しかしながら，法人というものが「実体」をもたないから「実在」しないということにはならない。「実在」と「実体」の概念的な違いに留意する必要がある。会社は概念構成体でしかないが，その存在はわれわれの行為を規制し，影響を及ぼす。ここでは行為の可能性の有無が重要な意味をもつ。つまり，社会学的に言えば，行為の可能性があるかぎり，そこに成立する関係性は実在なのである。会社という存在により成立する行為の可能性があるとき，たとえ観念的存在でしかなく実体概念では捉えられなくとも，関係性としては実在であると考えうるのである。

　概念構成体としての団体はわれわれの協定の結果として成立しており，われわれの行為を規制する。会社をめぐり成立する関係性とその強度が「社会

的実在」として認識される。会社という団体性が生み出す規律や規範が団体内部ばかりでなく，外部の社会的関係にも影響する。「会社それ自体」としての存在感は人々の行為を左右する「社会的事実」となる。すなわち，会社という存在を媒介にした特定の拘束的関係は疑いようのない事実なのである。

　社会的関係の実在性は行為の可能性に影響するところをもって，その存在証明とする。このような立場からすると，法人が法的にも実際の社会的関係を拘束するものとして存在している以上，この実在性を否定することはできない。これを否定しようとする立場の研究者は存在論ないし方法論的な立場において，自然科学的な実証主義の立場に立つようである。彼らにしてみれば，法人そのものが制度的な構築物であり，法人格なども擬制にすぎないと考えているのである。

　団体という存在の本質を社会的関係と捉える立場では，人間がどのように行為するかで団体の実在感が変化すると考える。つまり，人々が情熱や忠誠心をもって特定の行為をする可能性がある場合には，団体の実在感は高まる。しかし，人々がもはやそのような行為をする可能性がなくなれば，実在感も雲散霧消し団体そのものも虚構と化す。すなわち，団体はあくまで団体秩序という形の社会的関係が維持されている状態でしかないと考えるのである。団体秩序の維持のための努力が管理行為としてなされているという状態がなくなれば，もはやその団体そのものが存在しないということなのである。たとえば，従業員は会社に雇われ，会社の規則に則って仕事をする。会社の規律と規範が維持されており，会社に対する忠誠心が高ければ，会社の実在感は大きい。しかし，会社は概念構成体でしかないから，「会社など何ほどのものでもない」と思い至り，会社の拘束性から自由になると，会社の存在感も急激に消失するという事態も考えられる。その場合には，会社は実在ではなく，もはや虚構となる。

V　結び

　岩井（2003）は，「悠久千年の法人論争に『決着』をつける」というほどの意気込みで，会社という存在における「モノ」としての側面と「ヒト」と

第一節　法人の存在論争を考える　61

しての側面があることを指摘し，法人実在説と法人否認説とが異なる国で並存すると結論づける。

「法人実在論」と「法人否認論」が異なる文化で並立しているという論立てはかなり納得できるものではあるが，文化の違いに還元して説明を終わらせていいのかどうか疑問も残る。確かに，「観念的なレベル」あるいは「ものの見方」としては文化的な相違は厳然と存在する。しかし，「社会的関係」としての株式会社の「実在性」は国や文化の違いを超えて存在し，容易には否定できないものではないか。「制度とてしての株式会社」を受け入れているという事実は「観念的なレベル」で実在しているとか実在していないとかいう議論ではなく，「社会的関係レベル」で実際に人々の社会的関係を制約しているということである。つまりは，「法人実在論」を支持していると考えるべきではないのかという想いがある。

会社を「モノ」と「ヒト」という側面から分析する視点については，なるほどと思う反面，この問題に接近する別の道が残されているように思われる。それは，個と全体という視点からの接近である。会社を構成員である個に還元するという見方と会社の構成員を超える全体性の成立を「団体」として捉える見方である。後者の見方をさらに発展させると構成員とはまったく別次元の概念的構成体を観念的に構築するということが可能となる。株式会社という存在はまさにこのような存在であるといえる。つまり，「会社それ自体」が活動理念とそこから派生する活動領域をもつ概念構成体として構成員とは別の存在として成立するのである。

団体は概念構成体として成立し，「実体」ではないが「実在」である。ここに団体という概念の妙味がある。「実在」の正体は団体が生み出す社会的関係の存在である。社会的関係というのは，行為の可能性として理解されるが，団体は拘束的な社会的関係として「実在感」をもって存在している。しかも，この実在感は社会的関係を反映したものであり，それは当然「実体」ではなく，あくまで行為の可能性に基づくものでしかない。この意味で団体という存在は人々の具体的な行為に支えられてこそ実在感をもつに過ぎない。団体は，管理的な努力なしには虚構となりかねないという意味で，「実

在」と「虚構」の狭間にある存在であると言える。

第二節　団体の方法論—方法論的関係主義—

Ⅰ　はじめに

　方法論における個人主義と全体主義の対立は，社会の本質をどう見るかというところにある。大別すると方法論にはウェーバー的な方法論的個人主義とデュルケム的な方法論的全体主義の立場がある。個のレベルに還元してすべてを扱おうとするのか，個とは別次元に社会というレベルを想定するのかという立場の違いである。それゆえ，個と全体という問題は方法論的にいえば二者択一の問題でしかないと考えられてきた。つまり，個というレベルで個の相互作用を社会現象として捉える道を探るのか，あるいは個を超える社会という全体性の存在を認めて，そこから議論を始めるかである。

　団体という存在に至るためにはいかなる方法論的な立場に立つべきなのか。方法論的個人主義や方法論的全体主義とは異なる第三のアプローチが存在するのか。そして団体という全体性の存在を認める本書の立場には，デュルケム的な方法論的全体主義の立場しか残されていないのか。わたくしは，個人主義的な発想に立ちながらも，個を超える全体性の存在を認める第三の方法論的な道があると考えている。

Ⅱ　方法論的個人主義と方法論的全体主義

　個と全体という枠組みを提示する以上は，個とは何か，また全体とは何かが明確に定義されねばならない。そもそも，個と全体という二元論を受け入れるということはどういうことなのだろうか。個については，説明なしで理解できる。しかし，ここで問題なのは，そもそも全体とは何かである。全体性はどのような仕方でイメージされているのかである。個の集まりなのか，あるいは個を超える何かを想定する発想なのか。

　方法論的個人主義は社会現象を個人行為に還元して説明しようとする立場

である。ウェーバー的な方法論的個人主義の立場は社会という現象を個人が他者を考慮して行う社会的行為とそれにより成立する社会的関係として説明しようとする。これは，人間というものを中心にすえる考え方であり，社会といっても人間の相互作用でしかないという立場である。要するに，個人の相互作用の総体を社会と呼ぶだけであって，個を超える存在を認めない考え方である。

　方法論的個人主義の考え方では，個と全体という用語を使う場合も，常に具体的な個人がイメージされており，すべての社会現象は個人行為に還元して説明される。全体という用語に対しても，個人行為の相互作用の総体といった意味しか与えていない。全体は個人の集合イメージであり，多数の人間による複雑な相互作用に過ぎないのである。社会現象を説明しようとする場合も，社会的事象は個人行為の動機と意味に還元して説明されるのでなければ説明にはならないと主張する。また社会を変えるというのは個人行為を変えることと同義語となる。それゆえ，個々の人間の感じ方や考え方あるいは具体的な振る舞いが変化することが，すなわち社会変革なのである。

　これに対して，デュルケム的な方法論的全体主義の立場では，社会は個人を超えた実在であるという考え方をする。デュルケムはいう。「社会という実在は，それ自体で存在するものであり，それに特有の必然的な原因によって存在するものである。したがって，この実在は，人間にたいしてもそれ独自の性質をもって自己を押しとおすものであり，人間が生きるためには，物理的環境にたいするのとまったく同様にそれに適応せざるをえないのである」(1893, 訳 p. 330)。社会は個人を超えて存在する何物かであり，社会は個人の相互作用とは次元の異なる存在とされる。社会的事象は個人行為とは次元が異なるものであるがゆえに，個人行為に還元することはできず，個人行為をいくら分析してみたところで社会現象を説明したことにはならないという主張となる。ここでは，社会秩序が先にあって，個人はそこに生まれ育まれるのである。すなわち「社会は外的世界と同様にわれわれの作品とはいえない実在であり，したがって，われわれが生きうるためには，この実在に服しなければならぬ。そして，この実在が変化するからこそ，われわれは変わらなければならないのである」(1893, 訳 p. 332) と発想する。それゆえ，

個人はその既存の秩序に制約されて生きるしかない。

　全体主義の方法論は全体性が個を超えて厳然と存在すると見る。しかし，社会とは何かは説明されない。個を超える何物かは存在しているのであり，それを追究するのが社会学であると考えるのである。

　「社会が存在しなければ，社会学も存立できないということ，また存在するものが個人だけならば，社会は存在しないということをヒトは理解しない」（1897, 訳 p.57）とデュルケムは『自殺論』の序文で書く。社会が個を超えて存在するから，社会学という学問が成立するのであり，もし社会がそれ自体として存在しないのなら，社会学の存立根拠がないと考えている。いずれにしろ，個を超える何物かの存在を先に認めて，それが何であるかを考えようとするのである。デュルケムは，個を超える社会そのものを学問の対象とすることで「社会学」の創始者となった。

　デュルケムは「社会的事実」があるという。デュルケムによれば，「社会的事実とは，個人のうえに外部的な拘束をおよぼすことができ，さらにいえば，固有の存在をもちながら所与の社会の範囲内に一般的にひろがり，その個人的な表現物からは独立している固定的，非固定的ないっさいの行為様式のこと」（訳 p.69）とされる。デュルケムは「社会的事実」を説明するために，スタジアムの出口に殺到する群衆の例をあげる。出口に向かっての人の流れには圧倒的な力がある。一人の人間の力をもってしてはそのような圧倒的な流れに対抗できず，流れに身をまかせるしかないという。出口に殺到する群衆の行為は個々の人間の行為でありながら，もはや個人の意志とは無関係であるとデュルケムは見る。社会というのは個の意思を超えた何物かであるというのがデュルケムの発想である。このような人々の個々の思いを飲み込んで流れてゆく圧倒的な力が社会という存在と重ねあわされて説明される。われわれも日常的に「時代の流れ」とか「世間の力」とか「社会の圧力」とかとなにげなく使っている。これらは個人の意思を押し流す抗いがたい力だと考えられている。

　個人には還元できない全体性を問題とするのがデュルケムの社会学の発想である。わたしが前著（1998）でデュルケムの方法論に反対したのは，個を

超える全体性という捉え所のない存在をまず認め，そこから社会学を発想するところに違和感を感じたからであった。個人しか世の中には存在しないのに，個人行為に還元できないものがあるという発想に受け入れがたいものを感じたのである。しかも，社会は個人の努力とは無関係に個人を飲み込む圧倒的な力を発揮するという。社会という全体性は個人の存在とは別次元のものとして想定されており，人々の上に君臨し，個人を圧倒するというそのようなやりきれない社会観に反対したのである。

　これに対して，わたくしが支持したウェーバーの方法論は世の中で存在するのは人間であり，人間の行為そのものが社会であるとの発想から出発する。それゆえ，あらゆる社会現象は人間行為とそれが作る関係性として表現されると発想する。社会も人間を超えた存在であるはずはなく，人間の行為が生み出した関係性であるとして，あくまで個々の人間の振る舞いや行為を積み重ねて説明しようとする立場である。先の出口に殺到する抗い難い流れの例にしても，ウェーバーなら，流れに抗する個々の人間の行為と流れ自体を作り出す別の人間の行為の対抗関係として，この現象を説明すると思われる。つまり，群衆の流れのままに，身動きすらできず，出口のほうにもっていかれる現象は，単に相対的な力関係の違いであり，結局は，個々の人間の行為の相互作用の結果として説明できるとする立場にたつ。

　わたしはウェーバーの個人主義の方法論に立ちながら，いかにしてデュルケム的な個に還元し得ない全体性の存在を認めうるのかを考え続けてきた。個を超える全体性がデュルケムのいうように「社会的事実」として存在するとしても，それは諸個人の行為の積み重ねとして説明されねばならないと考えていたのである。

Ⅲ　方法論的関係主義

1　「集団」の方法論と「団体」の方法論

　「集団」と「団体」の概念的な違いを検討する中で，ウェーバーの方法論とデュルケムの方法論がそれぞれが「集団」と「団体」の考え方に対応しているということに気づいた。

『自殺論』の訳者である尾高によれば，デュルムケは，社会的事実を「超個人的な実在」と捉え，「個人に対する社会の優先を主張する」という意味で「社会実在論者」の代表者の一人であるが，デュルケムは社会を「超個人的有機体」であるとか，「超個人的な集団の心や集団自身の思考作用」と考える「真性の実存論者」ではなかったことを指摘している（Durkheim, 1897, 訳 p. 31）。すなわち，真性の実在論者が「超個人的な主体としての社会の実在を信じていたのにたいして，デュルケムはむしろ超個人的な客体としての制度や行動様式の機能を問題としていた」のであり，「デュルケムがみとめたものは，個々の人間だけであった」（訳 p. 31）というのである。尾高はデュルケムの「制度」・「行動様式」ないしは「集合表象」の概念は「文化」の概念と同じものであるという。そして文化を定義して，「文化とは，個々の人間が共同的に作り出した行動および思考の様式であるが，ジンメルがいみじくもいったように，ひとたびつくりあげられ，客体化された文化は，個々人にたいして外圧的な独自の実在として，個々人にたいして拘束力をもつようになる」（訳 pp. 31-32）と述べている。

「デュルケムがみとめたものは，個々の人間だけであった」とすると，わたくしはデュルケムを誤解していたことになる。デュルケムがあくまで個人から出発し，「個々の人間が共同的に作り出した行動および思考の様式」を問題とし，「ひとたびつくりあげられ，客体化され」ると「個々人にたいして外圧的な独自の実在として，個々人にたいして拘束力をもつようになる」というような発想をするならば，これはわたくしが問題としている団体の概念と同じことを考えていることになる。

集団はどこまでも個人の相互作用としての関係性を問題とする。集団における全体という概念は諸個人の作る相互作用の総体をイメージしている。これに対して，団体は個を越える全体性を概念構成し，これが永遠に運動することを想定する。そして，この全体性は構成員である人間を拘束する。このように，集団という概念と団体という概念はその発想がまったく異なる。個から出発するか，逆に全体から発想するか，まったく正反対の発想をしている。しか

第二節　団体の方法論―方法論的関係主義―

し，両者がともに個人から出発していると考えるならば，両者を結びつけることも可能となる。このことを方法論の問題として捉えなおすと，個人主義から全体主義へ，あるいは逆に全体主義から個人主義への移行を説明する論理さえ見つけることができれば，価値判断の問題をクリヤーできるのである。わたくしは，方法論の問題が個から発想するか，全体から発想するかの二者択一の価値判断の問題と捉えたがゆえに，方法論においては個人から発想するか全体から発想するかの「あれかこれか」の立場しか許されないと主張した（中條, 1998）。私自身は個の行為から出発して，個の行為の結果として全体性を説明する論理を求めた。そして，「団体」の概念を構想するなかで，個から出発しながら，個を縛る全体性の出現を説明できる論理があることに思い至った。それは個と全体の両方を個人行為として見据える方法論である。

　方法論的個人主義の考え方は社会というものを個人行為に還元するものである。つまり，社会というのは，多数の個人行為から成り立つもので，その相互作用の総体を社会と呼ぶにすぎないとする。これは集団の概念で社会を解釈しているのと同じである。この発想をいくら突き詰めても，団体概念が想定する全体性には至らない。これに対して，方法論的な全体主義は社会という全体性の存在をまずは仮定して，社会と個人を別の存在として扱う。社会を個人に還元するという発想ではなく，社会と個人はそれぞれ別の存在であると考える。そして，社会なる全体性は諸個人の上位概念として，個人の活動を拘束していると考える。これは，構成員を超える一つの全体性を成立させる団体の概念である。しかし，この団体が想定する全体性は，特定の理念・理想・目的の観点で概念構成された全体性であり，諸個人の相互作用の総体としての全体性はこの発想からは説明できない。ここから方法論的個人主義と全体主義をともに視野にいれることのできる方法論上の第三の道がなければ，個と全体という二つの側面を同時に見るということはできないということがはっきりわかる。

　集団の発想は個を中心に据え，個から発想する。団体の発想は全体の存在を中心に据え，全体から発想する。両者はまったく逆の発想をしていることになる。しかし，団体概念で成立する全体性というものを成立のプロセスを

たどって再検討すると，個を超えて超然として存在するように見える全体性も，特定の個人が構想したものであり，決して人間の行為を離れて存在するものではないことがわかる。

　団体概念を構想するプロセスを社会に当てはめた場合どうなるか。社会という概念はあまりに漠然としているので，これをたとえば国家というある程度制度的な裏づけのある概念構成体を例に考えて見よう。

　そうすると，国家は特定の指導的立場にある諸個人が構想し，制度的な裏づけを与えられて成立させるものであることがわかる。そして，一旦，国家が成立すれば，その国家がその境界内の人々の行為を統制し秩序づけるようになる。要するに，団体概念で国家をつかまえると，個人行為の結果として国家が成立し，国家が成立すると国家それ自体がその境界内の人々を逆に拘束するという関係となる。ドラッカー（1957）は全体としての国家について以下のように説明している。「全体は単に個人がある特定の目的のための契約によって結集したものではなく，個人を超越して存在し，独自の行動と論理と独自の生活をもつ真の実体であるということは明白な事実である。具体的に示せば，ドイツと呼ばれるなにものかがあり，この全体がいかに個人の信念に反し，またこの実体がいかに個人の利益に反するものであろうとも，個々の人間はこのドイツという実体のために喜んで死のうというのである」（訳 p. 130）。ドラッカーのいう「個人を超越して存在し，独自の行動と論理と独自の生活をもつ真の実体」はいかに成立するのか。ここに団体の概念を適用して，この問題を考えるとどうなるか。

　この筋道を方法論的に辿れば，まず個人行為に焦点を当てた方法論的な個人主義のアプローチがあてはまり，一旦，団体が成立すると，そこから先は全体性が逆に構成員を統制するという全体主義のアプローチが当てはまることになる。要するに，個人行為の観点での説明でありながら，団体というものを成立させる論理を組み込むことで，全体性の出現を無理なく説明することができるのである。この方法論の立場は，方法論的個人主義の立場と完全に一致するものでもないし，かといって方法論的全体主義の立場でもない。また水と油のような二つの方法論を無理やりにつなぎ合わせるような折衷主

義でもない。これをわたくしは方法論的関係主義と呼ぶ。この立場は，個人の相互作用の総体を全体性として考える方法論的な個人主義の立場を超えるものであるし，また個を超えた全体性をなんの説明もなく「アプリオリ」に仮定する方法論的全体主義の立場をも超えるものである。

2 方法論的関係主義

　方法論的関係主義は個人の行為から発想するというところではウェーバーの方法を採用する。しかし，人間が観念的に産み出す団体の存在を認めることで，個を超える観念的存在を「社会的実在」として認める立場に立つ。ここでは，団体は個人には還元されえないものとみなされる。すなわち，概念構成体として成立した団体が人間の行為を左右する可能性がある限りで，団体そのものの存在を認めるのである。ただ，団体は観念的な存在として，人々の行為に影響を与えるだけの関係性を維持していなければ，団体は存在しないと考える。要するに，団体は，団体を維持する機関の行為の可能性がある限りで，実在感をもつものであり，その作用が弱まれば，団体としての存在感も弱まるのである。つまり，団体を作ったのも人間であり，それに盲目的に従うのも人間であり，また団体の拘束性から逸脱するのも人間であるという立場にたつ。もちろん，団体が一旦成立すれば，団体は機関運営される。団体の課す規律や規範を守らせようとする機関が組み込まれているから，全体の拘束性を跳ね除けるのはそれほど簡単なことではない。そこに団体という存在の実在感がある。

　方法論的関係主義からイメージされる全体性は概念構成された団体という存在である。団体は，諸個人の振る舞いに基礎を置く行為の可能性としての関係性でしかなく，実在と虚構の狭間に位置づけられる。つまり，人々が概念構成体である団体の枠組みの統制下で団体秩序を維持して行為する限りで団体は確固たる実在と信じられるものであるが，そのような枠組みが機能せず，人々が団体秩序から逸脱するときには団体というものの実在感は薄れ虚構性があらわになる。

　ここで，方法論的全体主義との発想の違いを一言で言えば，全体主義がゆ

るぎない客観的な実在としての全体性を仮定しているのに対して，方法論的関係主義は全体性を人間が産み出した観念だと規定し，しかも，その観念が人々の行為を規制する限りで「社会的実在」だと考えるのである。それゆえ，そのような観念を人々が信じなくなり，人々から団体の秩序維持に必要な行為を引き出せなくなったときには，その存在は雲散霧消してしまうと考えているのである。

方法論的関係主義は，行為の可能性により成立する関係性を「社会的実在」とするものである。その関係性の根拠が客観的な事物であれ，架空の事物であれ，行為に影響するものとして同等の価値あるものと考えるのである。たとえば，「幽霊の正体見たり枯れ尾花」という川柳がある。枯れ尾花であっても，臆病者には幽霊に見えるのであり，十分肝を冷やす。この恐怖を味わっているという現実が臆病者にとっての現実であり，幽霊の実在性である。これが臆病者にとっての「社会的事実」である。

これと同じことが，人間の生み出す社会制度についてもいえる。たとえば，婚姻関係に入る男女について考えてみよう。結婚など婚姻届という紙切れ一つの間柄に過ぎないと考えることもできる。確かに，婚姻届に二人の名前を書いて判子を押し役所に届ければ婚姻が認められ，また離婚したければ離婚届を出すだけである。離婚や再婚が社会通念上もありふれた出来事になる昨今であるから，婚姻関係を限りなく軽く捉えることもできる。皆がこのように振舞い始めれば婚姻制度の意味そのものが喪失し，制度の根幹が腐り始めることは目に見えている。しかし現実には，大多数の者が婚姻関係に重い意味を与え，夫婦における拘束関係を社会通念として非常に重く受け止めているのも事実である。

婚姻関係が危うい関係であるように，団体という存在も人々の捉え方で危うい存在ともなる。結婚など紙切れ一つのことにすぎないと同じ意味で，株式会社なども書類上の存在だと看做すこともできる。会社など擬制なのだから，作るもつぶすも思いのままなのだという立場がある。しかし，これは結婚など紙切れ一枚のことにすぎないと考えると同様の事実誤認がある。婚姻生活を解消するため，幾多の軋轢や苦悩が予想される。一旦形成した拘束的

な社会関係を解消するというのは並大抵のことではない。婚姻関係に入る男女が社会規範と法制度の枠組みで婚姻関係という拘束的な間柄にとどまることで、婚姻関係を維持しようとするように、会社における規律と規範により株式会社という実在感は維持されるのである。

　株式会社もそこに形成される社会的関係は実在であり、一旦成立した関係性はさまざまな人々の行為に支えられてより強固な関係性となり株式会社の実在感を不動のものとする。法人という存在を認めない議論と認める議論が並存しているが、これらの論争を解決するためには発想においてひとひねりが必要だと思われる。つまり概念構成体である株式会社そのものが実在であるとか虚構であるとかいう議論をしていても意味がないということである。われわれ社会科学を研究する者は「行為の可能性」から「社会的関係」の存在を議論すべきだと考える。会社の規律・規範が有効に働き従業員の意識や行為を制約し、会社存在が組織外部の人々の行為に対しても一定の影響力をもっているならば、そこに成立している社会的関係は実在である。会社は「概念構成体」でしかないとはいえ現実に「社会的事実」だと考えるべきだろう。会社の名のものに影響を受ける一般人がおり、会社のために死さえ厭わない組織人がいるという事実の重みをわれわれは知るべきなのである。

　もちろん、何度も述べているように、株式会社は概念構成体である。それゆえ、それが作る関係性は実体として存在するようなものではない。関係性というのは行為の可能性により保障されるものであるがゆえに、行為の可能性がある限りで実在であるといえるだけである。つまり、行為の可能性が消滅してしまえば、それは虚構となる。関係概念からみた団体という社会的構築物は実在と虚構の狭間を揺れ動く概念として存在するのである。このように考えるがゆえに、存在論的には実在論と否認論の両者を認めるのであり、方法論的には方法論的個人主義と方法論的全体主義をともに否定し、方法論的関係主義なるものを提唱するのである。

IV　結　び

　団体という概念こそ、個人行為から構想されながら、一旦、成立すると構

成員を越えるものとなり，構成員を縛る存在となる。団体概念をもつことで，ウェーバー的方法論的個人主義とデュルケム的方法論的全体主義を結びつけることができる。団体という観念は人間の生み出すものであるが，人間存在を超えるものである。団体は，人間に還元できないが，人間が生み出すものである。それゆえに，団体も人間の行為として説明されねばならない。

株式会社というものが，一つの法人として動き始め，その内部で団体の論理に基づく社会的関係が成立すれば，その関係性自体としての重みをもつ。人間が作る社会とはそのような関係の糸で出来上がっているものである。積み重ねられた行為とそれが生み出した関係性の重みは社会的実在としての重みをもつ。法人は概念構成体であるが，法人に関わる「行為の可能性」とその行為により生み出される「社会的関係」を考えると株式会社という存在は「社会的実在」であり「社会的事実」である。しかも，「会社それ自体」の実存感と株式会社の活動は社会制度として経済制度の一部となっており，その社会的な影響力の大きさについては誰もがそれを否定しない。その影響力の大きさを社会にとって危険なものであるとすら考える人々もいる。

株式会社という団体の存在意義とそれに対する思い入れの程度はさまざまであろう。会社を単なる制度上のもの，すなわち「擬制」であるとクールに見る見方がある一方，会社というものに「永遠なるもの」「守るべき理念や理想」を見て，会社のために自身の命さえ捧げる者もいる。株式会社を「擬制」とクールに見ようと命をかけるほどの実在感を感じていようと，株式会社が「概念構成体」であり，本質的には観念の産物であるという事実は変わらない。株式会社は各種の制度的な仕組みでその存在感を演出しているのである。つまり，株式会社は「行為の可能性」の消滅により「社会的関係」そのものもが変形・消滅し，一挙にその存在感を喪失させ「虚構」ともなるがゆえに，常に実在感を補強する管理的な努力が続けられねばならないのである。ここに管理論や組織論という学問が必然化する理由がある。

第三章
株式会社は誰のものか
―団体の所有論―

第一節　株式会社の所有について考える

I　はじめに
　株式会社を団体概念で理解することにより，近年関心が集まっている「株式会社は誰のものか」というコーポレート・ガバナンスの議論に対しても，これまでにない新たな説明論理を提供できる。この議論に入る前に，まずは所有権とは何かについて検討しておくことにしよう。

II　所有権とはなにか
1　所有権とはなにか
　所有権というものが資本主義の根幹にある。人はなんであれ自分の所有物とする強い欲望をもっている。人は「自分のもの」には関心をもち，大切に扱おうともする。「人のもの」については羨んだり妬んだりし，「皆のもの」については関心を持たなかったり粗末に扱ったりする傾向がある。

　所有権についての実用法学上の主だった定義[1]が川島（1949）により整理されている。これを見て見よう。
①「物に対する人間の，制限されない排他的な支配」(Savigny)
②「所有とは，（有体）物がある人に属しているということ指し示す。…一つ

---
[1]　実用法学とは「法律の制定よびその解釈・適用に奉仕するための法技術的『構成』を中心とする法律」(川島, p.1)

の物が法に依ってある人に属している、ということの意味は、その物のあらゆる関係において所有者の意思がその物に対し法律上決定的であること、である。……所有権は、本来は無制限のものである」(Windscheid)
③「所有権は、物に対し人がもち得るかぎりの、もっとも包括的な支配権である」(Wolff)
④「絶対的且つ排他的なしかたで物が一人の訴権および意思の支配の下におかれる状態をつくるところの権利」(Aubry et Rau)
⑤「排他的且つ永遠に、物を利用し、また物が与え得べきあらゆる利用を物から引き出す、権利」(Colin et Capitant)
⑥「所有権トハ法定ノ範囲内ニ於テ物ニ付キ一般ノ支配ヲ為ス権利ヲ謂ウ」(富井博士)

このように何人かの研究者の定義を紹介した後、川島は所有権の「本質」について以下のようにまとめる。
「…第一に、そこでは所有権は人と物との関係として構成せられ、人と人との関係たる他の諸権利(たとえば、債権や、親族法上のいわゆる身分権や、あるいは団体法上の諸権利など)に対立させられる。第二に、右の定義は純粋に論理的あるいは法律的である。言いかえれば、所有権の歴史的性質は捨象され、また所有権の根拠は法律そのものである」と指摘する。しかし、「所有権とは何であるのか、ことに近代的所有権とはいかなるものであるのか、を問う場合には、まさに、この「私のもの」という抽象的な概念の、具体的歴史的且つ現実的な内容が問題となっているのである」(p.4)と主張する。

2 所有権と主権

一般には、所有権のあるものが、その所有物についての基本的な意志決定をする権利、すなわち主権をもつとされる。しかし所有に基づかなくとも役割として執行権を行使しうるという考え方もある。
日本という国家の主権を例とすれば、国家の主権は第二次大戦で敗戦する

までは天皇にあると考えられていた。これは，要するに日本は天皇の持ち物であるとする考え方であり，それゆえ国家の統治権は天皇にあると主張され，この考え方の延長線で「統帥権干犯問題」[2]が起こった。

これに対して，法人としての国家が成立する以上，主権は団体それ自体としての国家が持つのであり，統治権は国家にあるとする考え方がある。その場合，天皇は国家の最高意思決定機関であるにすぎず，天皇による統治権の行使は，「憲法の規定にもとづいて行使される制限ある権能」であると主張された。この考え方は美濃部達吉の「天皇機関説」であるが，軍部はこの考え方に反発し，1935年には「万邦無比なる我が国体の本義をあやまるもの」とする「国体明徴声明」を出し，当時広く学界で認められていたといわれるこの学説を弾圧した（『日本全史』, p. 1061）。

戦後は主権在民となったから，単純に国家は国民のものとの発想も一般化した。これはもう少し厳密にいえば，国家を国民すべてから成り立つ一つの全体性として捉えており，集団の概念で理解する立場である。この発想からいくと，国民は選挙を通じて，自らの統治権を行使する代理人を選挙で選ぶという発想となる。

これに対して団体の概念で発想をする場合には，まず国家を観念的に成立させ，それを機関が運営するという発想をする。ここでは国家という法人と国民は別ものであり，また国家の運営機関となる司法・行政・立法のそれぞれの機関が必要とされる。国民は代議員選挙や最高裁判所の判事の国民審査という制度を通じて，間接的にではあれ国政に参加し国家機関をコントロールする。この場合には，国民は団体機関を担う者を選ぶという行為を通して，国家という団体のあり方に一定の影響力を行使する権利をもつと考えられる。

---

[2] 大日本帝国憲法の11条（軍統帥権）には「天皇ハ陸海軍ヲ統帥ス」とあり，これを「天皇の大権」と規定していた。昭和5（1930）年，浜口雄幸内閣が，ロンドン海軍軍縮条約に調印した事から，軍部は「天皇大権である統帥権を干犯した」として激しく攻撃し，「統帥権干犯問題」となる。これ以後，軍部は統帥権を根拠に，議会からの独立性を主張し，政府の制御が事実上不可能となる。「統帥権干犯問題」のロジックは，国家は天皇のものであり，それゆえ主権は天皇にあるという考え方であったことは明白である。

3 所有権と処分権

　所有権があれば，その所有物を好き勝手にできるのか。所有権はあるが，所有物を好き勝手にはできないということはあり得ないのか。

　一つの考えさせられる話がある。バブル経済の頃ある絵画好きの社長が世界の名画を何十億円というお金を出して買った。それだけでもマスコミの話題となるのだろうが，その社長はその絵が死ぬほど好きで，冗談か本気かはともかく，「私が死んだら，私の棺桶に一緒に入れて焼いてあの世にもってゆく」というような発言をしたらしい。これが一部マスコミで取り上げられちょっとした騒動となった。「所有権は絶対である」というのが資本主義社会の基本原則の一つとは聞かされているものの，世界の名画は人類の宝である。それを「焼き捨てる」とはなにごとかという感情が湧くのは人の情としてしごく当然である。

　周りを見回しても，書画骨董・美術品などの蒐集家の基本的な発想は「預かりもの」というものである[3]。この発想には頭が下がる。「金を出して買ったのだから煮て喰おうと焼いて喰おうと自分の勝手である」というような発想は決してしないものである。

　ここでは所有権と処分権は必ずしも一致していない。法律的にはともかく，社会的な認識としては一致していないのである。これが大事である。

　小室（1997）は「資本主義より前の時代，古代，中世においては，世界中どこにも，所有は絶対であるという考え方はなかった」（p.58）という。一つのたとえ話がある。「徳川時代に，将軍家から拝領した馬を見せ物にして浅草で曲芸を開業したらどうだろうか。軽くて切腹，重ければ磔はまぬがれないであろう。この馬は，頂戴した以上，拙者の私的所有物である。何をしようと勝手な筈。この言いわけは通らない」（p.57）と指摘し，近代社会に

---

[3] 中京大学名誉教授の西郷幸盛教授は知る人ぞ知る骨董蒐集家である。退職の数年前に大学の経営母体である梅村学園に骨董品の主だったものを寄付されたのであるが，その贈呈式で西郷先生が言われた言葉が思い出される。月給をやり繰りし夫婦喧嘩の種であった収集の苦労話があり，最後に自分がコツコツ集めた骨董品を「わたしの子供達」と表現された。その「わたしの子供達」が自分の死後も散逸しないようにと望みつつ，学園に寄付されたのである。先生は折に触れて骨董品は「預かりもの」と言っておられた。

おける所有の絶対性と封建社会の所有概念の違いを論じている。

一人に所有権がある場合でも、処分権は単純ではないのであるから、所有権が複数の人に関わるときにはさらにむつかしい問題となる。

複数者が一個を共有する場合の所有についての考え方には、法律の世界には分量説と所有権説があるという。

「分量説の立場では、持分権とは一個の所有権が量的分割された一部であり、共有者全員の持分を合わせると一個の所有権になると解されている」（鷹巣, 1996, p. 14）。これだと所有権を行使するためには全員の合意が先になければならない。しかし一物一権主義でわかりやすい。しかし、「分量説に対しては、物を全面的に支配する権利とされる所有権は、果して分量的に分割されて、複数人に帰属することが出来るのかという根本的な疑問がある」と指摘される。

これに対して、所有権説によれば、「持分権は同一物の上に存在する他の所有権によって制約を受けた所有権ということになる」（p. 14）。これは自分のものだが、同時に他人の権利関係もあるというような関係と考えればよい。「一個の物の上に所有権という排他的支配権が複数並立することを認める所有権説」に対しては、当然、「一物一権主義の原則に反する」という「根本的な問題」が含まれているとの批判がある（pp. 17-18）。

複数の人が関わる所有問題というものはかなりむつかしい問題を含んでいることがわかる。これが共同企業形態である会社の所有権の問題になるとさらに複雑である。

Ⅲ　合名会社の所有権

民法は複数の者が一個の物を共同で所有する形態として、「共有」・「合有」・「総有」を区別している。共有は「複数の人が一個の物の上の所有権を分量的に分割して有すること」（辞典, p. 263）であり、各共有者が持分権を有し、その持分について処分や分割請求が原則としてできる所有形態である。合有は「各人が持分権を有する点で共有と同じ」であるが、「各人の間に団体的な結合が有り、その目的によって各人の持分権の処分や分割請求が

制限あるいは禁止されている」(辞典, p. 265) 所有形態である。総有という共同所有形態では「各人は一つの団体を構成し，その団体が物の管理・処分権限を有し，個々の構成員は持分権を持たず，団体的拘束の下での物の使用・収益権を与えられるにすぎない」(辞典, p. 265) と説明される。すなわち，総有では団体それ自体が財産の所有権を主張するのであり，団体構成員には持分権がないのだから，当然のこと分割請求もなしえない。

共同所有の形態を考えることは，構成員の主体性が維持されている集団状態から構成員を超える団体としての存在が出現する状態までの変化を考える上で示唆に富む。「共有」から「合有」そして「総有」への変化は個人・集団・団体へと拘束性を強める社会的関係の類型に対応している。

合名会社における社員の所有関係についてみれば，これは「合有」として理解される[4]。つまり，個々の社員は個の連結体としての全体性を有しながらも，なおその所有については個としての持分を主張するという形式である。社員が会社を辞めようとする場合，他の社員の承認を条件に，自己の持分を引き上げることができる。

IV 株式会社の所有権

1 「総有」という所有形態

個人企業なら個人が所有権をもっており，個人に処分権がある。それこそ煮て食おうが焼いて食おうが所有者個人の意思のままである。この場合には所有者としての個人は無限責任を課せられている。ところが株式会社に対する株主の所有権は「総有」であり，資本主義の大原則とされる私的所有のイメージからはほど遠い所有形態となっている。株式会社制度の下での会社は所有権と処分権が必ずしも一致しないのである。これは株式会社制度の論理構造に基づく法的構成である。

---

[4] 鷹巣 (1996, p. 284) によれば，「合有に関しては，これを共有の変種とする分割共同権説と，共有とは異質と見る不分割共同権説がある」という。そして，共有と合有を区別・連関づけて把握する場合には，(1)分量説と分割共同権説，(2)分量説と不分割共同権説，(3)所有権説と分割共同権説，(4)所有権説と不分割共同権説の四つの見解が成り立つと指摘する。

第一節　株式会社の所有について考える

　株主の法的所有権と会社の主権がどこに属するかは微妙な問題である。法的には株主のものだが，会社は設立登記すると同時に法人格を与えられ，株主とは異なる独立した権利主体となる。この権利は自然人と同様のものである。株式会社の所有形態である「総有」では所有権と処分権が直接的に結びついていない。処分権を主権の強制行為だと位置づけると，「総有」を性格とする株式の所有権にはもともと「主権」というほどの強制的な処分権限が伴わないのである。それを承知で株主は株を購入しているのである。株主は経営には直接関与できず，それゆえ有限責任でもある。そのかわり，会社が気に食わなければいつでも所有権を転売できるというのが株主としての意思表示の基本であると考えられる。

　株式会社制度の想定している資本の集積は多数の個人投資家による出資を想定している。つまり，多数の人々から提供された小額の資本が積み重なって巨大資本となるというイメージである。もし，少数の個人が巨大な資本を出資できるのであれば，なにも株式会社という形態を取らずとも個人企業でもパートナーシップ形態でもいいはずである。そのほうが，自分の好きなように会社を支配できるのである。つまり，株式会社制度はもともと個々の株主の支配力の集中という事態を理念的に許さない制度だと考えたほうがよい。たとえば，それは特定株主の持株比率が過度に集中した場合に，株式会社の上場廃止基準に抵触するという問題にも現れている。公開会社は多数の一般投資家に開かれた制度的存在であるがゆえに，少数株主が会社を完全に支配するような個人企業的な支配構造を許さないのである。そのような公開株式会社としては異常な事態になれば上場廃止とし，個人企業の範疇に戻すということである。それゆえ，公開会社であるのか非公開会社かは，パブリックな性格の企業かプライベートな企業かをわける重要なメルクマールとなる。

　日本でも株主の持株比率が上場基準を超えていることを長年にわたり隠し証券報告書の不実記載の罪に問われた西武グループの堤義明氏の問題やニッポン放送のTOB問題で株式争奪戦を繰り広げた結果，筆頭株主に躍り出たライブドアとフジテレビの持株比率が高まり，上場廃止基準に抵触する可能性のあることが指摘されている。

日本の株式会社制度では実質的には個人企業でしかないというものが節税対策と社会的信用を得るためというような理由でネコも杓子も株式会社を名乗っている。そのような会社の現実は，執行機関であるべき役員も家族を中心とする同族が占め，株主総会などというものは開かれたという事実もなく，資本と経営はほぼ完全に一致している状態にある。このような状況に日本のほとんどの株式会社がある以上，実質的には法人格はなきに等しい。それゆえにと言うべきか，会社の資金調達としての銀行借入に代表取締役の個人保証が慣例化するというようなことにもなる。合名会社のようなものなら，社員の連帯保証という論理は当然であるが，株式会社であれば，一介の経営者に過ぎない者がなぜに会社の債務に対して連帯保証しなければならないのかとの疑問がわく。もしそのような決定的な責任を負うということが当然視されるならば，その責任に見合った成功報酬がなければならないはずである。成功すれば成果はすべて会社のものとなり，失敗したらその責任は経営者がかぶらねばならないというのでは辻褄が合わない。もちろん会社が儲かれば役員報酬という形での報酬は受け取れるだろうが，個人保証という重みには比べようもない。

2 「会社それ自体」と「団体有」

一般には株式会社の所有は株主による総有ということになっている。この論理は会社を所有するのは株主であるというところでは正しい。しかし，周知のように，会社財産は株主のものではなくて，会社のものである。これは団体概念により解釈するとわかりやすい。概念構成体としての株式会社を成立させ，この団体に対して法人格が与えられる。そうすると，団体そのものが自然人と同じように所有権を主張することができるのであり，ゴーイング・コンサーンとしての会社は継続して会社資産を運用するのである。そこで団体そのものを成立させるという論理からすると，会社の財産については，団体としての法人が所有するという「団体有」という概念が必要となる。たとえば，組合と社団の概念にこだわった議論を展開している鷹巣（1996）は株式会社については「総有」に替えて，「団体有」を主張してい

る。株式会社を「機関の組織体」としてイメージする鷹巣は,「総有という概念は不要」と言い,「個人法上の共有に対する団体法上の所有形態として合手組合有（合有）と社団有とを認めるべきではないか」(1996, p.6) と発言する。鷹巣は「社団を通説のように出資者の人的結合体とは解しておらず，出資者総会や理事（会）・代表理事・監事などの機関の組織体と解している」(1996, p.7)。つまり，株式会社を「株主の社団」とみる見方に反対し,「機関の組織体としての社団」であるというのである。また鷹巣は，株主の権利を通説のように共益権と自益権とに分類するのではなく,「機関構成員としての権利（権限）」と「出資者としての財産的権利，および出資者としての監督・是正権」に分類する発想をもっている (1989, p.396)。

　以上のような議論の展開からは，会社をめぐる所有概念としては，一般に知られる「共有・合有・総有」というものと，これらとは一味違った「団体有」というものが識別できる。つまり，株主による総有が成立するのは，岩井的な表現をすれば,「モノとしての会社」に対してであり，会社財産を所有する主体は「ヒトとしての会社」であり，ここには「団体有」というものが成立している。要するに，会社に対する所有権が株主に認められている一方,「会社それ自体」が会社財産を所有するという「団体有」が両立していると考えられる。

V 株式会社の所有の二重構造
1 株式とはなにか

　株式の性質ないし本質については，かつてドイツにおいて，株式物権説と株式債権説との対立があった。

　株式物権説は「株式をもって共有における持分と見るものであって，主に株式会社を組合とする考えに基礎を有している」(服部, 1964, p.1) と説明される。ここでは,「会社の社団的構成は単に外部的なものであり，内部における組合関係ないし共有関係を本質的に変更するものではない」(p.1) と捉えられるが，その言わんとするところは，要するに，会社は株主のものであり，株主は株式という形式で会社の持分を共有していると考えているの

である。

　これに対して，株式債権説は，「株式会社組合説を排して，それを法人と認め，その上に立って株式を債権と見るものである」（服部, 1964, p. 1）と説明される。ここでは株式会社の法人性を重視し，「会社財産の主体は個々の株主ではなくて，会社それ自身である。従って，株式を共有における持分と見ることは正当でなく，むしろ会社に対する債権と見なければならない」（服部, 1964, p. 1）という発想をする。要するに，ここでは会社を株主とは別の存在として成立させる団体概念を採用しているのである。そこから，会社と株主の関係については，株主は会社が発行する株式という債権を所有する者にすぎないと位置づけられるのである。もっと言うと，この立場は，会社は株主に借金はあるが，それは金銭上のことで，会社の所有者として株主が君臨することを認めない発想であるといえる。

　従来，法律学では株主が企業資産の実質的所有者であるとする見解が通説であった。

　たとえば，大隅は「株式会社企業の実質的所有者は株主であるから，企業の支配権は究極において株主に属するのが当然である」（大隅, 1975, p. 102）としており，『会社法論』では「会社事業は法律的・形式的には法人たる会社の所有に属するが，経済的・実質的には株主の全体に属するのであって，株主はそれぞれ会社事業に付き一定の観念的な分け前を有し，その分け前に応じて会社事業から生ずる利益の分配に与り，また会社事業の支配に関与する権利を有するのである」（大隅, p. 48）と指摘している。そして，「自益権も共益権もともにいわば所有権の変形物にほかならない」という立場に立つ。

　また債権説を一部認めつつも，株主の支配権争奪をめぐる事実を問題として，株式の債権説には反対する立場に立つ者もいる。川島は，いう。「株主の『自益権』は会社に対する債権として法的に構成されているとはいえ，また株主としての地位は経済上も債権的な性質を帯びるが，それにもかかわらず，実質的には優れて企業財産の持分なのである。そのことはいわゆる株式の売買を通じて会社支配権の争奪が行われるという事実に，まがうかたなく

明証されるのである。」（川島, 1975, p. 1334）

2　株式会社の所有の二重構造

　川島（1949）は，会社形態を二つの形態にわけ，合名会社と株式会社を異なる会社形態だとした上で，それぞれの所有構造の特徴を説明している。

　第一の型態として合名会社および合資会社があがっている。これらについては，「いずれの型態も，個人的資本所有者の単なる外的結合であり，この外的結合は契約をとおして一の合手的共同関係（「組合」）gemeinshaft zur gesamten Hand を形成する」と指摘される。そして「…各組合員の所有は，『持分』，すなわち合手的に共有する全資本所有（具体的な且つ現実的な資本所有）に対するところの・合手的共同関係の人的関係に照応する観念的抽象的支配」（川島, pp. 339-340）であると説明する。

　第二の型態は，株式会社である。株式会社については，「それはもはや箇々の資本所有者の外的な結合ではなく，独立の存在としての団体 corporation である」と指摘される。株式会社では，「資本は，独立の存在たる団体を媒介して完全に二重の存在に分裂する」と考えられている。「資本はまず第一には，独立の団体としての会社の現実的な資本として，一の直接的な私的所有であり且つ『擬人された個人』としての法人の個人所有である。が第二に，この会社の資本は，会社の人的団体関係をとおして『株式』として観念的に株主によって所有される。株主は直接的には会社の現実資本に対し持分を持たず，団体の構成員としての人的関係として間接的にのみこれを所有する」（川島, p. 340）と説明される。

　株式会社における所有構造を分析すると，「所有の二重構造」という側面が明確となる。すなわち株主が「モノとしての会社」を所有する一方，「ヒトとしての会社」が会社財産を所有するという二重の所有構造となっているのである（岩井, 1993）。これは株主とは別の存在として「会社それ自体」の存在を認めることの必然である。

　株式会社の所有権の特徴としては，以下のようなものがある。たとえば，北原（1984, p. 50）は，「合名会社・合資会社において株主は会社財産の所

有，収益および処分の権利を，全社員の合意が必要とはいえ基本的に保持している」と指摘した上で，「これに対して株式会社では，株主は自己の出資によって会社が所有した会社資産について，自己の意思だけで引き上げる権利を有しない」し，「企業利益の分配についても，全株主の意思が仮に一致したとしても，配当可能利益の存在しないときに配当することは禁止されている」。さらに，「株式会社には内部留保の可能性が常に存在する」し，「永久的存続を想定される公開企業の解散時残余財産分配請求権は有名無実である」ことなどを挙げている。

VI 結 び

株式会社のロジックを考える上で，示唆的な事件が起こった。西武鉄道をめぐる株主持株比率の不実記載でオーナーとして君臨した堤義明氏が刑事事件の被告として取調べを受ける騒ぎとなっている。東証では十大株主の持株比率（少数特定者持株比率）が75％を超えると一年以内に改善しない場合[5]，上場廃止基準に抵触するというものである。上場廃止基準にはこうした特定株主の株式分布状態に関する基準以外にも，株式数・売買高・上場時価総額・債務超過など基準が設けられている。堤氏は株式を持ちすぎていたために墓穴を掘ったということになる。これは，株式を51％以上確保すれば，支配株主として会社を支配できるという一般に信じられている認識とどうつながるのだろうか。TOBをニッポン放送に仕掛け，50％を超える株式を集め会社の経営に参画すると公言しているライブドアの堀江社長の行動はどのように考えればよいのであろうか。

極端な話，株式を全部一人で買い占めてしまえば，完全なる支配を達成できるが，そのときには会社は上場廃止基準に引っかかるはずである。ライブドアの時間外取引による株式会社買占めに対抗して，フジテレビはニッポン放送株25％の株式取得を目指してTOBを行った。村上ファンドも買い占めていたことからすると，ニッポン放送は上場廃止となる可能性もあった。要するに，公開株式会社から非公開会社になるということである。ライブドア

---

5 「90％超かつ比率の改善に関しての公表がない場合，猶予期間をおかず廃止」（会社四季報）。

の堀江社長は「上場廃止となっても，資産価値はある」と強気の発言をしている。確かに，そうであろう。上場していようがしていまいが，「会社それ自体」の資産価値がゼロになるわけではない。しかしそれはもはや理念型としての株式会社の姿ではない。株を買い占めて，会社を自分の思い通りにするというのは，個人企業の発想である。個人企業のオーナーなら自分の会社だから好き勝手に経営すればよい。本当に思い通りに会社を動かしたければ，個人企業を作ればよい。なにも株式会社とする必要はない。少なくとも，株式会社の論理は少数大株主の支配を制度的に排除しようとしているからである。結局，株式を買い占めて経営に参加しようとする発想は個人企業に対する支配と同様の発想である。株式会社に対して，このような発想をすることは会社側からの抵抗にあうことになる。論理的にいえば，公開株式会社でなくなることを承知の上でしか，会社の完全支配はできないからである。

　所有権と処分権を結び付けて考えるのが，資本主義の特徴である。「私的所有権」は絶対であり，これを保証するのが資本主義であると指摘される。確かに，所有権は処分権と結びついている。自分の買ったものは煮て食おうと焼いて食おうと勝手である。人がとやかく言えないということになっている。この場合，所有権と処分権は一致しているが，これは一人の人間の所有を想定している話である。株式会社を株主の所有物と見ることはできない。法人格の成立により，会社財産は会社のものである。つまり，会社という団体そのものが，会社財産の所有権および処分権を有するのである。「会社それ自体」が会社財産の権利主体であるという当たり前のことが軽視され，会社を所有する株主が，直接会社財産の所有権をもつかのごとく話が展開されているところに問題がある。

第二節　会社は誰のものか―「会社それ自体」論の可能性―

I　はじめに

　最近のコーポレート・ガバナンス論では「会社は株主のもの」との立場か

らの議論が勢いを増している。一般には,「所有権」に基づき,「会社は株主のもの」と結論付けている。しかし,団体概念を株式会社に適用する場合,会社は「会社それ自体」として存在する。会社の所有者が株主であるとしても,会社という存在は株主とは別個の主体的存在となるのである。つまり,一旦,会社が成立し,法人格をもって存在する事態となるに及んでは「会社それ自体」が法的権利主体であり,この存在は自然人と同一の財産権や法律的な権利義務の主体と見なされるのである。法人格が成立している以上,「会社それ自体」が自然人と同様の「社会的実在」となっているのである。

ここでは団体の成立を意識しつつ,「会社は誰のものか」についての基本的な考え方について批判的に検討するとともに,「会社それ自体」論の論拠を改めて問い直そうとする。

II 会社は誰のものか

「株式会社の所有」については,「株主のもの」・「経営者のもの」・「従業員のもの」・「会社それ自体のもの」・「社会のもの」といった議論がある。

1 株主のものか

株主とはなにか。現実には,株主は単なる投資家でしかない。配当や株主優待あるいは市場での株価に一喜一憂する存在である。株主は現在のようなネット取引が主流になりつつある時代には,デイ・トレーダーに典型的に見られるように株価の動きに分刻みで対応し,売り買いの注文を出す傾向がある。彼等は「信用取引」[6]を組み入れるから相場展開によっては売りから入ることも当たり前のことである。かつては名義変更手続きを取ることが長期保有の姿勢を見せる証であったが,近年では証券保管振替機構に株式を自動的に預け入れるシステムが運用されており,株券そのものの廃止も決定している。現在は株式の約定から受け渡しまでに四日という日数を設定している

---

[6] 信用取引では通常半年以内の反対売買が義務付けられていることから,売りから入れば,利益確定の買い戻しがやがて必要となる。見込み違いが起きず株価が下がったと仮定すれば,売りたたかれて下落した株を買い戻して利益を確定し,一連の取引は完結する。

第二節　会社は誰のものか―「会社それ自体」論の可能性―　87

が，電子取引が進んでいる現在の状況からみて，「約定」と同期化した瞬間的な所有権の移転ということも可能となるはずである。

　株式市場では相場の思惑で株価が上下する。極端な例は「仕手戦」のターゲットにされる会社を考えてみれば，明らかである。もちろん，仕手株となる会社には強気と弱気をないまぜにするような不確定な「材料」が必要ではあるが，それは合理的なものである必要はない。要するに，株価が上がるから「ちょうちん」がつきさらに株価を押し上げ，そのような上げに懐疑的な売りがぶつかり，「がっぷり四つ」の取り組みとなれば，いよいよ本格的な「仕手戦」となるのである。

　これを経営者の立場より見れば，これまで通り経営をやってきたのになにが起こっているのかという疑心暗鬼の日々となる。乗っ取り屋の奇襲かと身構え，株の防衛に奔走することになるのかもしれない。しかし，やがて仕手筋が売り抜けてしまえば株価はかつての水準ないしそれ以下で長期低迷することになる。なぜなら投資家は値動きが期待できない株には興味を示さないからである。信用取引で売り買いのどちらにも賭けられる以上，動きがある株が「旨味のある株」であり，動きの止まった株はプロの投資家にとっては「死んだ株」である。要するに，市場は値動きを求めているのであり，企業経営が安定的な発展を求めているのとは対照的である。

　それゆえ「株主価値」ということを株価と結び付けて過度に強調することは経営を誤らせることにもなる。たとえばアメリカの近年の不祥事を見ても，株式評価に依存した経営体質が株価操作の誘惑を生んだことは明白である。エンロンやワールドコムの経営は株価操作のための業績の粉飾であり，株価が下がると経営がにっちもさっちもならなくなるという意味で株価だのみの短期的な経営姿勢と言うことができる。なぜ短期的視野かというと，株価と言うのは必ずしも企業の業績と連動するというものでもなく，一般的には波型を示すものであり，ピークをつければ急激に下がるし，下がって枯れきればまた上がりはじめるものである。要するに，満ちたる月は欠けはじめるということであり，欠けたる月もやがては満ちる。要するに，つねに右肩あがりで株価を高水準に保ち続けると言うのは至難の技である。もちろん，

企業価値が増加するかぎり，右肩上がりは不可能ではないだろうが，市場の関心を引くことに汲々とし，なにがなんでも右肩上がりの株価を実現するという姿勢には無理がある。企業価値の増加無しに，株価の上昇のみを求めることには無理があるが，たとえ業績向上などの裏づけがあったとしても，それがすぐに株価に反映されるかどうかはわからない。いずれにしろ，市場の反応のみを気にしてばかりでは本来の経営がおろそかになることは避けられない。

証券市場での株取引の角度から株主という存在を考えてみたのであるが，株主は投資リスクをとっている存在なのだから，当然，投資家として大事にしてもらわねば困る。しかし，だからといって，株主を取り立てて大事にする根拠が見当たらない。株主は会社が嫌ならさっさと株を売ればいいのである。皆が株を売りに出すような状況では株価は暴落し株価は限り無くゼロに近付く。そこでこんな会社はなくてもいい，「タダでも高い」と思えば誰も株を買わずやがて上場廃止となるほどの株価になるが，そうなれば信用不安がささやかれやがて倒産となる。しかし，この会社はそれなりに良い会社だし，潰すにはおしいし，いくらなんでも潰れないだろうと信じる投資家がいるかぎり，株価が安くなれば，そこで買いが入る。

経営者は市場からの評価に気を配る必要はある。市場評価の低下は社債発行や銀行借り入れでより高い金利を要求される苦しい立場に立つことを意味するからである。もちろん，株価の上昇を目的に経営をすることは邪道であるといわざるをえない。経営の根幹は「企業価値の向上」を目指すことにあって，株価の上昇はその照り返しであるべきなのである。

株主は投資家であるが，その内実は多様である。株主には個人から機関投資家までが含まれる。かつての資本家というイメージはもはやない。ドラッカー（1976）が指摘したように，一般労働者の年金基金や退職積立金が運用会社経由で株式会社に投資されており，いつの間にか「労働者」が「資本家」となっていたのである。この「見えざる革命」でマルクスが想定していたような「労働者を搾取する資本家」というイメージは現実と一致しなくなっている。また投資家は投資リスクに対して「リターン」を要求するもの

であるが，株主の意思なるものも今の時代「投資リターン」のみではない。「株主価値の向上」ということで特定の方向性を見出せると考えるのも単純すぎる。確かに，株主一般にとっては，配当は高いほうがいいだろうし，株価も高いに越したことはないであろう。しかし，「株主責任投資」や「エコ・ファンド」の考え方に見られるように，一部の株主は企業の社会的責任や地球環境への配慮を重視し，そのような企業を選定して投資する方向に動き始めている。要するに，株主という言葉では個々の株主の投資動機を一まとめにできないのである。

　株主の経営への関与についてはどうであろう。金を出したのだから，口を出すというのは当然の発想である。自分の金が利益をともない回収されるためには経営者を監視するという発想はうなずける。個人企業ならこの論理でいいだろう。株主が金を出したのだから，「株主の利益」を最大化するように会社は経営されねばならないと言われるとなにやら違和感がある。大多数の株主にとっては，株は投資であって，会社の経営に関与するという意識はあまりみられない。確かに，株主は会社の所有者であるというのが法の建て前である。しかし，株主総会は原則年1回で最低20分程度から通常一時間程度で終わるものであることを考えると株主の経営への関与は形骸化している。しかも，大多数の株主は議長より提案されたものをただ承認するだけで，実質的な関与もなしえていない。また株主である機関投資家が経営に直接口を出し始めたと言われているが，現実にはそれほど多くないことが指摘されている。たとえば，「Pozen（1994）によれば，1992年にFidelity Investmentsは3000社について委任状投票を行ったが積極的に関わったのは12社に満たない。積極的介入で知られるCalPERSでさえ積極的に介入したのは毎年30社に満たない」（福光, p.231）と言われる。

　また1980年代の企業買収の活発化とそれへの社会的批判の盛り上がりの中で，機関投資家の「受託責任」が問われることになったと言う。それは，「たとえばある会社が企業買収を仕掛けられた場合，その会社の従業員が属する年金基金は受託者の利益にそうにはどのように行動するのが正しいのか」が問題となったわけである。また，インサイダー取引への懸念という問

題もあるので,「…機関投資家は直接その代表を企業に取締役として派遣することができない」(福光, p. 203)ということもある。そこで,「社外取締役」を多数化し経営内部からガバナンスを強化する方向性が出てきたと言われる。

　株主総会のあり方を見ても,もはや株主が経営に参加すると前提することに無理がある。定員数の不足で会社経営が困難になりつつある。株主を経営と結びつけようとする発想に無理が生じているのである。公開会社の株主総会については,「株主総会の法的機能(特に法定決議事項)の実態に即した見直しの必要性」[7] が言われている。その方向は経営者により多くの決定権を与える方向である。

　「ブレアによれば,アメリカ,イギリスの株主利益中心の企業概念は19世紀の企業家経営者モデルであり,今日には妥当しない。株主がすべての残余利益を受け取り,すべての残余リスクを負担するという『原始的企業概念』は…企業家個人がすべてのリスクを負い,すべての利益を得ていた昔の自体

---

[7] 2つの問題が指摘されている(経済団体連合会のホームページより。
www.keidanren.or.jp/japanese/policy/2000/061/)。
　「1.(定足数)意思決定への参加よりも配当や株価に関心が高い個人株主と,物理的にも制度的にも議決権行使が困難な外国人株主が増えていることから,大規模な公開会社の株主総会では,定足数の確保が困難になっている。その結果として,特に企業の組織再編など迅速な意思決定を必要とする事項について,総会の特別決議が成立しない懸念がある。
2.(株主総会の法的機能)大規模な公開会社の株主総会では,総会の出席者は総株主のごく一部にすぎず,実質的な意思決定の場としての機能には限界がある。こうした実情に即して,株主総会の法的機能がどうあるべきか,特に法定決議事項の見直しが必要になっている。
　「株主総会に関する法制度の見直し」
　「1. 株主総会の定足数の見直し(一定規模数以上の株主を抱える企業の株主総会の定足数を切り下げる,証券投資法人で採用されている制度と同様に行使されない議決権を賛成票とみなす,仮決議を認める,など)
2. 総会決議事項の見直し(利益処分,役員報酬,役員の退職慰労金,ストック・オプションの付与等の案件を取締役会の決議事項とする)
3. 基準日制度の見直し(機関投資家の事務手続きの負担となっている総会集中日の緩和のため,基準日制度を見直し,総会開催日の弾力化を図る)
　こうした方策によって,株主総会は,役員の選任など株主の最も基本的な権利の行使とディスクロージャーの場として,実態に見合った法的役割を明確化することができる。また,株主総会をより積極的なディスクロージャーの場として活用するとともに,会社のトップが経営プロセスや成果について株主と懇談する,株主との双方向のコミュニケーションの場として,充実することができると考えられる。」

の論理であり，所有と経営の分離により特徴付けられる今日の大企業には妥当せず，時代錯誤的概念である」という吉森（1998, p. 82）の主張には説得力がある。

　株式会社が「法人」として認められる以上，株式会社を株主という構成員に還元する発想は「団体」というものの成立の意義に対する無理解としか言えない。株式会社は株主にさえ，食い物とされてはならないのである。株主権を絶対のものであるかのように誤解し，会社の蓄積資本を株主に還元せよとの主張を展開する戦闘的な株主が「東京スタイル」の株主総会で株主提案を否決され物議をかもした。これなどはアメリカ型の悪しき株主主権論者の先走った行為である。

　会社には会社の目的がある。それは，出資者としての株主の目的とは違うものである。会社の事業目的は定款に書かれてある。会社はその実現のために設立されたのである。事業目的は活動の内容であって，株主への利益に奉仕することを事業目的とすることはできない。会社は事業活動により生み出される財とサービスを社会に提供するという機能を果たすことで社会的貢献をすることを期待されている。そして，この貢献を適切になさしめる法技術として会社は法人格を手に入れ，広く投資資金を集める制度としての株式会社制度が生み出されたのである。それゆえ，株式会社を個人企業と同一視ないし混同しては，株式会社制度の意義を軽視することになる。

2　経営者のものか

　経営者支配の正当性を疑う議論はあったが，会社が経営者のものであるというような議論はありえない。経営者は所詮経営を委任された代理人にすぎない。代理人が会社を私物化することは誰が考えても正義からほど遠い。経営者が会社を私物化することは犯罪行為でこそあれ，それを正当化するような論理は見られない。現代のガバナンス論は経営者の実質的な支配を認めた上で，いかにして経営者の会社私物化を防止し，もし私物化という事実があれば，それを処罰するかの方策を模索している。たとえば，株主代表訴訟の簡素化も経営者の独断専行を抑制する方向での議論である。

会社を代表する代表取締役である経営者を会社という存在と重ね合わせて，会社は経営者のものであるかのような議論もなされる。会社という存在が株主という存在と異なるように，会社を代表する経営者という存在は会社という存在とは別物というのが法の建前である。経営者がもつ権力はその団体機関としての地位からくる職務権限であり，経営者は「組織人格」の行使者でなければならないのである。これは経営者の「個人人格」とは別次元のものである。もちろん，組織人格と個人人格は経営者という有機体の中で渾然一体として存在するものではあるが，経営者のもつ権力は職権であり，会社との委任関係により生じるものである。経営者の権力は会社運営という役割を担う「地位」にまつわる権限の範囲にあり，職務・職位・職権・職責の自覚をともなう「組織人格」として理解されねばならない。

　経営者は団体運営に関わる「組織メンバー」としての存在である。「取締役と会社の関係は委任に関する規定に従う」（商法254条3項）とされている。ここで注意すべきは，「取締役と会社の委任関係」が成立しているのであって，「取締役と株主との委任関係」ではないということである。

　取締役に要求される「善良な管理者としての注意義務」，いわゆる「善管義務」は会社経営における注意義務であるが，「忠実義務」が誰に対してのものかを考えてみるのも面白い。取締役と会社との間で委任関係が成立しているということに注意を向ければ，「忠実義務」が「会社に対しての忠実性」であることが納得できる。要するに，経営者は「会社」に対しての「善管義務」および「忠実義務」を負っているのであって「株主」に対してではない。「株主代表訴訟」を見ても，会社を食い物にした経営者に損害賠償をさせうるが，その弁済は「会社それ自体」に対してなされるのであり，訴えた株主には直接の弁済は何もない。

　経営者という場合，取締役を指すと思われるが，経営者というからには「代表権」をもつ取締役とその他の取締役を分けて考える必要がある。この場合，「代表権」で何を代表しているかを考えてみる必要がある。代表権をもつ者の行為は会社の行為である。普通，「代表取締役」については，業務執行を行うという面が強調される傾向にあるが，本質的に重要な点は「代表

権」は「会社それ自体」を代表するという事実である。「代表取締役の行為は対外的にも内部的にも会社の行為となる」（長浜・平出, p.194）ということの意味を再確認する必要がある。「代表取締役」はもはや「株主の代理」ではなく，「会社を代表するもの」となっているのである。

3　従業員のものか

　日本型経営の議論の中には，「会社は働くもの皆のもの」，すなわち，「従業員のものである」との考え方がある。会社は従業員のものなのか。

　吉森（1998）は「従業員利益を中心とする日本の企業概念は研究者，経営者，従業員によっても広く是認されており，社会的合意が形成されているといえよう」（p.79）と述べている。日本経済新聞がバブルのほぼ絶頂期である1990年に行った調査（有力企業勤務者104名）では，「70%が会社は従業員のものになっている」（p.79）と答えたという。

　ここでは，「会社は従業員のもの」だという主張を精力的に展開している伊丹（2000）を取り上げよう。

　伊丹は日本型企業システムを「人本主義」と捉える。これは，「資本」を中心に発想する「資本主義」に対して，「その企業で，人がもっとも大切だ」という「ばかばかしいほどに当たり前の考え方」（伊丹, 2000, p.74）を基本にすえるものであるという。そして，この人本主義にもとづく日本型企業システムを「資本主義システムからの一つの発展形態」（p.69）とも位置づけている。「企業はカネの結合体でもあるが，同時にヒトの結合体でもある」（2000, p.2）と捉えられている。そして，資本の面ではなく，「従業員を大切にする議論の方がシンプルな説得力がある」と人の面を強調する。

　伊丹の「従業員」には経営者も含まれている。従業員の「生え抜き」として経営者が選ばれるという意味で取締役の地位も従業員の昇進段階の一つと考えるからであろうか。しかし出身がいかなるものであれ，経営者は法的位置づけでも，そこで期待されている職能の面でも従業員とは異質な存在である。

　伊丹は「従業員主権」を主張する。「主権者」とは，伊丹によれば，「企業

にとって基本的な重要性を持つ意思決定をする権利を持つ人，そしてその企業のあげる経済的な成果の配分を優先的に受ける権利を持った人，そして経営者の任免権を持つ人，のことである」(2000, p. 82) という。「基本政策の最終決定権」・「経済成果の優先分配権」・「経営者の選任・罷権」が「企業の主権の内容」であるとも指摘される (2000, p. 22)。また，「主権者」となるための条件としては「資源提供」と「リスク」と「コミットメント」が挙げられてもいる (2000, p. 28)。別の論考では，「貢献」と「リスク」と「退出可能性」という言葉を用い「主権」の論拠を求める議論展開をしている (1993, p. 193)。

このような発想を基にして，「逃げない資本をリスクを負って提供している株主」と「『逃げない労働』を提供し，リスクをこうむっている」従業員が，両者ともに主権者となるための条件を備えていると見るのである (2000, p. 28)。そして，株主と従業員を比べてみると，「従業員の中でもコア従業員グループの貢献とリスク負担は，株主のそれよりもかえって大きい」(1993, p. 201) と結論付ける。しかも年功的な賃金制度のもとで，「若年時の過少支払い分は企業の内部留保として蓄積され，その資金が投資に回される」というかたちで「見えざる出資」ともなっており，従業員は「退出可能性の小さい資本の拠出」までしているとして，「従業員主権」の優位を主張するのである。「主権者」の条件の分析に加えて，さらに「主権の社会的受容の論理」として「経済合理性」・「制度的有効性」・「社会的親和性」を挙げ，この三つの観点から見ても「従業員主権」があてはまると主張している (2000, p. 31)。

伊丹は議論の出発点では，「企業という経済体を構成する主体は誰か」(2000, p. 20) と問う。そして，「株主と従業員がいなければ，企業がそもそも存在し得ない」(2000, p. 21) と主張する。この認識は正しいのだろうか。伊丹は経営者も従業員に含める用語の使い方をしているので議論が混乱するが，「株主と従業員がいなければ，企業がそもそも存在し得ない」との認識は事実と符合しない。

個人企業の場合は従業員を雇わなくても，一人で会社を立ち上げ一人の人

間で全部やれる。共同企業形態の一つである合名会社などの「人的会社」を考えても，出資者が経営者となるから，従業員を雇わなくても会社としてやっていける。株式会社などの基本的に複数の「株主（社員）」を想定している場合でも，株主一人の「一人会社」の存在が認められている。「一人会社」を想定し，株主が経営者となって従業員をいまだ雇う余裕のないような場合を考えると，株式会社ではあっても「使用人」である「従業員」が一人もいないような状況も想定できる。伊丹の議論では従業員の存在が必要以上に重視されているような気がする。会社にとって従業員は労働提供者である。必要なら雇うし，必要なければ雇わないという関係である。従業員のために会社はあるわけではない。わたしは伊丹の「主権者」の定義および「主権」の根拠である「資本提供」・「リスク」・「コミットメント」ないし「貢献」・「リスク」・「退出可能性」という三要素についてもどうもしっくりこない。いずれじっくり考えてみたいと思っているが，それよりも日本企業を「人本主義」と捉える見方に賛成しかねるものを感じている。

　わたしは，日本型企業システムを「人を大切にする」ことで出来上がっているシステムだとは考えていないからである。それゆえ「人本主義」なるものを「資本主義」の発展形態とみなすことにも賛成できない。日本型企業システムの根っこは封建制家制度という家共同体に求めるほうが素直な発想だろうと考えている。要するに，日本型企業システムの本質は「会社そのもの」を守るという発想が根幹にあったものであって，会社の使用人であるにすぎぬ従業員を「大切にする」という発想が根幹にあったものではないだろうと考えている。

　会社という団体，しかもこの団体は「家共同体」として存在しているということこそが日本型企業の本質だと私は捉えている。それゆえ，伊丹のように，日本型企業を「人を大切にする」ということを特徴とする「人本主義企業」と捉え，そこには普遍性があるのだというような話をされると実態を反映しない新興宗教の「お題目」のように聞こえる。

　日本企業が「人を大切にする」というのが事実なら，日本人としてとてもうれしい。「人本主義」というようなものが実在するなら，喜ばしい限りで

ある。しかし現実にはそのような企業システムを日本はもったことはないのである。目指すべき理想としてなら、「人本主義」的企業にわたしも賛成である。しかし、これまでの日本型企業システムが「人本主義」で経営されていたなどと言われるとそんなはずはないだろうと感じるばかりである。「人本主義」というネーミングはすばらしいし、耳障りもいいが、残念ながら事実と一致しない。

　会社の不祥事を隠すために自らの命さえ捧げ、「自分の命は有限だけれど、会社は永遠だ」というようなことを遺書に残す商社役員の事例や贈収賄事件に絡んでときおり耳にする「トカゲの尻尾きり」や「部下に詰め腹を切らす」という表現などから考えても、「人を大切にする」というよりも「会社」、すなわち「お家大事」であったのではなかろうか。

　「会社のため」に休暇も取らずに働くばかりの日本人が欧米諸国から「エコノミック・アニマル」と呼ばれたのはそれほど遠い昔の話ではない。当の「会社人間」は会社に対する「滅私奉公」を当然の価値観とし、有給休暇も消化せず、「サービス残業」すらして「過労死」するまで働くという話は聞いたことがあるが、「人を大切にする」というのが日本企業と聞かされても本当かなと首を傾げてしまう。

　確かに、伊丹が指摘するような「人にやさしい」面がないわけではない。終身雇用制があり、年功制があり、その中で、新規学卒者として一括採用された「同期の桜」は仲間意識を育み、春には花見の宴を楽しみ、夏には社内運動会で汗を流し、秋には慰安旅行で温泉につかり、冬は忘年会の掛け持ちで毎夜同僚と飲み交わす。取引先との付き合いで飲み、接待ゴルフに接待マージャンと、仕事とも遊びともつかぬ日々を駆け抜ける。定年退職まで「大過なく」勤め上げることがサラリーマンの「理想の生きざま」であり、不幸にして病に倒れ「討死」するようなことがあれば、「社葬」までしてもらえた。まったくもって家族的である。だからといって、これは「人を大切にする」ためにあみ出されたシステムだったのだろうか。

　そうとは考えられない。会社が先に有り、会社のために命がけで働く忠誠心の要請というものが根本にあったと考えた方が事実に近いのではなかろう

か。そこで強調された精神は,「会社」,すなわち「家共同体」のために自己の命すら犠牲にする精神である。会社が擬似的「家」となり,会社が「共同体」となって日本型経営が営まれたと考えるべきである(三戸,1991,1994)。そこでは,会社の構成員たる従業員は「身内」としてそれなりに大切にされたことは確かである。しかし,本質的に何が最重視されたかといえば,「従業員そのもの」ではなく,従業員が支えるべき「会社そのもの」である。要するに,伊丹がいうような「人が大切」というのではなく,「会社が大切」,つまり「お家大事」が日本型企業システムの根幹にあった発想なのである。

職業野球球団の一つである巨人軍の選手である長嶋茂雄がその引退セレモニーで言った言葉こそ象徴的である。「私は今日引退しますが,わが巨人軍は永久に不滅です」が選手生命を終えたときの彼の言葉なのである。「団体」こそが不滅であり,個人はそれをある時期ささえて,それが幸せだったというのである。この言葉を日本人は共感をもって受け止めていたのである。

日本の会社は「家共同体」であったといえる[8]。「お家」である「会社それ自体」を維持・存続・発展させることこそ団体構成員の最大の勤めだったのである。家に「格」があるように,会社にも「格」が存在していた。新興企業は「にわか成金」として軽蔑されることこそあれ,敬意をもって処遇されることはなかったし,ましてや業界内の取りまとめ役的な名誉職に選出されることなどありえなかった。会社の「格」はそれほど重く,会社に働くものは自己の会社の「格」をあげるべく努力したのである。

「会社は従業員のもの」というより「会社それ自体のもの」である。法の

---

[8] 一般に,会社の団体類型としては「手段としての関係」である利益社会関係(ゲゼルシャフト)を基本とする「機能体型団体」と「関係そのものを目的」とする共同社会関係(ゲマインシャフト)を基本とする「共同体型団体」の二つのタイプが識別できる(中條,1998)。

「機能体型」の会社においては,従業員は労働の提供者であり,会社という団体の運営のための手段である。要するに,会社経営のための手段として従業員は捉えられる。従業員のために会社が存在するなどとは逆立ちしても出てこない発想である。従業員が雇われて給料をもらっているのは会社の掲げる目的にそった仕事をしてもらうためであって,職場内の関係そのものが機能的ないし手段としての関係である。

これに対して,「共同体型」の会社もありうる。日本的経営と言われるものがこれである。手段としての関係ではなく,関係そのものを目的とするような社会関係を特徴とする。会社という団体のメンバーとして処遇される。会社の構成員の利益をかなりな程度考慮する。

建前をみても，単なる使用人である「従業員」が主権をもつことには正当性がない。しかも，働くものが「自分にやさしく」経営しはじめれば，会社は従業員による私物化という組織の病理に陥る。もちろん，日本人の感覚としては「会社は従業員のもの」というのがある。実態調査などすると，多くがそのように答えている。しかし，「従業員のもの」というような感覚をもつことができるのは，「共同体の論理」が「団体の論理」と結びついて会社それ自体が共同体となっているような場合であると思われる[9]。

最後に，従業員が株式を所有して株主でありながら従業員として働くという変則的な株式会社は考えられる。事実，メガネ販売のある会社は従業員が株式を所有し，従業員の持ち回りで社長を交代するという仕組みを作っているという。しかも，会社の理念としては「従業員のための会社」と位置づけている。この場合は，会社は非公開会社であろうし，株主と従業員が重なり合っているので，このような運営に対しても従業員以外の他の株主から苦情が寄せられることはないのであろう。しかし，公開会社となるとこのような変則的な経営スタイルが許されるかどうかは疑問である。当然，一般株主が経営の効率化を求めることが予想されるからである。

4 社会のものか

会社は社会のものか。「会社は公器」という言い方がある。「株式会社制度」が社会制度であり，「法人格」その他も法によって保障されていることを考えると，企業は社会により認められて生存を許されている「社会の公器」であるという言い方はそれなりに正しい。法により設立を認められている以上，会社の設立には社会貢献は前提されている。

ドラッカーなどの「制度論的企業観」も「会社は公器」という考え方の一種だろう。確かに，企業は社会制度となっており，社会に貢献することを期待されるがゆえにその存在を認められている。社会的機能を果たす企業は社会制度的存在であり，社会への貢献が「利益」という形での社会的評価であ

---

[9] 株式会社に関するこの局面については，「会社それ自体」論の派生的な構造として第七章で検討する。

第二節　会社は誰のものか—「会社それ自体」論の可能性—　99

ると言う。会社はゴーイング・コンサーンとして適切に運営されねばならない。その責任を果たすのが経営者であるが，経営者は「利潤極大化」という単一の目的ではなく，会社を取り巻く利害者集団の利害調整をしながら「多元的目的」を追求すると発想している。経営者の責任は「社会制度」としての会社の運営であり，会社の適切な運営こそが「社会的責任」であるとの認識がある。いずれにしろ，会社が「社会の公器」なら経営者の責任は社会全体の利益増進を最終的には図ることになるのは当然の筋道である。

　20世紀の初頭，ドイツ人研究者であるラテナウ[10]は「大企業公器論」を主張し，「あらゆる国家・社会的制度により，大企業を私益のための組織から公益のための組織への変革を促進すべきであり，そのためには大企業の自治化と国有化をも躊躇すべきではない」と主張し，「結論として，大企業の私経済的側面ではなく，公共経済への統合，公共責任および国益への貢献が実現されるべきと主張した」（吉森, 1998, p. 74）という。

　「脱資本主義論」で知られる西山（1980）は『支配構造論』で，「企業はもはや昔日のそれのように『株主の集まりとしての社団』の実体を有しない。その意味での株式会社は日本ではもはや崩壊してしまったのである。したがって，株主総会およびそれに基づく取締役会というような制度によって株主を保護することはもはや無意味である」（p. 247）と述べる一方，株主総会・会計・商法などの制度の視点を「株主の立場」から「債権者の立場」へ移すことを提唱している。ここでの債権者には，「…株主はもとより，預金者，社債権者，労働者から消費者，公害の被害者に至るまでを包含する一般大衆そのもの」が想定されていることから，西山の結論は一種の「公器論」となっていると思われる[11]。

　「会社は社会のもの」という考え方は，抽象度をあげた議論としては成立

---

[10]　「バーリとミーンズが1932年に指摘した経営者支配の現象を，既に1917年にドイツ大企業について『大企業の経営は経営者の手中にある』と指摘していた」（吉森, 1998, p. 74）とも言われている。
[11]　西山の結論は，「株式会社制度の崩壊という社会的現象を直視して，それを前提として新しい企業組織を構成しなければ問題は解決しない」というところにあり，「株主総会など廃止してしまって，企業を率直に『労働者の集団』として認め，一方で経営者の主体性を認めるとともに，他方でその権力の乱用を，株主，債権者，消費者，地域住民などの利害関係者によりチェックする機

する話であろうと思われる。これは,「子どもは社会のもの」という比喩を考えてみればわかりやすい。子どもは特定の親の子供であり,子供自体が生存権・人格権をもつ主体的存在である。しかし,抽象度をあげた議論を展開すれば,「すべての子どもは社会のもの」となる。要するに,子どもは社会を支えるという意味で,社会の基礎であり,それゆえ社会全体のものであるとなる。私学助成金の論理は国公立の生徒・学生のみが,社会貢献をするのでなく,教育を受けたすべての生徒・学生が社会貢献をするのだから,その教育にかかわる費用について私学の生徒・学生に対しても国や県や市が補助するのは当然であるという論理である。

　これと同じロジックで会社は社会的貢献をする社会制度的存在なのだから,会社は「社会の公器」であるということになる。しかし,子どもは誰が日々の面倒をみる責任と義務を負っているのかと考えると,一足飛びで「社会のもの」というところにもっていくのは現実的ではない。同様に,会社の目的や権利・義務・責任などを考えるといきなり「社会のものである」というのは観念的に過ぎるような気がする。

　株式会社が完全に公的性格を備えるような世界があるとして,その場合,本当に会社は健全に運営されるのか。会社の行為に最終的な責任をもつのは誰か。経営者を監視するのは誰か。経営者は本当のところ誰のために会社を運営することになるのか。「皆のもの」だとか「皆のため」などという公的性格をもった活動は一般的にあまり効率的にはなされず,しかも組織的腐敗の温床となることもしばしばである。

5　「会社それ自体」のものか

　「会社は株主のもの」という考え方が当然視されている。会社を個人企業としてイメージすれば,話は簡単である。個人と企業は人格的に一つのものである。しかしながら,現代企業の主流は株式会社である。会社は「法人」である。設立登記により会社は「法人格」を得て「法人」となる。資本主義

構を作り,かつ,それに直属する会計監査機構を用意することである」(p.248)と「新しい企業制度」の必要を主張している。

経済システムの根幹に「会社の法人化」ということがあるとする議論にはそれなりの重みがあると思われる。「会社それ自体」の成立を軽視し，会社を株主に還元する発想をすることは，株式会社制度の意義そのものを理解し損ねることにもなる。

「子供は誰のものか」という問いかけを再度検討してみよう。産みの親のものであるか。育てた親のものか。社会に育まれ，やがて社会を担うものとなるのだから，子供は社会のものか。しかし，子供自体は「子供は誰のものか」という問いかけそのものに反発するであろう。子供はうまれた瞬間から，子供それ自身の存在を主張する。子は子であり，一つの人格である。誰のものでもない。これと同じロジックが，会社という法人にも適用可能である。それは，子どもが両親から生み出されながら，生まれた瞬間から，子ども「それ自体」の人格を主張するのと同様である。法人格の取得により，「会社それ自体」が自然人と同様な権利主体として存在することになるのである。つまり，「会社それ自体」が契約の当事者となり，法的な権利義務の主体となり，それ自体の財産をもつ。このことの社会・経済的な意義は計り知れない。株式会社は共同企業である。共同所有における所有者の権利行使には制約がある。もはや単純に所有と支配を結びつけることはできない。

株主はなにを所有しているかというと，会社が発行する株券であり，会社の所有権である。しかし，株式会社における所有の形態は「総有」である。「総有」という所有形態では，株主に持分権はなく，一旦出資した資本金は返還請求すらできない。株主の所有権の実体は実質的には持分権なき所有というはなはだ心もとなきものなのである。株主が会社を共同所有していることと，「会社それ自体」が会社財産の所有権を有していることとの区別を明確にしなければならない。それは，不必要な議論の混乱を整理するためには是非とも必要な作業である。

「米国型資本主義のきしみ」についての岩井（2002）のコメントの中に「会社それ自体」の存在を暗示させる発言がある。岩井はエンロン，ワールドコムなどの「事件の背景には経営者の役割についての思い違いがあった」と指摘する。すなわち「株式会社の経営者とは，経営という仕事を信任関係

によって会社から任された人をいう。自分のためでなく会社のために経営す
るという忠実義務や，相応の注意を払って仕事をする注意義務などを負うの
はそのためだ。株主の委任を受けた代理人ではない。…ところが1970年代
以降の米国では，経営者は株主の代理人であるとする風潮が強まった。経営
者がオーナーの代理として働くことのある古典的な個人企業と，株式会社を
混同してしまったわけだ。その結果，『株主のため』という名目で自分たち
に都合のいいように報酬制度などを決め，株式購入権などで従業員の何百倍
もの収入を得るようになった。これは本来の姿ではない」(傍点は筆者)。

　ここで指摘されていることは会社法に書いてあることである。会社は「法
人」であり，「法人」は自然人と同様の法的権利・義務の主体となる。その
ような権利・義務の主体としての会社との委任関係で経営者は「会社のた
め」に経営する。代表取締役は代表権をもって会社としての行為をおこな
う。その場合，取締役は「会社のため」に経営するという「忠実義務」と
「相応の注意を払って仕事をする注意義務」，いわゆる，「善管義務」を負う。
法人としての「会社のため」に経営活動を行うことを経営者は期待されてい
るのである。その場合，株主から独立した主体である「会社それ自体」が成
立していると考えられているのである。「会社は株主のもの」であるという
のは，岩井が指摘するように，古典的な個人企業と株式会社を混同した議論
であると共に，株式会社の成立の意義を不当に軽視する考え方であると思わ
れる。

Ⅲ　「会社それ自体」論の可能性

　株主と会社は別の人格であることの意義は大きい。株主の「有限責任」の
論拠としても，「会社それ自体」の成立が不可欠である。「会社それ自体」が
一つの人格として経済活動をなすがゆえに，会社のなした活動の結果に対し
て，株主は無限責任を負う必要はないとも言えるのである。株主は会社の活
動資金を提供するだけである。会社は株主とは別の人格的存在として，会社
としての判断で主体的に活動を行っているからである。株主は団体理念に賛
同し，団体の運営資金を提供するが，団体の経営には関与できない。この意

第二節　会社は誰のものか—「会社それ自体」論の可能性—

味で団体の内部秩序に服する義務はなく，外部者として団体の運営に一定の影響力を行使する。株主は出資金の範囲で責任を負い，出資金に見合う発言権を与えられている。しかし，この発言権は経営に関する間接的な発言権にとどまる。

　従業員のために会社が存在するというような発想は一見美しい。しかし，論理を突き詰めると，その主張は間違いである。従業員のために会社は存在しない。従業員が雇われて給料をもらっているのは会社の掲げる目的にそった仕事をしてもらうためである。要するに，成果は外部への貢献にある。従業員のものというような発想は会社の私物化である。それは，最もあってはならないことである。もちろん，働く者の生活は大事である。しかし，会社は所詮ゲゼルシャフトなのである。ゲマインシャフト的な社会的関係を求めたいのなら，会社という営利団体ではなく，社交クラブや同好会的な集まりに参加すればよい。もちろん，会社は団体であるから，どのような性格の団体となるかは，団体の類型や団体が掲げる目的で違ってきて当然である（中條, 1998）。会社を目的団体かつ「機能体」と規定し，手段としての関係で組織化することが一般的である。また，それを「共同体」として組織化することも不可能ではない。日本の会社は「家の論理」で動かされていたとする三戸公（1991）の議論には見るべきものがある。

　会社は外部に対する財とサービスの提供というところに存在理由がある。社交クラブや同好会などの関係目的の団体であれば，団体を支えるために，構成員自らが活動や資金を提供する。なぜなら，便益をうけるのは自分たち内部の人間だからである。これに対して会社という営利目的の団体は構成員を手段として集めるのであり，従業員は労働に対する対価または成果に対する報酬を受け取る。なぜなら，便益を受けるのは外部の人間であり，自分たちは労働を提供するのみだからである。営利団体である会社に勤めながら，外部貢献をおろそかにして自分たちの便益を先に考えるというのでは理屈に合わない。経営者や従業員の「お手盛り」が目に余るようになると「組織の病気」である。

　2002年，アメリカの大手飛行機会社（ユナイテッド航空）の倒産劇が話

題になった。従業員持ち株制度で「株主」となった労働組合（整備士）が会社のレイ・オフ提案を拒否し，会社を倒産に追い込んだのである。自分たちの雇用を守るために，会社をつぶしてしまったのである。会社という団体は内部の人間への奉仕を目的とする団体ではなく，会社の目的を効率的に果たすことで外部貢献する団体である。「会社は従業員のもの」と感じられるくらい，従業員が居心地がよい状態は結構なことである。しかし，会社の存在理由を忘れて，「会社それ自体」を食い物にするようなことがあれば，会社はつぶれる。

「会社は公器」という発想については，「会社それ自体」論の成立と矛盾するものではないと考えている。会社に法人格が認められるのも，会社の社会制度としての性格ゆえである。「会社それ自体」としての存在理由を考えると，ゴーイング・コンサーンとして制度的存在となった会社は会社の目的に忠実であると同時に，「多元的な利害」を調整しつつ経営されるしかない。ただ，この場合にも，会社は営利性を追求する営利団体として存在を許されているものであり，それほど厳格なものではないにしろ会社の事業目的の制約という面もある。もちろん，会社経営の哲学には「社会の公器としての会社」という発想は必要であると思われる。そして，このように発想することは，時代的な社会的要請である。しかし，資本主義社会は人間の欲望を肯定し，それを原動力として運動する経済システムである。それゆえ，株式会社制度においては，自由な私的利益の追求が許されねばならない。自由な経済活動の結果として「社会貢献」し，「公器」とみなしうる存在となるならそれでよい。しかし，企業活動にはじめから公益性の足かせをはめるような議論には警戒が必要である。

IV 結 び

会社は誰のものか。吉田民人の所有理論を検討した福永は「吉田の定義によれば，株主，経営者，従業員はいずれも『すべての次元において所有的である』ことをみたしていないので，株式会社を所有しているとはいえない」（福永, p. 181）と結論付けている。株式会社の所有構造を深く検討すると，

第二節　会社は誰のものか―「会社それ自体」論の可能性―　105

「会社は株主のもの」であるなどとは簡単に言えなくなる。株式会社制度は所有構造は多層的であり，所有の意味は多義的である。株主については，その株式所有を根拠に「所有権の絶対性」を主張することはできない。株主を資金提供している債権者であり，利害関係者の一つであると捉えれば，株主利益のみを考える必要もなく，利益還元は投資リスクに見合う程度のものでよいことになる。要するに，株主への配当も他の金融商品や債券の利回りとの相対的な関係で決めればよいことになるから，一部，株主が主張するような蓄積資本を株主に分配せよというような主張の正当性も疑わしいものとなる。

経営者のものでもないということで，経営者の目に余る「お手盛り」ぶりも批判できる。アメリカの経営者の強欲とも言える「お手盛り」ぶりは資本主義制度の根幹を蝕む。経営者の役割は，会社が結果的には貢献することになる社会そのものに対する配慮をもって経営をすることしかない。時代に即応した課題設定こそ経営者の仕事なのである。

従業員のものでは当然ない。従業員は労働にたいする対価または成果に対する報酬としてのみ利益の配分をあてにできる。会社は外部に対する財とサービスの提供というところに存在理由がある。外部に対する貢献がない場合は，会社という団体ではなく，社交クラブや同好会といった類型の団体となる。共同体型団体であれば，そのような団体を支えるために，構成員自らが活動や資金を提供する。これに対して会社という機能体型団体は構成員を手段として集めるのであり，そのためにその対価として給料が支払われるのである。機能体である会社に勤めながら，構成員そのものを目的とするような発想は会社の病理である。従業員は目的ではなく，手段なのである。従業員のために会社が存在するというような発想は一見美しいが，論理を突き詰めると社会に害悪を流すものともなる。話を具体化させるために，従業員にとっての理想を考えてみればよい。早い話，働かなくて高い給料がもらえれば最高である。そんな会社は長くは存在しえず，それは会社にとっての理想状態というよりも会社の病理の現れである。

株式会社は株式社会制度の法的枠組みの中で運用される制度的存在であ

る。株式会社は「営利団体」であり，「営利性」を本質とする法人である。そして，それは永続体である。経営者はこのような団体の運営機関を担う職能的地位にある。経営者は営利を追求するが，株式会社という存在は社会制度として存在を許されているものであり，企業活動を通して社会的貢献を結果として果たす。それゆえ利潤はドラッカーが定義したように，社会的貢献の一つの尺度であり，企業活動の再生産を継続するための「未来費用」という性格を持つ。

第四章
株式会社の内部構造
―団体の内部構造―

第一節　「会社それ自体」論の展開―系譜とその批判―

I　はじめに

　株主と会社は別の人格である。「会社それ自体」が一つの人格として経済活動をなすがゆえに，会社のなした活動の結果に対して，株主は無限責任を負う必要はないのである。株主は会社の活動資金を提供した者であり，株式会社制度の一機関としての株主総会での議決権を有するが，会社経営の実際は会社の運営執行機関である経営者を中心とする組織活動として行っている。もし，会社と株主が同一の人格であると認められるときは，会社の法人格そのものが否定される。要するに，株式会社における法人格の成立は株主や経営者とは異なる「会社それ自体」という存在を想定しているのである。
　以下では，「会社それ自体」を取り上げ，その基本的な発想を紹介するとともに，それに対する批判についても検討する。

II　「会社それ自体」論の系譜

　大隅健一郎により，1910年代にさかのぼる「会社それ自体」の議論が整理されているので，それを見てみよう。
　ラテナウは「大企業公器論」を展開し，「大企業が出資者の利益を超越した公共的意義をもち，経営者はその公共的利益の受託者として行動すべきものとなった」と主張したという。また，ハウスマンはラテナウの「公器論」のような企業概念を「企業それ自体」（Unternehmen an sich）という用

語を用い展開した。ランズベルガーでは「株主の私的利益の集計をこえて自己価値化・自己目的化する『生きた組織』としての『企業自体』の成立と，それの法的体現・人格化としての『会社自体』概念」を提唱したという。バランとスウィージーというマルクス経済学系の論者は「今日の真の資本家は，個々の実業家ではなくて株式会社である」と主張をしたという。さらに，カトラーは「会社それ自体」が実質的所有主体であり行動主体なのだという主張を明確に打ち出していたという。

現代に至り，「今日のドイツにおいて，『企業それ自体』の概念は社会的現実であり，企業をその所有者から分離する過程はほとんど終了している」というアルバッハ教授の言葉がある（吉森, 1998, p. 75）。吉森はドイツにおける「会社それ自体」論の系譜について，「株主利益中心の一元的企業概念を否定し，多元的企業概念を提唱する」（吉森, 1998, p. 75）という文脈で整理している。吉森は，「会社それ自体」の利益が株主利益のそれに優越するとする多元的企業概念は次の法的規定により確定しているとして，「議決権行使限度」（Hochststimmrechte）なる定款の存在を説明している。これは「株主の所有株式数に拘らずその議決権を一定の限度，一般に5％以内，に制限する」というものであるという。この定款の追加は1973年の石油危機後のアラブ諸国系のオイルマネーによる株式収得に対抗する措置であったらしいが，これに対する不服申立てに対しての連邦裁判所の判断は「議決権行使限度」は許容されると裁定した。その根拠としては「『優越した企業利益』が追求される場合には株主はそれによって生じる議決権の侵害を甘受しなければならない」（吉森, 1998, p. 75）というものであったという。「優越した企業利益」のこの内容としては，「外国株主の著しい増大を阻止すること，取締役の独立性を強化すること，少数株主を大株主の過大な影響から防衛すること」（吉森, 1998, p. 75）が挙げられている。

大隅の紹介以降，日本でも川合一郎，石渡貞雄，富盛虎児，北原勇などが「会社それ自体」論を展開している。以下では，主要な論者の一人である北原（1984）の主張を取り上げて，それがいかなる主張であるのかを概観してみよう。

第一節 「会社それ自体」論の展開—系譜とその批判— 109

Ⅲ 北原の「会社それ自体」論

　北原（1984）は，『現代資本主義における所有と決定』において「会社それ自体」論を展開している。北原はマルクス主義的な「資本の論理」の貫徹を主張する立場から，「結合資本」が「会社それ自体」として存在し，代理人である「経営者」の姿を借りて経済活動の主体となるという立場に立つ。

　北原はまず，法形式において「会社それ自体」による所有が成立しているとする。「すなわち，複数の出資者＝株主の共同所有である企業財産は，『法人格』を認められた『会社』という単一主体による所有という形式をとっており，したがって企業資産にかんするあらゆる権利・義務（企業の債務をふくむ）はすべて，単一主体たる会社に帰属するという形式をとっている」（北原，p. 92）わけで，法的には「会社それ自体」がみごとに成立していると主張する。

　次に法形式にふくまれる実質の面からも，「会社それ自体」が成立しているかどうかが検討される。ここでは，「株主こそが実質的所有権者であるという考え方」に対して，二つの論点から批判を展開している。

　第一の論点は，「株式会社による所有という法形式を必然化した現実を考えると，この法的形式自体のなかに，すでに株主の所有権の実質の一部が失われ，その反面，『会社それ自体』による所有が一定の実質をそなえている」という指摘である。

　第二の論点は，「株式会社における所有の法的形式が，さまざまな実質的関係の成立を可能にしていく作用をはたすのであって，株主による実質的所有の内実のほとんどが失われ，会社それ自体にそれが帰属するようになることをも可能とする」という指摘である。すなわち，法的形式が成立すれば，現実もそれに従わざるを得ないということから，「会社それ自体」化が進むという筋道である。

　株主の所有権の実質の一部が失われ，「会社それ自体」が実質となっている例として，出資分の払い戻し請求権が株主にないことに言及し，「企業資産・現実資産の自由な占有・使用・処分の権利は，個々の出資者の手から永久的に離れ，別の主体である会社に移っている」（p. 98）と述べる。また会社の意思決定への参加については，一般株主は株主総会への参加意欲をもた

ず，その権利行使の形骸化が指摘されている。最後に，「企業利益の取得」についても，「企業利益すべてが出資＝株式割合に比例して自動的に株主のものとなるのではないという点」(p.99) が強調される。

北原は「会社それ自体」の立場から次のように結論づける。「これまで強調してきたように，現代巨大企業の実質的な所有主体であり所有にもとづく支配力を保持する主体は『会社それ自体』であって，経営者は，『会社それ自体』の支配力の行使を『会社それ自体』の内部機構たる経営管理組織の最上部に位置して代行しているのである」(p.237)。

北原の論旨の展開は途中まではバーリ＝ミーンズの「経営者支配論」の説明と驚くほど重なっている。北原は「経営者支配」を「マネジメント・コントロール」と表現し，この成立には二つの条件があるという。

「…それは第一に企業の巨大化にともなう株式所有の極度の分散であり，第二に，巨大独占企業固有の経営管理機能の複雑化であった」(p.188) という。要するに，「経営者支配論」でおなじみの企業の巨大化―株式の分散―少数株主支配―さらなる株式の分散化―経営者支配という道筋を一方の条件として，他方，企業の巨大化―経営の複雑化―専門経営者の必要性という筋道を挙げる。この二つの条件が整うことで，「株主の力の空洞化を促進・強化するよう作用する」(p.189) と北原は説明する。これらの説明はよく耳にするものであり，「『所有』の内実の空洞化という事態が進展している」ということもわかるが，この論理だけでは「経営者支配」の必然性を説明しているとしても，それが「会社それ自体」による実質的な支配の説明ということにはつながらない。北原の説明はさらに続く。

「以上二つの条件の必然的な進展にともなって巨大会社の個々の株主達から失われる力は一体誰の手に移るのであろうか」(p.190) との新たな問題提起がなされる。そして，「現象的には，その会社の経営者に移るように見える」(p.190) とした上で，このような見方には同調しない。「いわゆる『所有とコントロールの分離』というマネジリアリズムの主張がでてきたり，『真の所有権は経営者の手に移転』したとする『経営者革命』論の主張がでてくるゆえんはここにある」(p.190) と指摘する一方，このような説明で

第一節　「会社それ自体」論の展開―系譜とその批判―　　111

は納得しない。

　北原はそこで「経営者とはそもそも何者なのか，また彼の行使する力の本質は何か」を問う。

　「…その地位あっての経営者であって，経営者がその地位を創造するわけではない。その地位を創るのも，その地位に力を与えるのも，会社に結集した結合資本である。そしてこの結合資本にふくまれる力こそ経営者がその行使を委任されている力なのだ。会社の資本規模が巨大化すればするほど，経営者の行使する力も巨大となるのはそのためである」（p.190）と考える。そして，この地位に付随する権力は「経営者の職務権限として会社機構上の地位そのものに属し，経営者個々人に帰属しえない」ことを確認する。「ひとたびその地位から離れた経営者は直ちにその力の大部分を失い，彼にかわってその地位についた新経営者が旧経営者と同じように力を行使するという関係からも明白である」（pp.190-191）と指摘する。経営者の権力の基礎には会社での「地位」があるが，それは経営者個人の属性ではなく，「会社それ自体」から発生するとみる。つまり，経営者が行使する権力の基礎には，「会社に結集した結合資本」があるというのである。

　「では，個々の株主達が喪失する力はどこに行くのであろうか」と北原はさらに問う。言うまでもなく，「それはほかでもなく『会社それ自体』である」（p.191）というのが北原の結論である。そして最終的な論拠を「…株式会社という企業形態においては一般に，『会社それ自体』による所有という形式が成立しており，その形式は株主の所有から失われていく実質・力がすべてこの『会社それ自体』に移転・凝集せしめられていく仕組みをなすものであって，多かれ少なかれ一定の実質をふくむものであった」（p.191）と説明する。

　「マネジメント・コントロールとは，実は，この実質的所有主体として成熟した『会社それ自体』による会社資産→現実資本（＝生産手段と労働力，および両者の結合）に対するコントロールの現象形態にほかならない」（p.191）と結論づけられている。

　「あくまで法人でしかない『会社それ自体』によるその支配行為は，自然人を構成員とする会社内部機構＝経営管理組織をつうじて実行に移される。

トップ・マネジメントは，この組織の頂点に位置し，自己の責任において当該企業の最高戦略を決定し，それを実行させるべく管理組織を統括して，企業活動全般のコントロールを遂行していく存在である」と述べ，「マネジメント・コントロール型の巨大企業で行われているのは，右にみたように，『会社それ自体』がその資本所有にもとづく支配力の行使を，経営組織に媒介・代行させている姿にほかならず，それゆえマネジリアリストの主張するような所有と切り離されたコントロールではなく，まさに所有にもとづくコントロールなのである」と論じられる。「経営者があたかも彼自身のものであるかのように行使する力は，『会社それ自体』の所有に内在する力以外の何者でもない。そして，また，経営者が株主から自立性を獲得するという関係も，実は『会社それ自体』の自立の一表現なのである」(p.192) と北原の説明は経営者の権力の源泉にも及ぶ。

　北原はバーリ＝ミーンズの「経営者支配」やバーナムの「経営者革命」論を批判する。

　「巨大会社の現実資本の所有が株主から実質的に離れたことをもって，バーリ＝ミーンズの『経営者支配』論は，ただちに所有権そのものの形骸化と所有に本来属していた支配機能の経営者による掌握を主張したし，バーナムの『経営者革命』論は，真の『所有権』の経営者への移転を主張した。ともに，直接的現象にとらわれた主張であり，また，所有の主体が自然人—株主か経営者か—でなければならないという抜きがたい固定観念から現実資本にたいする『会社それ自体』による所有を見ることができなかったための誤った主張である」(p.192) と批判している。

　北原のここでの「会社それ自体」論の核心部分の論理はやはり「会社それ自体」の成立と会社の「法人格」の獲得というものを契機とした説明であると理解できる。「会社それ自体」論は「資本の結合」としての「会社それ自体」がその主体性をもって運動するという話ともなるわけだから，「資本の論理」は健在という話もできるわけであるから，マルキストは生き返る[1]。

---

[1] 三戸浩 (1998, p.35) は「経営者支配論」と「経営者革命論」についての「その賛否の歴史は正木久司教授の『株式会社支配論の展開〔アメリカ編〕』に余すところなく詳述されている」とした

IV 「会社それ自体」論に対する批判
1 西山の批判

　西山（1985）は，「株式会社」を「株主会社」と理解し，それが本来のあるべき姿であると主張する。西山の株式会社の定義は「資本家としての株主を社員とする社団であり，その社員としての株主が所有に基づいて支配を行う企業組織であり，それはまさに資本主義社会の所産である」（p.25）というものである。

　このような会社理解に基づいて，北原の「会社それ自体」論を批判する。西山は北原の「会社それ自体論」を批判して，「会社それ自体」という概念が意味不明で，そもそも何であるのかがわからないという。確かに，北原は，団体概念を持たないので「会社それ自体」の成立を主張しても，その肝心の「会社それ自体」がそもそも何であるのかということについては原理的な説明が欠落している。しかし，団体概念と「会社それ自体」を重ね合わせると，北原の「会社それ自体」が意味するものが理解できる。

　北原は「株主の所有から欠落した実質は，……法形式上の企業資産の直接的所有者たる会社自体に移る」（北原，p.100）と言い，それは「会社それ自体」による「実質的所有の成熟」によるものであると説明するが，これに対して，西山は以下のように批判する。

　「…北原説の『会社自体による所有』ということは『会社自体が会社財産を所有する』ということになる。会社自体が会社財産を所有するのはそれが『会社』である以上当然のことであって，『成熟』したとかしないとかに関係なく，会社制度が成立したときからそうなのであり，また，株式会社であろうと他の種の会社であろうと全く変わりのないものである。会社が法人として実在であり，会社財産に対して『所有権』を持っている以上これは当然のことである。」

上で，「一体誰が『経営者支配説』に反対したか。言うまでもない，マルクス主義の研究者からであった」と指摘する。そして，「所有者＝資本家が支配者でない資本主義を彼らが認めることができたであろうか。資本主義社会において，企業が所有者＝資本家の利益追求でなく，利害関係者全員のために存在するなど認めることは絶対できないことであっただろう」と彼らの情熱の源泉を推測している。

さらに、「株主の空洞化によって実質的所有の主体が会社以外のだれか、たとえば、会社債権者、会社経営者、国家などに移転することはありうるが、それが「所有の客体」である「会社それ自体」に移転することだけは絶対に『ありえない』」と批判する。そして、会社財産については、「形式上も実質上も最初からその直接の所有者（所有の主体）であって、何かが『成熟』したためにはじめて所有者になったのではない」といい、「株主が『会社自体』の所有を失えば、会社財産への間接的・擬制的な所有も失われるだけのことなのである」（p.17）と指摘する。

北原は西山の批判に対して、「個人的大株主の権限の空洞化の中に『会社それ自体』による実質的所有の成熟をみる視点を欠き、その結合資本としての運動を把握できないため、『上級労働者である経営者の独裁』論に短絡していく議論である」（北原、p.441 注13）と反論している。

西山は会社という存在を擬制説として捉えている。単なる法形式上の存在であり、本当のところそのような会社そのものというような存在に意味を見出していない。株式会社という制度理念が「会社それ自体」の成立を前提としているものなのだが、西山は株式会社以前の人的結合体としての会社の論理しか認めようとしないので議論がかみ合わない。しかし、創業者もいずれ死に、支配株主の顔の見えない「会社それ自体」としての存在を認知されることになる。このような状況を北原は成熟と表現していると思われるが、このような説明でもおそらく会社を擬制であるとする考え方に立つ西山との認識の溝は埋めることはむつかしいだろう。

西山は「脱資本主義論」を提唱している。西山の論旨の原点は商法で規定されている「会社が社団である」というところにある。株式会社を株主により構成される社団として捉え、そうあるべき会社が実は財団となっていることからもはや株式会社とはいえないという。西山は言う。「会社は『社団』であることを本質とするものであるから、社団性の崩壊が会社の崩壊を意味するのは当然であり、株主がその社団の『社員たる地位』を喪失すれば、株式がその本質であった社員権性を喪失するというのもまた、極めて当然のことである。これが株式会社の崩壊でなくて何であろうか」（p.96）。そして、

そのような財団化した会社を実質的に支配しているのは経営者であり,「所有による支配」から「占有による支配」への変化があると主張する。そして，これは資本主義の先をゆく事態であるから，日本の現状は「脱資本主義」だという持論を展開するのである。

「資本主義社会の代表的企業形態である株式会社においては，支配株主こそ企業の実質的所有である。したがって，支配株主が存在しなくなれば企業は社団性を喪失し，『会社それ自体』が崩壊する」(p.17)。このような論旨の展開は論理的に組み立てられているので，前提となる要素が正しい場合はそのような結論も正しいものとなる。しかし，そもそもの議論の前提が正しくないと結論も当然ゆがんだものとなる。

「会社は社団である」から，社団性をなくした会社はもはや会社ではないというのが議論の筋道である。議論の前提である「会社は社団である」という商法の規定は疑われることなく当然の前提とされているのだが，これをそれほど簡単に認めていいものなのか。西山では会社は社団であるとの認識から出発しているため，社団性の喪失は会社の崩壊を意味すると考えている。西山の会社のイメージは社団，つまり「人の集まり」である。だから，株主の存在を離れて会社というものが概念的に成立するという説明を受け付けない。株主とは別の存在としての「会社それ自体」という発想をイメージできないのである。

2 奥村の批判

「近年の日本における株式会社論のひとつの傾向として注目されるのが『企業それ自体』論，あるいは『会社それ自体』論といわれるものである」(2002, p.45) と奥村は言う。こう述べた後，「『会社それ自体』という概念の重要性については川合氏にならって筆者もかつて主張したところであるが，しかし最近の北原氏の議論では「『会社それ自体』という概念があたかも魔法の杖のようにひとり歩きしている」と批判する。そして，「すべては『会社自体による所有』『会社それ自体の自立化』によって説明できるかのように説かれているが，では一体，その『会社それ自体』の内容はなにか。そ

こで問われなければならないのは『会社それ自体』という場合の会社そのものの内容なのである」(p.45) と，西山同様，ここでも「会社それ自体」の内容を問う発言がある。

　奥村は，「会社それ自体」に対してどう考えているのだろうか。本当のところ，法人などという存在を認めるべきではないと考えているようである。法人は擬制であり，実体は経営者の専制という見方である。奥村では会社の背後に経営者の存在とその独裁をみる。経営者が法的な擬制としての会社を代表することは認めるが，その意義には懐疑的である。経営者が自己の地位を株式相互持合いで安定化させ，誰からもチェックの入らないシステムを作り上げたと非難するばかりである。

　奥村の議論の難点は，「会社それ自体」の存在を擬制とする一方，「会社本位」という言葉で，ある面，「会社それ自体」の存在を認める一面も持つ所である。この場合の内的整合性はこうである。つまり，一方では，「会社それ自体」の存在など擬制でしかないと，その背後に人間を探し，そこに経営者を見つける。要するに，会社と経営者の人格を同一視する議論となっているのである。しかし，「会社本位」の説明としては，会社のために自殺した役員の話などを出し，日本企業が「会社本位」でやってきたと言うので話がややこしくなる。結論的にいえば，奥村の議論は会社擬制説と会社実在説の間を揺れるのである。それゆえ，ある場合には，会社などは単なる擬制なのであり，会社の実態は経営者であるとして，地位に安住し会社を私物化する経営者を批判する議論を展開する。かと思えば，別のところでは，会社は経営者とは別の人格主体として存在し，その会社のために死さえ厭わぬ経営者が描かれるのである。

　奥村は，「株式の相互持合い」[2] という事実を重視し，その結果として，「法人所有」[3] が成立し，「法人の所有に基づいて経営者が支配する」という

---

[2] 「この株式相互持合いには，A社とB社が相互に株式を持ち合うという直接的な持合いと，株式の相互持合いでA→B→C・・・→Aという形の間接的持合いがある」(2002, p.16) と説明している。
[3] 法人所有と機関所有の違いは，前者が「会社がその資産として株式を所有している」のに対して，後者は「一般には年金基金や投資信託，生命保険などの機関投資家が所有する株式であるが，…資産の運用しているもの」と区別されている (2002, p.15)。

第一節 「会社それ自体」論の展開—系譜とその批判— 117

「法人資本主義」を唱えている。つまり，株式相互持合いにより，会社が会社を所有するということとなり，会社間で相互信任が常態化してしまえば，経営者は「誰からも責任を追及されることなく，会社を経営できる」(2002, p. 17)というのである。そして，「ここから日本の会社の無責任経営が生まれてくる」(p. 19)と論じる。

「こういう状況にある日本の株式会社では『会社は株主のもの』ということがいかに意味のないものか，おわかりになるでしょう」として，「会社は別会社のもの」という「法人資本主義」を提唱するのである。しかし，少し考えてみればわかることだが，会社を所有する別会社は「株主」であるがゆえにその会社を支配する。この場合，株主が「個人」でなく「法人」であるということに差異がある。それで「法人資本主義」ということなのだが，この論理は株主としての支配であり，結局，「会社は株主のもの」という論理の変形ということになる。

奥村は法人としての会社存在を疎ましく感じ，これを否定しようとする。本当のところ，会社が法人格をもつことの意義を認めておらず，「会社それ自体」の存在に極めて懐疑的である。

「法人には身体も頭脳もないから，それ自体としては行為の主体になりえないし，責任の主体にもなりえない」(奥村, 2002, p. 12)と考え，実質的に会社を運営する経営者の行為を会社としての存在に重ねる議論展開となっている。そして諸悪の根源は株式の相互持合いを通して，代表取締役という地位にある経営者が誰からもチェックされることなく無責任に経営していることであると日本型経営を非難する。

奥村の「相互所有—相互支配—相互信任—経営者支配」という論理に対して，三戸　浩 (1992, p. 24) は「経営者支配は『代表』によるものであり，相互所有は経営者支配成立後（昭和40年代を中心）に生じた現象である」と述べる。つまり，経営者支配は相互所有以前に成立していると批判する。確かに，株式の相互持合いは経営者の支配基盤を強化している面はあるが，相互持合い以前に経営者の支配は成立している。この意味で三戸の主張は正しい。

この問題をさらに考えると，経営者が支配的地位についていることと，その地位を不動のものとすることは違うということも考えねばならない。地位がつねに脅かされかねない状態にあってこそ，経営者に緊張感がある。このように考えると，相互持合い以前に経営者の地位にあって支配していたことをもって，「絶対的地位」の確定を説明したことにはならない。それゆえ，地位の絶対的安定性を説明するという意味では「相互持合い」は有力な説明原理となる。もちろん，このように相互持合いを経営者の地位の安定化の仕掛けとして持ち出すことの意義は認めたとして，三戸の批判が色褪せるわけではない。経営者の支配は相互持合い以前に成立しているということの意味は大きい。われわれは，経営者の支配の根拠とその正当性を論じることが必要となる。

3　内川・中村の批判

北原は，「非自然人的存在である『会社それ自体』が，自然人と同様に『経済主体』あるいは『行動主体』になりうる」といい，また，「この非自然人的存在である『会社それ自体』と自然人である株主および経営者が，経済的に同一次元のもとで，この『三者相互の関係と位置づけを正確に認識すること』が必要である」と主張するのであるが，内川・中村（1995, p.72）はこの二点から北原批判を始める。

「経営者が経済主体であり行動主体である」とする経営者支配論に対して，北原は，「所有の主体が自然人—株主か経営者か—でなければならないという抜きがたい固定観念から現実資本にたいする『会社それ自体』による所有を見ることができなかったための誤った主張である」とするが，その発言を捉えて内川・中村は「われわれは，法律的にはともかく経済的には所有の主体は自然人でなければならず，したがって資本の機能の主体も自然人でなければならない，という抜きがたい固定観念にとらわれているので，教授の主張される「『会社それ自体』による所有」，ことに，後に詳しく紹介する「『会社それ自体』による実質的所有の成熟」という意味がよく理解できず，多くの疑問点を懐くものである」（p.73）と発言する。

第一節 「会社それ自体」論の展開―系譜とその批判―　119

　北原の「『会社それ自体』による実質的所有の成熟」論については，以下のように批判する。「教授が，ここで述べておられる事項は，そのすべてが，たんに，教授のいわれる『会社それ自体』による実質的所有が成熟した状況のもとで，株式所有を基盤としないたんなる管理者がトップ・マネジメントとなってコントロールを行なっている場合にだけ，あてはまることがらではなくして，『会社それ自体』による実質的所有が未成熟な状況のもとで，『支配的大株主』や『中核的大株主』が彼らの持株を基礎にして，自らこの経営中枢を掌握し，トップ・マネジメントを構成して，会社のコントロール権力を事実上わがものとする場合においても，同様にあてはまることがらである」(p. 188) と指摘する。そこから，『会社それ自体』による実質的所有が未成熟な場合でも成熟した場合でも妥当するなら，「『会社それ自体』による実質的所有の成熟という思考のもとに，個々の株主達から失われる力は経営者ではなく『会社それ自体』に移るということは，論理的には主張しえないはずである」(p. 188) と批判する。

　また，「『会社それ自体』の支配力の行使を経営者が代行するという場合，経営者をして代行させる意思表示が『会社それ自体』によってなされねばならないはずである。しかし，『会社それ自体』は意思をもたない。意思をもたない『会社それ自体』が，いかにして経営者に代行を命ずるかあるいは委任することができるのであろうか」(p. 206) と述べる。そして，「経営者は他の支配的大株主や中核的大株主と同様に，株主のもつ間接的所有をもとにして経営を支配するのであって，「『会社それ自体』のもつ直接的所有をもとにして経営を支配するのではない」(p. 206) と主張する。

　さらに，北原が専門的経営者を機能資本家ではなく単なる管理者として，会社それ自体の支配を代行する存在であるとするのに対して，それなら「『会社それ自体』による専門的経営者の代行に対する一定額の報酬支払を認められるべき」であり，北原が主張するような「『会社それ自体』に帰属する力の一部横奪」あるいは「私物化」という議論は筋が通らないと批判する (p. 218)。

　内川・中村はいろいろ検討した結果として，「教授によって主張されてい

る『会社それ自体』による実質的所有の成熟という思考は成立しない，つまり，『会社それ自体』による所有は，あくまで法律的形式的なものであって，それが経済的実質的性格をもつということはない。したがってまた，専門的経営者による『会社それ自体』の支配力の行使の代行という思考も成立しない」(pp. 228-229)と結論付ける。そこから，「株式会社の巨大化にともなって，自己所有の株式を基礎にして，機能資本家となりうる大株主がもはや存在しなくなった段階においては，自己所有の株式ではないが，他人所有の株式を自己の支配あるいは協力下に置くことによって，トップ・マネジメントとなった専門的経営者が，これまでの大株主に代わって機能資本家としての地位を占めていると理解すべきものとなってくる」(p. 229)という経営者支配論の立場で議論を締めくくる。

4　勝部の批判

勝部（2004）は北原の「会社それ自体論」の概念を検討し，以下のような問題点を指摘する。

第1番目の批判は，「キーワードであるはずの『会社それ自体』の概念が極めて曖昧で，理解不能であるということである」(pp. 187-188)と，ここでも「会社それ自体」の概念のわかりずらさが指摘されている。

勝部はいう。「資本家であると規定されている『会社それ自体』の内容を検討してみると，『会社それ自体』とは法人であるともとれるし，法人を意味していないともとれる。あるいは個人所有資本家が姿を消し，かわりに巨大な資本のカタマリである会社が自ら資本家となってG−W−G'という現実資本の運動を自律的に繰り返すまさに現実資本自体が資本家であると言っておられるようにもとれる。しかし，『会社それ自体』を資本のカタマリであって現実資本自体であると捉えたのでは，資本の人格化であるという規定と相入れなくなってしまう。つまり意思も意識もない現実資本が自ら資本家となり，自分自身で価値増殖運動を勝手に行うなどという不可解なことになってしまうからである。では『会社それ自体』とは何なのか。疑問が残らざるをえない」(p. 188)。

第一節 「会社それ自体」論の展開―系譜とその批判―　121

　勝部の北原批判の前提には，人間を超えるわけのわからぬ「会社それ自体」などという存在を持ち出すことに対する反発がある。それは，すべての現象の背後には人間しか存在しないのだという方法論的個人主義に立った批判である。
　第2番目の批判は，「経営者が登場して初めて論理的にも現実的にも資本の価値増殖運動が可能なのであるから，巨大企業における資本家は自然人ではなくなっているという主張は受け入れ難い」(p. 188) というものである。すなわち，「個人所有資本家が消滅してしまった巨大企業において，人間ならざる『会社それ自体』が資本家であるというのはその出発点において無理があると言わざるを得ない」(p. 188) と勝部は批判する。
　「意思や意識もなくまたそれ自身肉体もない「会社それ自体」を現実資本の人格化＝資本家と位置づけるためには，「会社それ自体」が経営者をトップとする経営管理組織を備えていて支配の代行をさせるのだという説明がなされることになる」が，「経営者が自律的に意思と意識をもって支配力を行使し現実資本を機能させているというのであれば，論理的には経営者こそ現実資本の人格化＝資本家と把握する方が自然なのではなかろうか」(p. 187)と指摘する。そして，「自らの肉体と意思と意識を持った経営者が，資本の価値増殖運動を担うすなわち資本を機能させ剰余価値の分配を受けるとすれば，経営者こそが資本の人格家＝資本家であり，経営者を所有資本家に対して機能資本家と位置づける方が「会社それ自体」＝資本家説よりもまだしも説得的であり理解可能である」(p. 187) と結論づける。
　勝部は，以上のように，「会社それ自体」の概念の「不明確さと矛盾」について論じた上で，さらに個別の問題点を掘り下げて検討している。
　「第一に，株式会社による所有という法的形式を必然化した現実を考えると，この法的形式自体のなかに，すでに株主の所有権の実質の一部が失われ，その反面，『会社それ自体』による所有が一定の実質をそなえていることがふくまれているのである。第二に，株式会社における所有の法的形式が，さまざまな実質的関係の成立を可能にしていく作用をはたすのであって，株主による実質的所有の内実の殆どが失われ会社それ自体にそれが帰属

するようになることをも可能とするのである」(pp. 193-194) という北原の発言に対して以下のように主張する。

「ここで重要なのは,「会社それ自体」による所有が備えているという実質の内容である。教授は,結合資本たる株式会社の所有の実質を問題にする場合,① 出資払戻しの可否,② 会社の意思決定や企業管理に対する出資者各人の意思の反映可能性,③ 企業利益の取得可能性の3点がそのメルクマールだとされる。…確かに1)の株主に会社資産・現実資本からの直接的な引上げ権がないことや,3)の会社の利潤が全額株主に分配されず内部保留される部分があるといった点は,合名会社・合資会社とは異なり株式会社だけが有する制度的特徴の1つである。2)も,巨大株式会社において株式が広範に分散した場合を想定すれば,一面では首肯できる指摘であろう」(pp. 194-195) とその主張の一部を認める。

しかし,当然,勝部は納得しない。「われわれは端的に言って,株式会社の所有を直接的所有と間接的所有に分けて捉えるすなわち『所有の二重化』の論理で把握し,『会社それ自体』が会社資産・現実資本に対する直接的所有の主体であるという北原理論には到底与し得ない」(p. 195) と宣言する。

さらに続けて,「『所有の二重化』を理論の出発点にすることは,会社支配論を問題にする際に無用な混乱をもたらすだけであって,積極的に所有と支配の現実を説明するための意味ある主張だとは考えない」(pp. 195-196) という。その理由としては,「何故なら,株式会社とはあくまでも株主を所有の唯一の主体として考案されたシステムであり,法的にも実体的にも所有主体として株主以外にはなく,したがって,所有と支配の問題は誰が株主でありその所有構造がどうなっているのかが何よりもまず検証されるべき問題だからである」(p. 196) と述べる。

勝部の北原批判の結論部分は以下のような論旨である。

「北原理論におけるキーワードである「会社それ自体」を会社法人と理解すれば,確かに会社は権利・義務の主体として法的に認められている。ただし,それは会社運営上の便宜のために人為的に法律によって賦与されているものであって,会社が所有主体・支配主体・行動主体であるとする「会社そ

第一節 「会社それ自体」論の展開―系譜とその批判―

れ自体」論はこれを拡大解釈したものでしかない。」(p. 196)

そしてその論拠として，大隅健一郎・今井宏『最新・会社法概説』における法人格についての説明を取り上げ，これを紹介している。曰く，「法人格なるものは，団体の法律関係を簡単にするために認められた法技術である。すなわち，会社は，企業の所有者たる複数人を1つの団体関係に統合し，それに企業の所有権を単一的に帰属せしめると同時に，その企業における取引関係をもこれに統一的に帰属せしめようとする仕組であって，会社の法人格はかかる法律関係の統一的帰属を可能ならしめるための法技術的配慮にほかならない。」(p. 196)

この引用を論拠にして，「この指摘をみてもわかるように，『会社それ自体』＝法人が会社資産の所有主体であるということは，あくまでも法形式上のことにすぎず，それ以上のものではないということである」(p. 196) と結論づけている。

しかし，このような論理展開で北原理論を葬り去る論調には納得できないものを感じる。要するに，勝部は「会社それ自体」の実在を主張する北原を，擬制説の立場に立って批判しているのである。擬制説の立場にたつ法律論者の解説をもってくれば，このような解説になるしかない。一つの存在論的な立場に立って，その枠組みからのみ発想しているだけでは，他の立場を理解することは到底できない。要するに，勝部と北原の議論がかみ合わず，勝部が理解不能という言葉を繰りかえすのはそもそも存在論の違いに対する理解が欠落しているからである。

このあたりまでくると勝部の株式会社に対する理解とその法人擬制説的な立場ははっきりしたものとなっている。

勝部は言う。「われわれは『会社それ自体』が会社資産の所有者として処分権を行使したなどという事実を寡聞にして知らない。またもしそういう具体例を懸命に捜したとしても，実際にあるわけがないのである。…忘れてならないのは，株式会社は株主を究極的な所有者としてつくられたシステムなのであり，まず株式の所有構造が問題にされねばならず，所有の『実質』というなら最高意思決定機関たる株主総会において投票権をもつ株主による所

有を議論の対象にすべきである。したがって，法形式的な意味での会社資産の会社への帰属はその限りでは正しくても，そこには所有の『実質』などという側面は一切ないのである。」(pp. 196-197)

「株式会社の所有の主体は株主である。株式を所有する株主こそが唯一株式会社の所有主体である」(p. 198)。これが勝部の所有主体をめぐる結論である。しかし，株式会社の所有が個人から機関へと移行していることを勝部は現代社会を特徴付ける重要な変化だと見る。

勝部はいう。「…機関所有は人間による所有ではない。個人所有に代わって，人間ならざる機関による所有が圧倒的な形で展開しているのが現代大企業における特徴である。株式所有構造における機関所有の比重の増大化傾向のもとで，機関とは何であり，機関とは如何に機能しうるものかが問われねばならない。それは機関が人間とは決定的に異なるものであるからに他ならない。人間ならざる機関が株式会社の所有主体になる時，支配の様相も個人所有の場合と比較して大きく変わらざるを得ない」(p. 199) と指摘する。機関とは，具体的には産業会社，銀行，生保，損保，年金基金，財団，学校，教会，国家等々であり，「機関はいずれも人間による合目的的な協働体系すなわち組織であるが，人間そのものではない。法的範疇においては自然人に対して法人として組織体は法的人格を認められてはいるものの，人間とは決定的に異なる存在である」(p. 199) とされる。

ここで勝部が強調する機関には，株式会社も入ると思われるがどうだろうか。「産業会社，銀行，生保，損保，年金基金，財団，学校，教会，国家等々」これらはすべて私の用語では団体の概念である。団体ゆえにこれは機関運営されねばならない。機関の別名は組織である。勝部はなぜ株式会社を機関に含めて考えないのだろうか。勝部は「機関は人間そのものではない」といいながら，株式会社を資本の人格化として人間以外のものとして概念化する北原の努力に対して，なぜに株式会社を人間に還元する発想から批判を展開するのであろうか。

最後に，北原の「所有の成熟」という考え方を取り上げ批判している。株式の分散化で支配権を行使できる株主がいなくなった場合，所有の内実はど

第一節 「会社それ自体」論の展開―系譜とその批判―　125

うなってしまうかを勝部は問題とする。「北原説ではそれは『会社それ自体』に移行して所有が成熟すると言われるのであるが、この指摘はまったく理解不能である」(p.203) という。そして「株主が支配権を行使しないのであればそれはただ単に所有の内実が失われてしまうのであって、いわゆる所有の空洞化が起こるだけである。喪失してしまった株主の所有が一体どうやって「会社それ自体」に移行するのであろうか」(pp.202-203)と疑問を呈する。

　最後に、支配に関連して、「実際的に支配の主体になるのは誰か。また支配の客体は何であろうか」(p.206) と勝部は問う。

　北原は、支配に関して[4]、「支配の主体は本来的には人であるが、所有主体と同様に諸個人の集団も法人も国家も支配主体となりうる」(北原, p.26)といい、「会社法人や国家のばあいも会社意思や国家意思が形成されその意思に他者が従属するかぎり、同様に『支配』を語ることができる」(北原, p.29) と考えている。そして、「これらが支配主体のばあい、本来の主体たる人との構造的関連が問題とされねばならなくなる」(北原, p.26) という。これに対して勝部は、「しかし、株式会社の『支配』を考える場合、このような主張は受け入れ難い」(p.206) と批判する。そして、「支配の主体を措定する際には、所有主体の場合のように自然人も法人も同列に並べることは出来ない。すなわち株式会社における支配を問題にするなら、所有主体になり得た法人＝機関は同時に支配主体になり得ず、支配主体としては人間以外には考えられない。結局、会社資本主義や『会社それ自体』論の主張も支配主体は何かという点で問題があると言わざるを得ない」(p.206) と結論付けるのである。

　勝部はこの立場に基づいて、「株式会社における支配（コントロール）を

---

[4] 北原は支配をコントロール (control) と制約 (constrain) に分ける。コントロールは「命令によるにせよ、影響によるにせよ、対象をして支配者の意図どおりに、あるいは意図に添うように運動させる仕方の『支配』であるとし、制約を「対象の運動範囲を限界づける仕方、すなわち、一定の枠内では自由な運動をゆるすが、この枠を越えることは許さないという仕方、あるいは、その運動に大まかな方向づけだけを与え反対方向の運動はゆるさないという仕方の『支配』」(27ページ) であると定義される。」

考える場合，経営の最終的な方向性・指針を決める意思決定が誰によって担われ，如何になされるのかが問題であって，自ら意思決定を行い得ない人間ならざるものを支配主体として持ちだすべきではない」(p.207) と主張する。そして，「支配の中核的な概念が意思決定である限り，支配の主体は人間ならざる法人等では決してなく，あくまでも人間を支配主体にする以外には考えられない」(p.207) ともいう。勝部の発想を支配しているのは，「会社（私法人）や国家（公共法人）といった法的には人格はあっても人間ならざるものが支配主体として取扱われることは名目的・形式的な問題であって，決して権力機構・支配機構というものの本質の解明にはならない」という思いであり，「…株式会社の支配を考える場合に，人間以外の何かを支配主体にしたのでは混乱を招くだけである。人間以外のものを支配主体とすべきではない。したがって，支配主体は常に人間＝自然人でなければならない」(p.207) という人間中心の発想が勝部にはある。

最大の問題は，北原の「会社それ自体」を支配主体にする発想であると勝部は考えている。その理由は，こうである。

「現実に意思決定を行っているのが経営者以外にないのだから名実ともに経営者支配の成立を是認するのが自然だが，北原教授は経営者支配という現実をあくまでも『現象形態』という言葉の中に押し込め，真の支配主体は『会社それ自体』だと固執される。この議論が決定的におかしいのは，人間ならざるものを支配主体にしているところである」(p.209) と人間以外の存在を支配主体とする発想に反対する。

最後に，勝部は，「では，現代大企業の支配者は誰か」(p.210) と問う。そして，「経営者こそが現代大企業の支配者である」と結論づける。その根拠はなんであるか。「それは経営者自身の地位と能力による。経営者はその能力によって経営者の位置を占め，組織目的に沿って会社を長期持続的に機能させるがゆえに経営者としての地位を保障，会社の支配者たり得ているのである」(p.210) と勝部は説明する。

結論として，勝部は現代社会の根本問題を機関所有と結びつけ，北原に対する批判を締めくくる。「結局，この『会社それ自体』の主張は，経営者支

配を所有に基づく支配であるとするところに根本的な問題がある。むしろ機関所有の現実を見据えて，所有者ならざる経営者が何故経営者の地位につき，支配者たり得ているのかをよりつっこんで問うことをしなければ現代大企業の所有と支配の現実を説明することは出来ないはずである。問題は，何故現代大企業が機関所有化したかということであり，機関所有と経営者支配の関係をどう理論化するかにある」(pp. 211-212)。

V 結 び

　北原の「会社それ自体」について擁護する立場から一言すれば，北原に対する代表的な研究者たちの批判は，そのいずれもが，存在論的には観念実在論を否定する立場からのものであり，また，方法論的には方法論的個人主義の立場に立っての批判であるように思われる。「会社それ自体」論に対する理解を妨げている最大の要素が，存在論と方法論の立場の違いであるということをまず認識しなければならない。批判者の立場に立てば，「会社それ自体」などという観念的な存在はそもそも認められないということになる。それゆえ，「会社それ自体」の行為などという発想は受け入れ難く，会社の背後には必ず具体的に行為する人間が存在すると固く信じている。彼らは，あらゆる現象を個人行為に還元して理解するのでなければ納得しないのである。ここに北原の「会社それ自体」論が容易に受け入れられない本質的なむつかしさがある。

　わたくしは「会社それ自体」の成立を主張するものであるが，北原の主張する「会社それ自体」の捉え方には必ずしも賛成しない。北原は「資本の運動体」のイメージで「会社それ自体」を捉えているが，わたくしは団体の概念でそれを捉える。わたくしの考える「会社それ自体」は，概念構成体としての団体である。理念・理想・目的を具現化した永続的な運動体のイメージである。また，北原は，経営者が「資本の論理」の請負人にすぎず，「経営者革命」は茶番だと考えているふしがあるが，そのような発想はわたくしのものではない。経営者の地位についてもこれを団体運営に必須の制度的地位であると考え，経営者の権限行使の正当性を団体の成立の論理から導き出

す。それゆえ，北原や西山や奥村のように，経営者の権力行使を株主の所有権を侵害するものとして位置づける発想をしない。すなわち，わたくしは，必須の団体運営の機関として経営者を捉えており，経営という専門職の存立基盤を重視する立場にある。要するに，運営機関としての経営者なしには会社は動かないという認識であり，自己規制のできる専門経営者によってこそ，「会社それ自体」が適切に運営されると発想するものである。つまり，職業集団としての経営者の意義を最大限強調する立場に立つ。この職業集団はゴーイング・コンサーンとしての「会社それ自体」の運営に責任を負うものであり，その「会社それ自体」は社会制度的存在である。それがゆえに，短期的な視野での「株主の論理」やなりふりかまわず利潤極大化に走る「資本の論理」に盲目的に従うことは社会的に許されず，「会社それ自体」の継続的な活動の観点から，多元的な利害調整的役割を果たす必要があるのである。要するに，経営者は，「会社それ自体」という団体の維持とその団体目的の達成のための役割を担う者であると捉えている。

　最後に，「経営者支配」という用語についてであるが，これを近代の団体設計に持ち込むことはいらぬ誤解を生むことになると思われる。経営者の地位をめぐる議論においては制度の枠組み内での職能地位に関わる権限行使という発想に変えるべきで，個人的な欲望や情念を含む「支配」という用語は時代錯誤の感がある。そして経営者の不正行為については，団体機関としての職務権限からの逸脱や職務上の義務違反あるいは不正行為としてこれを取り扱う必要がある。

第二節　株式会社の内部構造―「会社それ自体」の三側面―

I　はじめに

　株式会社という存在は社会的構築物として革命的発明である。それゆえ，株式会社の論理構造を理解することは容易なことではない。しかし，「団体」の成立として株式会社を捉えることで，株式会社の論理構造が明快になる。

第二節 株式会社の内部構造—「会社それ自体」の三側面—

以下では，株式会社を「団体」の成立として捉えたうえで，株式会社の構成要素としての「株主」・「会社それ自体」・「会社の機関」の三側面について分析しようと思う。これは株式会社の内的論理構造として，岩井（2002，1993）が指摘する「モノとしての側面」と「ヒトとしての側面」に，新たに「組織としての側面」を追加し，三側面を持つ存在として整理する試みである。

Ⅱ モノとしての側面
1 株主の所有権

商品経済が浸透した資本主義社会では法的に規制しない限り，あらゆるモノが商品として売買の対象となる。人類の歴史を簡単に振り返ってみても，売買されなかったものを探すことのほうが困難である。現代資本主義では株式会社も売買の対象となっている。商品は交換価値と使用価値との二面性をもつが，株式会社という存在についても，商品として売り買いされる交換価値の側面を持つ一方，財とサービスの生産を担うという使用価値の側面を持つ。株式会社は売買されるモノと捉えられる一方で，また法人格を得て経済活動の担い手であるヒトとして振る舞う[5]。

モノとしての会社は証券市場で取引されている。会社は発行株式という形式で資金を集めている。株券の所有者は株主といわれ，株主としての権利である自益権と共益権を持つ。自益権は配当にあずかる権利であり，共益権は会社経営に関わる基本的提案に対して賛成票あるいは反対票を投ずる権利である。これは間接的な経営への関与である。直接的な経営行為ではないことに注意する必要がある。

「会社は株主のもの」と言われることがあるが，株主は，株式会社の何を所有しているのだろうか。株主権を絶対のものであるかのように誤解し，会社の蓄積資本を株主に還元せよとの主張を展開する戦闘的な株主がいる。た

---

[5] 岩井（2003，1993）はマルクスの「商品という存在の二面性」というアイデアを借用して，株式会社を分析してみせる。売り買いの対象である「モノ」としての会社と「法人」とみなされ「ヒト」として振る舞う会社という二面性を手掛かりに，資本主義社会の原動力たる株式会社を分析してみせるのである。

とえば、「東京スタイル」の株主総会では積みあがっていた剰余金を株主への利益還元にまわせと主張する株主提案が提出され、結果的には否決されはしたが物議をかもした。これなどはアメリカ型の株主主権の立場にたった一方的な主張と言えなくもない。なぜなら会社はこれからも存続しつづけるのであり、剰余金はドラッカー的に言えば「未来費用」である。そのような将来のための蓄えを現在の株主で山分けにして食い潰すということが許されるかどうかは大いに議論となる。もちろん会社を解散するというなら、会社の使命が終わったということだろうから、「未来費用」という議論も成り立たず、残余財産は株主でわけるのは当然という話となる。

高村（1996）は、株式会社制度の定着の指標として減価償却の重要性を指摘している。たとえば、日本勧業銀行の救済貸付に際しては、「毎半期に機械原価の一・五％を償却積立金とすることが義務付けられた」（p.202）という例を紹介しているが、これは株主の短期的発想での利益還元の要求に対して、経営者が永続的経営の観点に立って株主と対決することを意味する。株式会社は永続体として考えられねばならない。減価償却は株式会社の永続性の基礎である。そもそも株主の出資行為は投資行為であり、基本的には儲けるためにリスクをとったのである。それゆえ株主が短期になるだけ多くのリターンを求めるのは当然である。しかし、株式会社は永続体であり、経営者は会社の経営をまかされている機関であるから、株主の利益還元要求とは対決し、「会社それ自体」の安定的な維持発展を目指す必要がある。

2　株主の有限責任

「株式会社は事業の負債及び債務に無限責任を負うが、株主はそれらの責任を負わない。なぜなら、理論上すべての負債は法的主体の債務であって、株主の債務ではないからである。実際、株主は投資した分の危険は負うが、それ以上の危険は負わない。」（ハミルトン、訳 p.17）これが株主の有限責任である。

株主の有限責任の論拠は、「会社それ自体」が法人として独立した存在となるためである。株式会社における株主の有限責任の論理は合名会社あるい

は合資会社と比較してみると分かりやすい。合名会社は出資者（全社員）が業務執行権を持つがゆえに，無限責任である。また合資会社は無限責任社員と出資だけして経営に関与しない有権責任社員のつくる会社であるが，ここで面白いのは，有限責任社員が経営に口出しし無限責任社員であるかのように振舞った場合には，無限責任社員とみなされ法的責任を追及されるという事実である。要するに，経営に口出しした時点で経営責任を負うということである（商法159条）。この理屈を株式会社にあてはめてみると，なぜ株主は有限責任なのかということがわかる。要するに，経営に口出しできないからである。

初期の株式会社においては，追加の出資が求められるということがあり，株式会社の有限責任が必ずしも成立していなかったとの指摘がある。しかし，これは出資者個人が社会的な信用の基礎でありパートナーシップ的要素も多分に残っていた時代の話とすれば，本格的な株式会社の成立以降の有限責任制の確立と矛盾する話ではないように思われる。もちろん，現在でも，個人企業が節税対策に「法人成り」したような"株式会社"の場合には，社会的に「法人」としての存在が疑われており，銀行などから融資を受ける場合も経営者個人の連帯保証を要求されることが一般的である。これに対しては，借りる側・貸す側双方に言い分はあろうが，形式的には不合理でも，実質的には個人企業でしかない以上，現実に即した対応とも言え致し方ないともいえる。

これまで株主の有限責任の論拠については明確な論拠が示されなかったという事実は意外の感をまぬがれない。いずれにしろ，株主責任を経営に対する関与の欠如という観点で論じたものはあまり見当たらない。なぜなら株主こそが経営権の所有者であるという主張が信じられており，それを疑い，それを論駁するロジックがなかったからである。

株主と経営権を直接結びつけるのは，個人企業の発想であり，本質的には個人の結びつきでしかない合名会社のロジックである。このような企業の発想から抜け出せずに，株式会社をもこの論理で理解しようとしてきたところに混乱があったと思われる。株主とは別の人格であり，株主を超える存在と

しての団体成立のロジックを「擬制」の一言で片付けてきたことの結果であると考えられる。

　法人性の議論は会社が法人格を持つという議論にすぎないから，株主の有限責任性とは直接に結びつかない。事実，合名会社や合資会社は法人ではあれ，無限責任社員が存在する。

　この有限責任の問題を考えるためには，「人的会社」と「物的会社」の性格の違いを議論の出発とする視点が導入されねばならない。有限責任の議論の根拠は，「物的会社」の性格にあると思われる。先ほど見たように，物的会社は資本による結合であり，投資の範囲での責任に限定することが論理として一貫しているからである。要するに，単なる資金提供と経営を実際に担うということの責任を分けるという考え方である。すなわち無機能資本家と機能資本家との責任の重さを区別するわけである。基本的に物的会社は資本と経営の分離を建て前とするから，無機能資本家については有限責任とすれば筋は通る。そうすると，株式会社の株主ではすべての者が有限責任となる。

　もちろん，これとは別の考え方をする者もいる。鷹巣（1989）は，「有限責任制度は社団の法主体性に伴う必然的帰結というよりは，資本集中を促進する政策的帰結であり，わが商法は株主の有限責任を認める反面，資本を維持し充実させるために，株式会社の財務処理に関して厳しい制約を果している」（pp. 378-379）と考えている。しかし，ここのところは考えどころである。株主は経営にタッチしないのだから，有限責任性にはある種の必然性がある。それを鷹巣は「資本集中を促進する政策的帰結」だとしている。また株主について，株主総会という機関を構成して，そこで意思決定に参加しているのだから，本来なら責任は逃れられないという考え方をしている。しかし，経営への間接的な関与という面からいえば，論理としては意思決定に直接関与しないのであり，ほとんどの株主は株主総会の権利を実質的には放棄しているのだから無限責任という話では筋が通らない。

　ところで，経営者の責任については，会社機関であると捉えると，業務上における合理的な判断であったかを論点とした過失責任が理にかなっている

と思われる。しかし，日本の現行の商法では必ずしもそのようになっていないようである。また，銀行借入などでは，連帯して個人保証が求められることが普通であり，実質的に経営者が無限責任を負うケースが多いようである。

鷹巣（1989）は，「合手組合の構成員は共同事業意思の担手であり，営業活動権の担手であるが故に，組合債務に対して個人責任を負担するように，社団においては社員総会や理事（会）・監事といった機関の構成員が社団という組織体を形成し，団体活動の一翼を担っているが故に，団体債務に対して個人責任を問われるのである」（1989, p. 379）と「機関の構成員」として「活動の一翼」を担うことにより「個人責任を問われる」と現行の経営者の無過失責任を認める発言をしているが，これには異論がある。

経営者は「機関の構成員」として活動をしているのだから，「機関としての責任」は負わねばならないと私も考える。それはあくまで「機関としての責任」であるから，経営上の合理的な意思決定でありさえすれば，個人としての責任まで負う必要はないと考える。要するに，「機関としての経営者」の責任は過失責任にとどめるべきだと考える。アメリカなどでは，「経営判断の原則」として経営判断の内容については，明らかに不合理でない限り取締役の責任は生じないことが確認されている。

Ⅲ　ヒトとしての側面
1　「会社それ自体」

「会社は誰かのもの」であると人は考える。会社は実体のない抽象概念であり，会社を実質的に動かしているのは実在としての自然人しかいないからである。このような考え方はしごくもっともなもので，誰かの意思で会社は設立され，また運営されているのである。このことは否定しようがない事実であるが，株式会社は発起人や出資者としての株主と同一視されるべきものではない。株主とは別個の主体的存在として「会社それ自体」が成立するという論理で株式会社制度は組み立てられているのである。

ハミルトン（訳 p. 18）は「株式会社の概念は，会社を所有しかつ運営す

る現実の人間から独立した別個の法的主体を事業に持たせ，単純化させるという点がポイントである」と指摘する。しかし，「現実の人間から独立した別個の法的主体」という表現の意味を理解するのはそれほど簡単なことではない。

「会社それ自体」の成立を理解するためには，構成員を超える全体性の成立を主張する「団体」の概念が必要となる。また団体の概念につらなる一連の概念として「集団」や「組織」といった概念をもつ必要がある。これら概念の助け無しには，「現実の人間から独立した別個の法的主体」という表現は真に理解されることはないのではなかろうか。

株式会社には株式非公開の中小企業から従業員何万人という公開大企業まで含まれている。「法人成り」しただけの非公開会社はその実態としては個人企業ないし個人レベルの共同企業形態としての合名会社に近い。しかし，株式会社のあるべき姿は公開会社であり，公開大規模の株式会社について言えば，株式会社を「株主の集まり」としての社団として理解しようとすることには無理がある。株式会社が公開会社となり資本参加者が多数化するに及んで株主相互の関係がまったく存在しなくなることは周知の事実である。巨大公開会社の株主を観察すると，株式市場におけるネット取引のデイ・トレーダーに典型的に見られるように株の売買を一日何回も繰り返してはいるが，株主相互間になんの関係もないという状態が出現する。このような現実から判断する限り，株式会社を規定する場合，株主を社員とする「人の集まり」として概念化するよりも，「資本の集まり」を信用の基礎とする「財団」と解する方が論理的に整合性がある。現状からいえば，公開株式会社の実質は出資金の固定化，すなわち固定資本を信用の基礎として団体概念を成立させたものであると解する方が素直だと思われる。「会社それ自体」が資本結合を基礎とする「財団」であるとすると，株式会社の社団としての性格は，会社機関として出現する「組織」において実現する。つまり，会社機関としての経営層と従業員の作る組織についてみれば，ここには会社の運営という目的のためになされる協働行為を実現すべく，閉鎖的社会関係が形成されている。

この観点を加えて，株式会社が「社団」か「財団」かを整理すれば，「会社それ自体」の本質としては「財団」であり，会社の運用機関である組織としては「社団」を形成していると見ることもできる。しかし，さらに団体概念を突き詰めて考えて見れば，団体は概念構成体であるがゆえに，本質的にはいかようにでも概念構成できるといえる。「一人会社」が許され，「一円会社」が登場する事態はこのことを説明していると言える。また組織の局面についても，これを「人の集まり」としての社団と理解する立場を突き抜けて，さらに組織の概念を抽象化すれば，「機能の集まり」としての機関と見ることもできる。

2 法人とはなにか

会社は法人である。法人とは法の名の下に自然人と同等の権利義務の主体と認められる。法人は財産をもつし，契約関係の主体ともなる。法人格は突きつめれば実体のない抽象的な存在である会社というものに人格を認める法技術である。法人を実体を有するものとすることはできない。しかし，この概念は実体概念では捉えられないが，実在しないとは言えない。「会社それ自体」が影響力ないし権力すら持ちうるのである。これが関係概念の悩ましくも面白いところである[6]。

株式会社はゴーイング・コンサーンと呼ばれ，永続的な事業体として存在する。自然人である株主や経営者や従業員が有限性の中で生きることから考えれば，永遠の命を与えられた存在ということの特異さが際立つ。

ハミルトン（訳 p.17）は，「株式会社を理解するのに最も簡明であってかつ通常最も有用な方法は，株式会社を，所有者もしくは投資家とは別個の擬制的存在または法的主体（artificial entity）と見なすこと」だと述べる。また「この法的主体は，自然人とまったく同様に自らの名義で事業を行うことができる。事業を行い，資産を取得し，契約を締結しかつ債務を負担する

---

[6] これは，行為論から関係論へ，そして「閉鎖的な社会関係」から「境界」を導きだし，集団論・団体論，そして組織論へと理論を組み立てる道筋を鳥瞰できないとなかなか理解しがたい話であろうと思う。しかし，この筋道を一通り辿りさえすれば，実体概念ではないが，社会的関係としては存在し，しかもそこで期待される行為の可能性がなくなれば「虚構」ともなるということに思い至ることができる。

など，これらすべての行為を個人の資格でなく会社の資格において行うことができる。更に，法的主体（artificial entity）は，あたかも人であるかのように訴えまたは訴えられることができ，税金を支払い，自己の名義で営業許可を申請し，銀行口座を持ち，印章を持ちかつその他諸々の行為を行うことができる」（ハミルトン，訳 p.17）と会社という「法人」について説明する。商法は会社に「法人格」を認めるが，これは法制度として「会社それ自体」の成立を認める立場である[7]。

ただ株式会社成立の意義を分かりにくくしているのは，商法の多数派の立場である会社を「擬制」として捉える考え方である。これは，一応，「法人」を法的に認めるとしながらも，心の中では会社などという存在を信じてはおらず，会社と言う存在の背後には必ず人間存在があるという信念を曲げないのである。法人は擬制としてのみ存在するにすぎず，それは「実在」ではないと考えているので，どうしても存在論的な論理が交錯し混乱する。

IV 組織としての側面

1 会社の機関

会社の機関[8]は団体運営のための手段である。「会社それ自体」はそれを運営する具体的な人員と運営の仕組みを必要とする。これが組織の側面である。業務執行の観点で組織が形成され，それぞれが団体運営の機能単位とし

---

[7] 昨今，人格なき社団である学会や町内会やPTAに法人格を与える動きもある。法人格がなければ，個人の名で法的義務を確認することになる。合名会社が数人であれば，全部の個人の署名・捺印でことたりるが，これも面倒なことは確かである。法技術的に代表権者を設定できるとしても，すべての個人名でやれないことはない。これは無限責任企業なのだから，その責任の重大さからすれば，個人の意思の確認こそ重要である。学会などの団体の構成員は組合員とはいっても，運営に直接かかわらない会員が大半の匿名組合的存在である。人格なき社団においても団体性は成立していることには注意が必要である。

[8] 機関と組織という用語については以下のように考えている。機関という表現は働き・機能を表現しているのみであり，会社を動かすというイメージを機械の動力源として捉えているといえる。機関は機能を表現するものであり，一人の人間がその役割をこなしても，これを機関と表現することに不都合はない。しかし，組織という概念は団体運営の社会的関係として用いられるものであるため，複数の人間の相互作用が前提されている。また，組織は運営に必要な行為を引き出すために社会的関係が構造化され形成される。つまり，規律化や規範化という方向で運営行為が構造化されて組織となるのである。

第二節　株式会社の内部構造―「会社それ自体」の三側面―　　137

て職務・職位・職権・職責を担う。組織の中核を担うのは取締役と監査役がつくるトップ・マネジメントであり，代表取締役社長以下の担当役員が選出され，「業務執行権」の行使として一連の命令権限関係が形成される。取締役や監査役については会社との委任関係となるのに対して，従業員については会社との雇用関係により組織メンバーとなる。

　会社の機関のうち，直接的な経営に関わるのは，商法上は取締役・代表取締役・監査役である。取締役で構成される取締役会が会社を代表する「代表取締役」を選任する。代表取締役は会社との委任ないし信任関係に基づき，会社を代表する。「会社それ自体」のために会社の名において意思決定し，契約する。監査役は取締役および代表取締役を監視する。監査役の業務については，全般的な取締役および代表取締役の監視であるが，その業務範囲は縮小されたり拡大されたりしている。会計分野のみに監視義務を絞った時代もあり，全般的な経営の監視へと広がりを見せた時代もある。

　取締役は取締役会を形成し，「会社の機関」として「代表取締役の業務執行を監視し，代表取締役が法令・定款違反の行為をしたり乱脈な経営をしているとき（たとえば支払いの見込みのない手形の乱発）には，必要があれば自ら取締役会を召集し，あるいは召集することを求め，取締役会を通じて業務執行が適切に行われるようにする職務がある」（長浜・平出, 1998, p. 166）とされる。「取締役は，広範な経営権を持つがゆえに，会社という組織の中で独自の地位を占める。取締役は，会社に対する高度の忠実（fidelity）及び忠誠（loyalty）を尽くすことが義務付けられる」（訳 p. 295）とハミルトンは言う。ここで確認すべきは，株主主権が声だかに叫ばけるアメリカですら，「広範な経営権」をもつのは取締役であるということと，取締役は「会社に対する高度の忠実（fidelity）及び忠誠（loyalty）」を要請されていると言うことである。「こうした義務はしばしば『信認義務』（fiduciary duty）と呼ばれ，取締役はときに『受認者』（fiduciary）と呼ばれてその義務は信託の受託者と類比される」（訳 p. 295）ともいう。

　「会社それ自体」が成立している状況では，会社の機関としての経営者は「会社のため」に働くことを期待される。取締役の義務に関する法律的な根

拠として、「会社と取締役の関係は、従来、制定法ではなくコモン・ローの判決によって確立されてきた」（訳 p. 296）という。コモン・ロー上の義務としては、「(1) 会社業務の遂行における注意義務、(2) 会社に忠誠を尽くす義務、そして (3) 忠実義務の一環として、会社に帰属する事業機会の収奪の禁止」が指摘されている。要するに、取締役の善管義務と忠実義務はアメリカの場合ですら、「会社それ自体」に対するものであって直接株主に対するものではないのである。

取締役の注意義務についてみれば、「経営判断のルール」(business judgment rule) と「経営判断の理論」(business judgment doctrine) という2つの基本原則が適用されるという（訳 p. 301）。前者は、「合理的な情報に基づく合理的になされた判断は、たとえそれが会社の観点から不利な結果もしくは大きな損害をもたらしたとしても取締役の責任を発生させない」（訳 p. 301）というものであり、後者は「取締役会の経営判断は、有効でありかつ会社を拘束し、株主からその差止、取消を主張されたりまたは効力を争われることはない」（訳 pp. 301-302）というものである。

2　代表権と業務執行権

株式会社における「代表権」という概念は権力行使の正当性にかかわる重要概念である。「会社それ自体」が株主や取締役とは別の存在であるという論理を受け止めると、概念構成体である会社の人格を代表する者が必要となる。株主が会社を運営する権利をもつという発想はこのような株式会社の内的論理を無視した議論といわざるを得ない。論理的には代表権をもつ者の行為のみが「会社それ自体」の行為となるのであり、この代表権は株主権と結びつくのではなく、団体機関における地位と結びついている。つまり、代表権は概念構成体である団体の維持存続のための機関としての業務執行権と結びついているのである。

団体には設立目的があり、団体そのものの使命がある。それを具体的な活動にしてゆくための意思決定を担い、またその執行についても責任をもつ団体機関を必要とする。代表権は団体の機関決定により自然人に付与される。

そこで団体と代表権者が重なり合うが，その代表権者が団体を食い物にする事態に対処するために機関運営の法的手続きが設けられる。これは，自然人が団体を私物化する事態を制度的に牽制しようというものであるが，それは決して株主のために経営者の尻をたたく発想ではない。取締役会は代表取締役を選出し，いつでも解任できる（商法257条1）。ただし，取締役の地位の安定を図るために，株主総会の特別決議を必要とする（商法257条2）。取締役会の議決により代表権を持つ者が選出ないし解任されるということは，取締役会が代表権の行使を監視・牽制するという関係にある。日本の場合，代表取締役社長が代表権をもって業務執行すると同時に，本来その仕事を監督すべき取締役会の議長となっており，牽制されない権力構造が常態化しているのが一般的であった。これは牽制機関と執行機関が重なりあった状態であるので，近年この分離が問題となっている。

　アメリカ型のコーポレート・ガバナンスの議論は取締役会議長と業務執行責任者（CEO）を分離し，とかく権力が集中しがちな執行役員の権力を統制しようとするものである。しかし団体の代表権を悪用して私利私欲を追求し，そのために権力行使するということはめずらしいことではなく，ときに絶対権力者の長期政権を許すというような事態が繰り返される。要するに，代表権は牽制力が衰退すると絶対権力を代表権者に与えてしまうことになる。これは国家レベルであれば，独裁国家となるし，株式会社であれば，経営者による会社の私物化という事態ともなる。

　会社の代表権とは本来的には会社に対する忠実義務を課された上での団体運営上の権利であり，あくまで団体の下僕としての立場である。しかるに，この代表権を誤解し，団体と自己を一体化し，さらには団体に優越する絶対権力者として振舞う者が跡を絶たない。このような事態を回避し，代表権者の権力を牽制する仕組みが必要とされる。これがコーポレート・ガバナンスの基本的発想である。

3　株主は組織メンバーか

　組織は団体運営に関わる社会的関係であるというわたくしの立場から言え

ば，株主は経営に関わらないがゆえに，組織メンバーではないという結論となる。

「株式会社とは株主団体である。したがって株式会社の経営権は，当然，株主に属する」（若林, 1994, p. 65）と考え，株式会社を「株主の株主による株主のための機関」（若林, 1994, p. 65）と主張する者がいるが，この認識については疑問が残る。この主張は株式会社制度に対する通説とも言えるが，これまで見てきたように，株式会社の内的な論理はそれを許さない。株主と業務執行権を直接結びつける発想は株式会社制度の論理構造から見て間違いであろう。

経営権とは具体的には業務執行権であるが，株式会社では会社の執行機関としての代表取締役に経営権がある。株主は金を出しているのだから，ちゃんと経営してもらう権利を有する。自分たちのためにと考えるのは当然だが，経営者は「会社それ自体」のために経営する義務がある。経営者を株主の利益を代表するものと考えるのは株式会社を他の会社形態と混同した議論である。

株主と経営権を直接結びつける発想は，個人企業から合名会社などにわたる非公開企業においては当然過ぎる発想であるため，これを株式会社にも不用意に適用するという誤りが起こる。しかも，話をさらにややこしくするのは，現実に見られる株式会社のほとんどが閉鎖会社でありながら，株式会社の体裁を整えており，「法人成り」してはいるが，実態は個人企業的な運営となっているということである。

株主とは別の主体として「会社それ自体」を概念化し，さらに会社機関として経営者を成立させるのが株式会社制度である。「株主」・「会社それ自体」・「経営者」はそれぞれ独立した存在である。「会社それ自体」の成立という事実を前提として，「会社と株主」の関係・「会社と経営者」の関係が規定されており，会社という媒介なしにそれぞれの存在が結びつくことはできないのである。株主を超える存在として「会社それ自体」が想定されることの意義を考えてみる必要がある。

株主がもつ権利は会社の機関としての取締役および監査役の選任ないし解

任権である。要するに，株主は株主総会において取締役の選任議案に賛成ないし反対すると言う形式で，経営行動に間接的に影響しているにすぎない。

昭和25年の商法改正で，株主の経営への口出し権は縮小されたという。もともと多数の出資者を想定した制度であり，多数決で選出した経営者に経営を信託することを想定している。特定の株主が経営に直接関与することを想定してはいない。関与は常に株主総会の議決権を通して行使されるにすぎない。取締役そのものを個別に推薦することもこれまで出来なかった。エンロンなどの不祥事をうけたコーポレート・ガバナンスの新しい方向として，一定の条件の株主に取締役推薦権を認めようとする動きがある。これは裏返せば，これまで会社が提案した候補者に対する拒否権が与えられていただけだということである。これにより，これまで株主が直接的に経営と関わることがいかに少なかったかと言うことが逆にわかる。

V 結 び

北原勇 (1984, p. 19) が「論者の間に見解の差異，対立は残されているが，『会社それ自体』による実質的所有を認めこれを現代資本主義分析の戦略的装置の一つと考える点ではほぼ一致してきているように見える」と書いたのが，20年ほど前である。それがここにきて「会社は株主のもの」だから「株主価値」を増加させる経営を目指せという主張の台頭がある。「会社それ自体」という主張はどこに行ってしまったのか。

現代のコーポレート・ガバナンスの流れである「株主主権」で問題はないのか。「会社それ自体」の成立を重視する私の立場から言えることがあるとすれば，アメリカ型の「株主主権」という考え方の影響を受けて現在日本で進行中のコーポレート・ガバナンスについては少なからぬ疑問を感じるということである。「株主」の適正な権利行使は当然のことであるが，株主への奉仕を金科玉条のごとく唱える株主中心主義には反対せざるを得ない。

第五章
経営者の正当性
―団体の運営論―

第一節　会社における代表権と業務執行権

I　はじめに

　ここでは，会社の種類により異なった様相を見せる会社の「代表権」および「業務執行権」のあり方について考える。合名会社と株式会社における組織（機関）のあり方の違いを比較することで，株式会社における組織の意味と位置づけがより明確なものとなる。

　まずは，合名会社の代表権と業務執行権について論じ，次に株式会社の代表権と業務執行権について論じる。最後に代表取締役と社長という言葉を「団体の長」と「組織の長」として取り上げ，団体と組織の概念を区別することの意義を論じる。

II　合名会社の代表権と業務執行権

　人的会社である合名会社では，会社の構成員が直接経営を担う「自己機関制」である。「合名会社の実質は組合であり，組合員間の法的関係は組合契約である。したがって，合名会社の定款変更は，多数決によることはできず社員全員の同意が必要となる」（口語六法全書，pp. 59-60）とある。それゆえ，代表権および業務執行権は社員（出資者）それぞれが持ち，重要事項の決定が「総社員の同意」によらなければならないなど，個々の社員の主体性が保持されている。一人の社員をあえて代表として選出することは可能であるが，その人にすべてを任せるという意味での代表権という発想はこの会社

形態にはなじまない[1]。

　合資会社は合名会社に有限責任社員が加わる事により成立するが，定款に無限責任社員か有限会社責任社員かの別を記載することになっている。有限責任社員は出資者としての存在であり，経営に関与せず代表権も業務執行権も持たない[2]。それゆえ，有限責任社員には競業避止義務もない。すなわち，155条には「有限責任社員は自由に競争関係にある営業を行うことができる」（口語商法, p. 103）と規定されている。しかし，有限責任社員は，監督権を有する。また，有限責任社員が無限責任社員であるかのように振舞った場合には無限責任社員と同じ責任を負うことが規定されている（商法159条）。「有限責任社員が死亡したり，また禁治産宣告を受けても退社しない」（口語商法, p. 161）というのは，社員の個性をもともと問題にしないからである。

　合資会社については合名会社の規定が準用されるから，その本質は「組合」として理解される。しかし，合資会社の運用は多数決を採用する等，純然たる組合のあり方とは違っている。すなわち，合資会社の業務執行については，合名会社と同様，無限責任社員は業務執行権を持ちその義務を負うが，「無限責任社員数人アルトキハ会社ノ業務執行ハ過半数ヲ以テ之ヲ決ス」（商法151の2）と多数決でよいとしている。これは，総社員の同意という合名会社のあり方と根本的に異なる点である。合資会社にいたっては相当数の社員数が前提されており，全社員の同意が実質的に困難な状況が想定されているものと思われる。

III　株式会社の代表権と業務執行権
1　代表権

　「団体」という概念を「集団」の概念と区別する決定的なメルクマールは「代表権」である。代表権は団体を代表する権利である。代表権を持つ者の

---

[1] 民法76条は「業務ヲ執行スル社員ハ各自会社ヲ代表ス」と規定し，「但シ定款又ハ総社員ノ同意ヲ以テ業務執行社員中特ニ会社ヲ代表スベキ者ヲ定ムルコトヲ妨ゲズ」と代表者を選んでもかまわないとしている。また定款変更などの重要事項については，総社員の同意を要求している。
[2] 「有限責任社員ハ会社ノ業務ヲ執行シ又ハ会社ヲ代表スルコトヲ得ズ」（商法, 156条）

行為ないし，代表権を持つ者から付与された代理権のもとでなされた行為が団体行為となる。株式会社は概念構成体としての団体である。それゆえ，会社の代表権を誰が持つか，いかなる手続きで代表権が付与されるかは個々の会社の性格を規定する非常に大切な観点となる。これまでの株式会社論は「団体」の概念をもたなかったため代表権についての理論的に一貫した議論が欠落していた。

　株式会社は資本と経営を分離させる制度である。株主は「君臨すれども統治せず」である。株主は株主総会で取締役を選出するのみである。選出された取締役は取締役会のメンバーとして「代表権」をもつ「代表取締役」を選出する。株式会社で面白いのは，代表取締役の存在である。法において代表取締役は「会社の業務の執行に当たり，対外的に会社を代表するとともに，会社内部的業務についても権限を持つ取締役である」（口語商法462）と規定されている。代表取締役の行為が会社としての行為となる。代表取締役は，会社を対外的に代表して，さまざまな取引・契約を行う。代表取締役社長は，「代表権」と「業務執行権」をもって業務執行のための組織を構築し，「社長」として会社の目的を追求する。取締役会は代表取締役社長を中心とする執行機関の経営状況を監視・監督する。これが株式会社制度のガバナンスの基本的な考え方である。代表取締役は会社という「団体の長」である。会社を代表して契約をするには，代表権が必要である。代表権は対外的に法人としての行為かどうかの根拠を与えている。ここには，二重の社会的関係が重なり合っている。一つは，対外的に法人を代表するという「団体の長」としての側面であり，他方は内部組織を構成し業務執行を行うという「組織の長」の側面である。

　「代表取締役」という機関は，昭和25年の商法改正で導入されたが，それ以前はすべての取締役が代表権をもっていた。昭和56年の商法改正では，取締役が代表取締役を監督すべきことが明文化されている。しかし周知のように，日本の現実は社長である代表取締役が取締役や監査役を選任し，それを株主総会の議題としてあげ，形式的な承認を得るというかたちになっている。現行法では会社を代表するのは代表権をもつ代表取締役であり，取締役

会は法人を代表する機関ではない。代表権は営利法人としての活動を行う上での権限の源泉となるから、代表権を持つ者の意志が団体の意志となる。しかしながら、ここで重要となる観点は、代表権を持つ者ですら、無制限の自由を与えられているわけではないということである。代表権者は機関としての地位でしかなく、団体秩序に反する行為はこれをなし得ないのである。つまり、一旦、団体が成立し、それが一つの方向性なり性格をもち、団体内部の秩序が定律や諒解と言う形で形成されると、代表権を持つ者といえども、団体秩序に服さざる得なくなる。つまり、団体に属するいかなる個人も団体という全体性に従属するという状態が出現する。ここには構成員である個を超えた全体性が成立している。個を超える存在として団体を捉える方法論的全体主義の立場はこのような事態に注目していると考えることができる。

2 業務執行権

株主・取締役・代表取締役・監査役などの関係について一応触れておこう。

会社の所有者である株主は業務執行権を持たない。経営するのは団体の執行機関としての代表取締役であり、その下に編成される業務執行組織を通じて日々の活動が行われる。会社と取締役との関係は、「委任ニ関スル規定ニ従フ」[3]（商法254条）とされる。昭和25年の改正で取締役会制度が採用され、会社の業務運営は取締役会の専管事項となった。取締役会は代表取締役を選出し、それを執行機関の長として会社経営にあたらせるわけである。

商法は「会社ハ定款ヲ以テスルモ取締役ガ株主タルコトヲ要スベキ旨ヲ定ムルコトヲ得ズ」（商法254条の2）として、株主と取締役とを分離しようとしている。「適者管理の思想」に基づくものであるが、現実は商法の規定に関わらず、「会社の役員は、当該会社の株式をもたされるのが通例であり、ほとんど例外は認められない」（奥島, 1997, p. 46）というのが日本の現状の

---

[3] 民法643条の委任に関する規定が適用される。取締役の忠実義務については、アメリカ法の影響を受けて新設された条文ゆえに、「委任関係上の委任者としての義務とは異なる信託の受託者の義務を規定したものである」（民法254条の3）との解釈もある。

ようである。ただし、「大陸法などでは取締役は株主でなければならない」との立場が維持されており、「株主がもつべき株式、いわゆる担保株ないし資格株と呼ばれるものが、会社の命運と経営者の命運を結びつける方法として一般的に用いられている」（奥島, 1997, p. 46）という。

　しかし団体概念成立のロジックから言えば、株主と経営者が運命共同体となることは必ずしも望ましいことではない。経営者は株主の立場を離れて、ゴーイング・コンサーンとしての「会社それ自体」の立場に立たねばならないからである。

　取締役会と代表取締役の関係については、「取締役派生機関説」と「並列機関説」がある。

　代表取締役を選出するのは取締役会であり、また代表取締役を解任するのも取締役会である（商法261条1）。制度的には、取締役が代表取締役を選任し、また解任するわけだから、代表取締役は取締役会の派生機関であるという考え方となり、これが派生機関説と呼ばれる。

　これに対して、一旦、代表取締役が選出されれば、それはもはや取締役会の代表ではなく、会社を代表し業務執行の別機関となると考える立場がある。これは国会（立法機関）に対する内閣（行政機関）の存在を分けて考える立場と同様である。業務執行の機関として代表取締役の独立性を強調する立場であり、これが「並列機関説」である。

　コーポレート・ガバナンスの一つの方向として、取締役会の監視機関としての役割と代表取締役の執行機関としての役割を分離すべきとの議論があり、現実もその方向に進んでいる。この観点から言えば、両者は別の機能を本来的には果たすべきということなのだろうから並列機関説に分がある。

　商法上の取締役と代表取締役について述べれば、「取締役会ハ会社ノ業務執行ヲ決シ取締役ノ職務ノ遂行ヲ監視ス」（商法260条）とある。要するに、取締役会が会社の業務執行の大綱を決して、その決定に基づいて代表取締役が具体的に業務執行するのを監視するというわけである。取締役は、会社に対して「善良なる管理者として注意義務」や「忠実義務」を負う。重要事項については「取締役会ハ左ノ事項其ノ他ノ重要ナル業務ニ付テハ取締役ニ決

セシムルコトヲ得ス」（商法 260 条）とあり，重要業務を代表取締役に決めさせてはならないとまで書いてある。

重要事項とは，重要なる財産の処分および譲渡，多額の借財，支配人その他の重要なる使用人の選任および解任，支店その他の重要なる組織の設置，変更および廃止である。代表取締役の独断専行を放置させないため，3 ケ月に一度の業務執行状況の報告を義務付けてさえいる[4]。

商法の条文をそのまま受け取れば，取締役会は業務執行の方針決定を行うことになる。つまり経営戦略策定は取締役会の仕事であり，この戦略方針を実行する者として代表取締役があり，この業務執行が適切に行われているかどうかを取締役が監視するとなっている。ただ，現在では，取締役会の監視機能と代表取締役の業務執行機能を分離すべしとの議論があり，商法 260 条の「取締役会ハ会社ノ業務執行ヲ決シ」という文言の削除を求める声がある。監査役については取締役と同様に，株主総会で選任され，取締役の職務執行を監査するという役割を与えられている。

以上からわかるように，株式会社制度は三権分立の民主主義国家制度と完全に一致する統治構造を有している。つまり，主権をもつ国民による代議員の選挙や最高裁判事の国民審査に対応するのが株主総会である。そこで取締役と監査役が選出ないし解任される。取締役がつくる取締役会は代議員で構成される国会にあたる。国会において首班指名（内閣総理大臣）が行われ，首相は担当大臣を指名し，行政機関たる内閣が組織される。これと同様に，取締役会で代表取締役が選出されると，代表取締役は社長以下の担当役員を任命し業務執行の内部組織を編成し，それを指揮監督することになる。司法は国政における法律違反を監視するが，この機能を会社で果たすのが監査役ないし監査役会である。

問題はこのような機関運営が現実には機能していないと言うことである。

---

[4] 「取締役会ハ会社ノ業務執行ヲ決シ取締役ノ職務執行ヲ監督ス　②取締役会ハ左ノ事項其ノ他ノ重要ナル業務執行ニ付テハ取締役ニ決セシムルコトヲ得ズ　1．重要ナル財産ノ処分及譲受　2．多額ノ借財　3．支配人其ノ他重要ナル使用人ノ選任及解任　4．支店其ノ他重要ナル組織ノ設置，変更及び廃止　③取締役ハ三月ニ一回以上ノ業務ノ執行ノ状況ヲ取締役ニ報告スルコトヲ要ス」（商法 260 条）

取締役会や監査役会の形骸化が指摘されている。取締役会について言えば、実質的な経営戦略策定は「常務会」や「経営委員会」という任意機関で決められている。取締役会が形骸化している理由としては、代表取締役を監督するという本来の取締役機能が形骸化しているというのが一番の理由であろう。また、議事の経過の概略とその結果を明確に記載することが義務付けられているため（商法260の4）、会社の経営戦略の内容および審議の経緯の秘匿という観点から取締役会ではない任意の審議機関が設けられる事になるという事情もある。

IV 「団体の長」と「組織の長」

1 代表取締役と社長

株式会社は営利社団法人として法人格を獲得するわけであるが、一旦、法人となった以上は、会社という団体はそれ自体が一個の社会的存在である。法人は法的な概念構成体であるがゆえに、これを動かすという段になれば、当然、これを実質的に運営する人間が必要となる。

一般的には代表権をもつ取締役が社長を兼任し、「代表取締役社長」という肩書きを名のることになる。代表取締役社長という名称には二つの言葉が重なっていることになる。「代表取締役」と「社長」である。商法の規定では代表取締役が代表権と業務執行権を持つ。それぞれ法人として対外的な行為を代表する役割と内部組織の長として業務執行を指揮監督する役割である。すなわち、ここでは「団体の長」と「組織の長」が重なりあい、両者があたかも一体不可分の存在であるかのように結びついている。しかし、前者は「会社それ自体」を対外的に代表するものであり、後者は団体の運用という内部組織の局面である。この内部組織の長は「社長」と呼ばれ業務執行を担当する。

まず「代表取締役」であるが、これは「代表権」の有無と結びついている。「代表権」の意味は会社を代表すると考えるべきであり、取締役会を代表するという意味ではない。法律的に団体としての会社を代表するのは代表権をもつ者となる。代表権こそが法人としての権利なのである。代表権者は

第一節　会社における代表権と業務執行権　149

「会社それ自体」を代表して，対外的な取引をするのであり，その代表権者を監視・牽制する機能は，本来は取締役会にある。代表権は，取締役会において多数決によりこれをいつでも取り上げることができると法的にはなっている。日本では会社の内紛問題として週刊誌種として取り上げられることになりがちな代表取締役社長の解任劇である。

取締役一般の役割は，取締役会を成立させ，その構成員として会社経営を担うということである。具体的には，代表取締役を選出することであり，またこれを監視・監督することである。取締役というのはあくまで個人として振舞うことを期待されている。すなわち，「善管義務」・「忠実義務」・「監視義務」という取締役の三大義務は，つねに個人としての取締役が保持する義務であり，代表権者に委譲するというような性格のものではないからである。

株式会社の場合，会社の代表権を持つ代表取締役が業務執行の責任者として内部組織を編成する。その「組織の長」となるのが社長である。社長は業務執行機関の役職名である。「代表取締役」と「社長」の違いは何かと言えば，「社長という地位は会社内部のラインの長というだけの話である。会社の内部における指揮命令権はもってはいるが，対外的に会社を代表しうる立場にはない」のであり，「会社を代表して契約するには，代表権をもっていなければならない。単なる社長ではだめである」（奥島，1996, p. 53）ということになる。

要するに，社長は商法に規定のない任意の内部機関でしかなく，会社内部のラインの長である。これに対して，代表取締役は法的に設置を義務付けられた機関であり，対外的に会社を代表している。

また社長は必ずしも代表取締役である必要はない。取締役でない社長や代表権をもたぬ社長も可能である。もちろん，これは「表見代表取締役」[5] ということで現実的な運用では制約されてはいる。しかし稀に，代表権を持たない社長が存在する。さらにいえば，昨今の取締役と執行役を区別するとい

5　商法262条において，社長・副社長・専務取締役・常務取締役などのように，「会社を代表する権限を有するものと認むべき名称」を使用している場合には，このような者の行為はその効果が会社の行為となる。（奥島, 1997, pp. 52-54）

う議論の中で，取締役でない執行役も増えつつある。大会社で許されるようになった執行役制度を採用した場合には，「代表執行役」が「対外的に会社を代表する機関」となるので，代表取締役は置けないということになる（澤田・秋山, p.27）。

　代表取締役が作る内部組織については，これは任意の構造をもつ。社長以下の業務執行のための内部組織はまったくの任意機関であり商法では言及されていない。商法に規定された必須機関は，手続きの合法性を確保するという観点よりのものであり，内部組織は会社運営の業務執行上の必要から編成される。法は枠組みを規定するが，その内容については裁量や工夫の余地を残す。経営には自由が必要である。自由なる経営こそ，自由主義経済体制の根幹に関わる理念である。

2　「団体の長」と「組織の長」

　従来の慣行によれば，「団体の長」として選出された代表取締役が「組織の長」たる社長を兼任するのが普通であった。代表取締役社長という存在である。これは「団体の長」と「組織の長」を兼務している状態である。これまで日本ではこの兼任体制は常識化しておりほとんど問題視されることもなかった。ところが近年のコーポレート・ガバナンスの議論では，両者の分離論が本格的に論じられるようになってきている。そこでこの議論のために不可欠な概念として「団体」と「組織」という概念を分離することの重要性をあらためて指摘しうるのである。

　これまで「団体」と「組織」という概念を分離するという発想がそもそもみられなかった。わたくしは組織の基礎概念の明確化に取り組んできたが，組織理論のわかりにくさは，これら二つの概念を研究者が正しく理解していないばかりか，両者を分離して考察することの必要すら認識していないためであろうと考えている。要するに，「団体」と「組織」が異なる概念であるという理解に失敗していたばかりか，両者を混同して使用するという悪癖のなかに長くとどまっていたため，議論が深まらなかったのである。いまこそ，「団体」と「組織」という概念の差異を明確に認識し，それに基づいて

理論を構築しなければならない。

　近年，社長という呼称に替えて執行役とか CEO という呼称が使われ始めている。これは「団体の長」と「組織の長」を切り離そうとする動きとして理解すべきである。つまり日本では，社長という呼称には抜きがたく「会社それ自体」を代表する代表取締役のイメージが重なっているため，社長という呼称そのものを避けることで，執行面にのみ権限を持つという組織の側面を強調できるとの考え方がある。

　いずれにしろ，なぜ社長は偉くて平の取締役より上位者だと一般には考えられているのか。これは一言で言えば，執行組織のロジックが取締役会という統治機関のロジックを圧倒してしまっていることによるといえる。社長は「組織の長」であり，命令権限の最高位に位置する。社長・副社長・専務・常務というような呼称は執行組織階層上の地位として上下関係を表すことになる。この上下関係の意識が本来は平等な取締役会に階層的な発想を持ち込んだということであろう。

V　結　び

　団体は概念構成体であり，代表権は，団体の機関運営という側面からの必然である。代表取締役は法人の代理という立場と業務執行の責任者という二つの顔をもつ。前者が「団体の長」としての顔であり，後者が「組織の長」としての顔である。

　これまでは代表取締役社長という肩書きが示すように，二つの役割が重なりあっており，代表取締役と社長があたかも一体のものであると捉えられていた。しかし，近年は「執行役員制」の導入という動きが加速しており，「団体の長」と「組織の長」の役割を切り離そうとする動きが加速している。たとえば，ソニーは「執行役員制」の仕上げの手続きとして，「取締役社長」という表記を定款から削除すると発表した（日本経済新聞，2000.6.4）。これは定款の上からも取締役の監視業務と執行役員の執行業務を明確に役割分担しようとするものである。米国式の CEO（最高経営責任者：chief executive officer）や COO（業務執行責任者：chief operational officer）の議論に

見られるように，業務執行の機能と監視機能を明確に分離し，それぞれの責任を明確にしようとするものである。

いずれにしろ，「団体」の概念と「組織」の概念を明確に定義し，それぞれを切り離して論じる枠組みを持つことなしには，ここで論じた「代表権」や「業務執行権」にまつわる実際的な諸問題を適切に考察できない。ここに，「団体」と「組織」と言う概念を別次元の概念として論じる意義がある。

第二節　経営者の正当性—団体機関の正当性—

I　はじめに

団体概念で株式会社を捉えると，経営者の正当性をめぐる議論に対しても，これまでとは異なる見方ができる。団体としての株式会社は運営機関を必要とし，経営者という地位は機関としての地位となる。それゆえ，経営者の正当性の説明も，従来の発想のように所有権の論理に基づいて株主との委任関係として説明されるではなく，適正な手続きで選出された団体機関としての正当性という論理での説明となる。

以下では，団体概念から発想される機関としての経営者の正当性について考察する。

II　経営者の正当性の根拠

1　経営者支配に正当性はない？

会社の経営権は，本来は，株主にあるという考え方が常識的な会社理解である。この主張は，経営権は株主にあるのであり，経営者は株主に雇われているのだから，株主の意向が反映しない事態になれば当然経営者の正当性というものはないと発想する。株主でもない経営者が支配権を持つこと自体，本来なら許されないと考えているのである。

しかし，この認識は正しいのだろうか。株主に経営権があるとする発想は，個人企業と株式会社を混同している議論であると思われる。株式会社に

第二節 経営者の正当性―団体機関の正当性― 153

おける経営権は株主の権利ではない。株式会社のロジックは株主とは別の主体としての法人を成立させ，株主は間接的にその法人をコントロールするというロジックを採用している。株主が直接経営することと経営に間接的に影響することとの間には大きな違いがある。もし，株主が直接経営に関わり，株主の意思が前面にでると，法人格そのものの意義を軽視することになり，これが行き過ぎると「法人格否認の法理」が適用される。またその場合には，株主の有限責任の根拠が脅かされる。なぜなら，株主は経営に直接関わらないがゆえに，出資金の範囲しか責任を負わないという「有限責任」となっていると考えられるからである。

「脱資本主義論」の西山（1983）の「占有による経営者支配」という考えも，株主の所有権を正当性の発想の基本としている。「占有」とは本来の所有者でないものがその事物を占拠しているという状態である。占有という言葉自体に，正当性がないというニュアンスが込められている。西山の論理では，株主の社団が株式会社であるが，それが財団化し，所有権を有しない経営者が不当に会社を「占有」しているというような説明となる。

「法人資本主義論」の奥村（1984）の場合は，株式の相互持合いにより安定株主工作の結果として経営者支配を説明する。株式相互持合により法人が支配株主となるが，その法人を実際に動かすのは経営者であり，「会社の代理人」といいながら実のところ独裁者となっているという主張である。奥村は，「所有に基づかない経営者の支配，他方における所有に基づいた個人大株主の支配という二つの議論に対して，法人資本主義論は法人所有に基づいた経営者による支配」（奥村，p. 48）であると主張する。それは「経営者支配」説ではあるが，その経営者の支配の根拠は法人による株式相互持合いであると見ている。会社法人という擬制的存在が株主となることで，個人株主の存在を想定して作られている株式会社制度は性格を変えており，形式的にはともかく，実質的には経営者には正当性はないと考えている。

2　ドラッカーの正当性論

ドラッカー（1974,訳 p. 719）は正当性について，「とらえどころのない概

念」であり,「現実性がある定義を,事実上もたない」という。しかし,「それは決定的に重要である」と述べる。なぜなら,「正当性のない権限は収奪である」とドラッカーは考えているからである。経営者は,「自分の職能を遂行する権限をもたなければならない」が,「正当性の伝統的な根拠はどれ一つとして,経営者の役には立たない」という。「出生や魔法は,人気投票や私有財産権とまったく同様に,経営者には不適当な根拠である」といい,また,「業績があがっているというだけでは,これまで正当性の根拠として不十分だった」とも言う。では,経営者が行使する権限の源泉は何であり,経営者の権限行使には正当性はあるのか。

　ドラッカーは初め経営者に正当性はないという立場であった。しかし,その後,正当性を持ちうるという立場に変わった。この変遷のロジックを見ておくことにしよう。

　初期ドラッカーは,経営者には正当性はないと明確に指摘していた(Drucker, 1942)。ドラッカーはいう。「株式会社は,株主の財産権にもとづく権力を基盤として,正統な社会的統治機関となる」(訳 p.68)。「ここでわれわれは,最も重要な結論に達する。すなわち,今日の経営陣の権力は正統な権力ではないということである。…西洋社会は,依然として,財産権を正統な権力として認めている。しかし,今日,経営陣の権力は,株主と関係なく,株主によって制御されず,株主に責任を負っていない。しかも,現実に経営陣が行使している権力の正統な基盤としての財産権にかわるものは何も見つかっていない」(訳 p.83)。ここでのドラッカーは株主の財産権に基づく正当性を考えている。経営者に正当性がないとドラッカーが考える理由は,それが株主の意向を反映しなくなっているからであった。すなわち,「経営者支配」の正当性については,株主の信任により選ばれた取締役会が監視・監督しているから,そこには正当性があると考えられたのであり,それゆえ,取締役会が無機能化している状況では経営者には支配の正当性はないという結論となる。ドラッカーは経営者に正当性が欠落している状況をどうしろと言っているのか。その答えは「無法な経営者の追放」ではなくて,「産業社会と企業における権力を正統なものにすることでなければならない」(p.86)とい

第二節　経営者の正当性─団体機関の正当性─　155

う。ここから，ドラッカーは財産権に替わる正当性を探求する旅を始めることになる。

　約30年後の1974年の大著『マネジメント』では，ドラッカーは株式会社を社会制度的存在として捉え，社会的機能を果たす機関となることで，経営者は正当性を持ちうると発想するようになる。逆にいうと，制度的存在としての株式会社をうまく機能させている限りで，かろうじて経営者の正当性を確保できるというような説明がなされる。

　ドラッカーは「経営者が正当な権限〔の持主〕として是認される上で必要としているのは，道徳律」であり，「経営者は，自らの権限の根拠を道徳的なコミットメント〔信条〕におかなければならない」（1974, 訳 p. 719）という。しかし，道徳律や信条が正当性の根拠となるというのはどういうことであるのか。ドラッカーは「その組織体に奉仕することにおいて社会と地域共同体に奉仕する経営陣」というのを考えている。すなわち，「社会的目的を達成するための，社会の用具としての組織」というイメージであり，その組織化原理は「私人の悪徳は公共のためになる」というものではなく，「個人の強みは社会のためになる」というものである（訳 p. 720）。そして，「経営陣を自律的なものとして，そしてまさしく"私的な"ものとして維持することは，…社会を自由にしておくために必須不可欠である」（訳 pp. 720-721）という。しかも，「自律的な組織体の自律的で責任ある経営陣を必要としているのは，『企業』ではない」（訳 p. 721）ともいう。すなわち，「経営の自律性と『自由企業』を必要としているのは経済であり，社会であり，政府そのものなのである」（訳 p. 721）と主張するのである。ここには，社会からの要請を受け止めて，社会正義の観点で企業活動を推進する場合の正当性が語られている。

　ここで，ドラッカーは「公人」という言葉を使う。経営者は，「公共のニーズを自分たちの自律的な，自治組織体の私的機会に転化しようとつとめるという意味で，『公人』」（訳 p. 721）であると説明される。経営者のやっていることは，社会的なニーズを満たし，それで収益をあげる活動である

が，結果的に社会を支える行為となる。ドラッカーのいう経営者の責任とは，第一に，目前の職務的使命である「財とサービス」あるいは「資本基金」を，社会に提供することを可能にさせるような業績を上げることである。二つ目は，「仕事を生産的にし，労働者に達成意欲を与える面での業績」，すなわち労働者の「生活の質」に関する業績をあげることである。そして最後に，より本質的なことは，自由主義体制を守る役割と職能を経営者が担っていると自覚することである。すなわち，全体主義的な組織運営ではなく，「自立的な組織体の経営者」たらんとすれば，「自分が公人であることを是認しなければならない」という（訳 p. 722）。つまり，経営者は，「個人の強みを生産的かつ成果達成的にする責任」を負うことで，自由社会の基礎を支えているというのである。ドラッカーはこれら社会に対する責任を経営者が自覚し，自由主義経済社会を機能させる業績を上げることで，経営者は正当性を主張できるという考え方をしていることになる。結論的に言えば，後期ドラッカーの正当性は，「社会に由来する正当性」であるといえる。

そこからさらに約20年を経て，1993年の『ポスト資本主義社会』では，再度，経営者の正当性を論じている。ここでは，ドラッカーは「年金基金」の登場により経営者が責任を負うべき株主の性格が変化したとの認識から論を進めている。ドラッカーは「企業にせよ国家にせよ，その統治にあたる機関は，自らの成果について，何者かに対し明確な責任を負わないかぎり，ただちに凡愚，無能となる」(1993, 訳 pp. 146-147) という。そして，「まさに，これこそ，1950年から80年にいたる30年間において，アメリカの大企業に起こったことだった」(訳 p. 147) という。1950年代，『現代の経営』で経営者を定義して，ドラッカーは，「諸々の利害関係者（今日のいわゆるステイク・ホルダー），すなわち株主，従業員供給業者，地域社会間において，最も均衡ある利益を実現する者である」とし，「組織内において博愛専制であることによって，その責務を果たすことができる」と考えた。しかし，肝心の「『最も均衡ある利益』とは何であり，何であるべきか」あるいは「『受託者』なるものの成果についての定義や評価の方法」については明確ではな

第二節　経営者の正当性―団体機関の正当性―　　157

く，さらに「経営管理陣に対して，何者かに対して責任を負わせる試み」も行われず，取締役は「経営管理陣の言いなりになるだけの存在」として無機能化していたという（訳 p. 146）。そして，1970 年代から 80 年代にかけての狂乱のマネーゲームが起こる。「短期的な利益を求めて，敵対的企業買収，LBO（企業担保資金による買収），合併，分割，整理が蔓延し，やがて一連の金融不祥事によって潰えることとなった貪欲と『バブル』の 10 年がもたらされた」（訳 p. 147）と指摘する。そして，「乗っ取り屋の資金を賄ったのが，ほかならぬ機関投資家だった」と指摘するのである。いずれにしろ，機関投資家は資金を預かり運用して利益を上げる存在でしかなかったのである。そして「この狂乱の 10 年の後に現れたものが，大企業の目的と行動原理および経営管理陣の機能についての再定義だった」（訳 p. 147）という。

　ドラッカーは，現代でも，大企業の経営者は「『株主の利益のみ』を最大化すべき者」とされているが，「そのような定義も機能するはずはない」（訳 p. 147）と言い切る。株主の利益のみを考えたのでは，「企業は，短期的視点からのみマネジメントされ…その結果，企業がもつ富の増殖能力は，破壊されないまでも，大きく傷つく」（訳 p. 147）という。さらに，株主の利益のみを目的とするマネジメントは，今日の企業の命運を握る知識労働者を疎外し，その意欲と献身を奪うという（訳 p. 148）。なぜなら「投機家を儲けさせることに意欲をかきたてられる技術者はいない」（訳 p. 148）からであると主張する。さらに，一般に企業が追求しているといわれる「利潤」などという概念は存在せず，存在するのは「コスト」だけだという。すなわち，「今日の経済，すなわち変革と革新の経済においては，いわゆる『利潤』なるものが存在しない…存在するのはコストだけである」と強調するのである。すなわち，「会計士が記録する過去のコストであり，不確実な未来のためのコストである。そして未来のためのコストとして最小限必要とされる利益こそ，資本のコストである」（訳 p. 148）という。これはゴーイング・コンサーンとしての団体の概念を前提として始めて成立する議論である。ここでの，ドラッカーの正当性論は，業績を上げる責任から永続体としての団体を維持す

る責任の議論に移行することで，経営者の正当性を認める発言となっていると理解できる。会社は社会制度的存在ゆえに正当性をもち，株主を含めた多元的な利害関係者に目配せした経営を求められることになる[6]。

3　三戸のドラッカー正当性論批判

ドラッカーの正当性論に対して，三戸（2002）は「組織への取り組みの不十分さ」（p.273）が，ドラッカーの経営者支配の正当性をめぐる論議に不徹底を生んだと主張する。三戸はいう。「商業社会から産業社会への移行を財産社会から組織社会への非連続の連続として把握しておれば，支配の正当性の根拠は財産から機能へと推移してくることも明確にとらえられたはずである。そうすれば，経営者支配の非正当性について力説することはなかったであろう。そして，経営者支配の正当性の根拠すなわち機能もまた積極的に提示することが出来たはずである」（p.273）。

「経営者支配は組織社会においてのみ成立するものであり，組織維持の機能を担うのが経営者であるから，経営者能力をもち経営者の地位を占め，組織維持の意思決定をする者が支配者であるというのは，同義反覆の感さえある自明の理となる。経営者支配はひとえに経営者機能をいかに果たすか，その経営者機能の遂行それ自体にかかっている」（p.273）と機能の観点からの正当性論を展開する。これは財産所有にもとづく支配の正当性の根拠とは異なる。

三戸はドラッカーのマネジメント論の展開は，2段階になっていると述べ，第1段階を「大企業のマネジメント」，第2段階を「あらゆる組織体に通じるものとしての『マネジメント』」であると分類する。そして，マネジメントとは何かについては，ドラッカーの次の言葉を引用している。「マネジメ

---

[6] 「今後二〇年以内に，私が「事業監査」と呼ぶものを一般化しなければならなくなる」（1993,訳p.150）と，ドラッカーは予示する。「事業監査」は，「企業および経営管理陣の活動を戦略計画と具体的目標に照らして評価する」ものであり，「公表された成果基準」という規律により経営者に働かせるものであるという。「事業監査」は，「経営管理陣が必要とする独立性を保証」しつつ，「経営管理陣の責任を明らかにし，責任をとらせる」という。「事業監査」は，「企業に目を光らせること」，そして「責任ある所有者としての行動」を義務とするような発想となる。

第二節　経営者の正当性―団体機関の正当性―

ントは社会制度 institution における 1 個の器官 organ であり，企業とか社会的サービスの組織体または社会の器官である。それらはそれぞれ社会的な特別の機能を果たし貢献する存在である。したがって，マネジメントは社会から要求される業績をあげること，課題 task の達成においてのみ存在理由があり，その権威と正当性の根拠はある。」

　三戸はドラッカーの考えるマネジメントとその責任についてまとめている。「機能する産業社会の建設を全体主義ではなく，自由にして機能する社会たらしめることを自らに課したドラッカーである。責任ある選択を自由の本義であり人間の本質であると考える彼は，『責任』を経営者支配の正当性の根拠として位置づけるにいたっている」(p. 274)。そこから，マネジメントの責任としてドラッカーが挙げている三つのもの，すなわち，「業績をあげること，従業員に意欲をもたせること，社会的衝撃と社会的責任」を取り上げ，その内容を検討する。三戸は，「前 2 者はいかに組織目的を達成し組織を維持するかの問題であり，3 番目のものは組織の目的的結果とともに必然的に生まれてくる随伴的結果の問題である」(pp. 275-276) と理解する。そして 3 番目の随伴的結果の問題をドラッカーがなおざりにしていると批判するのである。正当性の根拠の最も重要な一つを無視して，前二者の問題に関わる課題をマーケティングとイノベーションの掛け声とともに推進しているドラッカーを「現代の資本物神の預言者」(2002, p. 277) とすら呼ぶのである。要するに，三戸は「社会的衝撃と社会的責任」を軽視するところに経営者の正当性はないと主張しているのである。

　では，三戸はどうしろと言っているか。三戸は随伴的結果を見据えて，経営せよという。それは，ドラッカーが忘れた「副産物」の側面を見据える方向である。

　三戸はいう。「組織は限定した目的達成の手段としての性格をもつ。知識はまた限定された目的を達成するために精緻化された手段として組織に合体され，目的的結果の有効性を高めるためにのみ奉仕する。組織も知識も市場社会で凌ぎをけずり，自己を絶えず陳腐化させるイノベーション競争に明け暮れる。…イノベーション競争とは未知の随伴的結果を招来する競争であ

る。自然と社会とを破壊し，人間と組織との存続を脅かす競争がイノベーション競争である。知識を結集するイノベーションとマーケティングの競争が，人間の個々の諸欲求をかき立て充足させる目的的結果の追求だけでなく，それと同じか或いはそれ以上の注意とエネルギーを随伴的結果に対しても払わないかぎり，この社会の明日はない」（三戸，2002, p. 277）。「経営者の権力の正当性は，いまや随伴的結果を目的的結果と一緒に複眼的にとらえ意思決定をする複眼的管理をするかどうかにかかっている」（三戸，2002, p. 277）というのが三戸の結論である。

　三戸は大筋ではドラッカーに賛同しつつも，随伴的結果の側面を深く見ようとしないドラッカーをこの面で批判し，これを見ないことには経営者の正当性も怪しいと言っているのである。

Ⅲ　団体に由来する正当性論
1　団体機関としての正当性

　株式の所有にもとづく支配権を経営権と結びつける発想は個人企業のものであって株式会社のものではない。株主からの信任に基づく取締役会が形骸化しているから，経営者に正当性はないと考えた初期ドラッカーの理解はナイーブな株主主権からの発想である。団体概念の成立を前提として，会社の代表権が団体運営の正当性の根拠となる。代表権を持たないものの行為は団体それ自体の行為とはみなされない。これが制度的存在としての株式会社の正当性のロジックである。株式会社の正当性の論理は三権分立の国家機関の正当性と同じ，制度的な機関運営の論理である。

　団体概念においては，代表権というものが非常に重要な概念となる。そこで，「代理」と「代表」の違いが団体概念を理解する上で参考になる。代表権は団体そのものを代表する権利であり，「本人に代って事を処理すること」（広辞苑）という代理の発想とは一味違う。代理の場合は，本人の意思の確認が必要だから，複数の人を代理するというような場合，すべての人からの委任契約が必要と考えられる。それゆえ，多人数にかかわって代理を立てる必要が生じた場合でも，多数決という形式はなじまないと言われる。たとえ

ば，鷹巣（1996）は代理と代表権の違いについて言及し，以下のように述べる。「たしかに，団体の業務執行者の対外的行為の効果が組合なり社団に帰属するという結果だけを見れば，代理も代表も変りはないように見える。しかし，構成員を代理する場合には，各構成員からの授権が必要であり，集会決議により多数決で管理者を選任したところで，これを各構成員の代理人とはなしえないはずである」（p.261）。つまり多数決という形式が許されるのは，団体が成立し，団体の代表という機関代表が選出されるがゆえである。代表権を与える手続き上の正当性がまずは必要となる。

経営者のもつ権限は代表権から派生する団体運営機関としての権限である。それは，会社との委任契約により成立する「正当な経営権」である。近代大規模会社の経営には専門知識が必要だから，資本と経営の分離がおこったという説明は団体論の文脈からは出てこない。つまり経営者の能力の如何を問わず，株式会社制度には会社を運営する機関の設置が必要とされるのである。

株主が現実に取締役となり会社経営を担う場合にも，株主という立場と取締役という立場は理念的には別個のものである。取締役という役割に就けば，当然，経営者として振舞わねばならない。取締役の三大義務は，「善管義務」・「忠実義務」・「監視義務」である。たとえ大株主であっても取締役に就任すれば，「会社のため」に奉仕しなければならない。「株主のため」ということで，内部留保を削り配当を多くし，会社の長期的な発展と存続を危うくするような意思決定をしたのでは会社への背任行為となる。つまり，経営者には団体運営の機関として正当な執行権限がもとより与えられているとみるべきである。もちろん，その権力行使の正当性は団体機関としてのものであり，その機関地位にまつわる権限を逸脱した越権行為には正当性はない。しかも，経営者による権限行使が正当であることと，その結果として適切かつ有効な経営が行われるかどうかは別問題である。何事においても，上手・下手がある。正当性が確保されたからといって，それで満足いく企業業績が保証されるものではない。経営の正当性とその機能的な有効性は直接結びつかず，正当なる経営者も業績をあげえない場合がある。

また，経営を担う取締役会を中心とする機関の役割は会社経営の根幹であるから高い専門性と会社のために奉仕する高い道徳性を要求される。しかし，不幸にしてそのような人材が見つからないからといって会社機関を置かないということはできない。要するに，どんなに経営能力のない人間であれ，団体の執行機関の地位に選任されねばならないのである。もちろん経営能力のない経営者がそのような地位に着けば会社が停滞し，最悪，倒産という事態に陥ることは容易に予測しえる。

2　ガバナンス・システムによる正当性

　経営者支配の正当性はウェーバー的な正当性の文脈で解釈するとどの支配となるか。これは，明らかに合法支配である。現代社会では形式上はこれ以外の正当性はないといえる。どの研究者も経営者が形式上の手続きを経て社長の地位についていることは認めざるをえない。株主総会での取締役の選任手続きは経営者の正当性としては当然過ぎる話であるが，これを保証するのは議決権であるから，議決権の確保という裏づけなしにはいかなる経営者もその地位を占めることはできない。総会における議決権の争奪戦の存在はこのことを物語っている。

　経営者の地位は株主による承認という法的形式を最低限必要とする。考えて見れば，いつでも経営者は形式的な正当性を確保してきた。株主総会に議案として提案された取締役候補が否認されないだけの議決権を確保してきたのである。形式的には株主の意思（議決権）を多数集めて，正式に取締役となっているのである。株主総会の形式は最低限満たされている。これでなにが問題なのか。なぜその地位についての正当性をあえて問うのかという話となる。

　機関は相互に牽制しあうことで，ガバナンスを発揮するよう設計されている。形式が整っていても，実質的にそれが機能するかどうかは別物だからである。会社機関としての社長の地位については，制度が想定しているようには相互牽制が働いていないと考えるから，正当性がないと主張されるのである。つまり，概念構成体としての団体は機関運営されるが，その機関は制度

第二節 経営者の正当性―団体機関の正当性― 163

的に牽制された存在でなければならないと考えられているのである。

代表権があるから正当だというのは短絡的過ぎる。三越を私物化し特別背任罪で起訴された岡田元社長（1982年）や北朝鮮の独裁者である金正日の正当性は形式的正当性である。団体の機関は相互牽制の仕組みによって，機関としての正常な機能を維持しようとしている。牽制システムが働かない状態では，とても機関の正当性は主張できないということになる。牽制されない機関には正当性はないというのが団体論から導かれる結論である。

3 社会に由来する正当性

牽制システムの働かない状態である取締役会の無機能化は問題である。しかし，何をもって，誰の立場から，取締役会が無機能化したというのか。株主の利益を第一に考えず，多元的な利害者集団のことを考えて，経営者が動き始めたという場合も正当性がないということになるのか。所有権というものが合法支配の背後にあるとするならば，所有権者である株主の利益追求以外の行動を取ること自体が，機関の暴走という話となる。

後期ドラッカーは，社会に受け入れられる機能と責任を経営者が果たすことで，経営者は正当性を得るという考え方を展開している。その正当性の根拠は，個別企業の領域を通り越して，一挙に社会制度としての株式会社が持つ正当性の議論に進む。確かに，ドラッカーのいうことは一理ある。社会的貢献を前提として制度的に認められた株式会社が，その機能を発揮しえなければ，株式会社の存在意義はなく，そこに正当性はないという話となる。しかし，この議論は株式会社の正当性の議論ではあっても，経営者の正当性の議論だろうか。

株式会社が社会から正当な存在と認められれば，その株式会社の経営者は正当性を持つという説明となっている。しかし，これでは，経営能力にすぐれていれば正当性をもつ。あるいは運がよくて結果として業績があがったとしても経営者は正当性を持つというような説明とおなじで，なにやらしっくりこない。それなら西山のいう占有者としての経営者であっても，経営能力がありさえすれば正当性があるということになってしまう。結局，ドラッ

カーは株式会社そのものの社会における正当性論を展開したのであって，経営者の正当性については問題をはぐらかしているような印象を受けるのである。

　団体という概念が社会と経営者を橋渡しするものとして想定されねばならないと思う。つまり，社会がその存在を認めたのは，株式会社という団体なのである。そして，その団体という存在がもつ内部統制権限を団体機関としての経営者が行使しているということになる。要するに，経営者の正当性は団体の内部統制権であって，団体内部にしかその権力は及ばないということなのである。

　団体概念を持ち出すことで，ドラッカーが主張するような社会に由来する正当性はよりロジカルに説明できる。株式会社という存在がそもそも社会的貢献をするという前提で成立しているのであり，社会に害悪を及ぼす場合には，社会からしっぺ返しされて処罰される可能性は高い。ドラッカーがいうように，株式会社の存在の正当性は社会が株式会社の社会的役割を認めているところにある。専門経営者は，「短期・長期双方の均衡ある成果」を追求し，「企業活動に各様のかかわりをもつ多様な利害関係者間における『最も均衡ある利益』の実現」を目指す者であるとドラッカーが言うとき，また企業利益は「未来費用」[7]でしかないというとき，彼はゴーイング・コンサーンとしての会社を前提とした論理を組み立てている。正当性の次元には社会に由来する団体そのものの正当性の次元があり，団体に由来する「機関としての正当性」の次元がある。要するに，永続的な団体運営機関としての経営者を想定することで，社会に由来する「団体としての正当性」と団体に由来する「機関としての正当性」が結びつけられることになるのである。

　それゆえ，ドラッカーの正当性の議論は，永続体としての団体を想定した議論に移行することで，経営者の正当性を認める発言となると理解できる。会社は社会制度的存在ゆえに，株主を含めた多元的な利害関係者に目配せし

7　「われわれはまた，今日の経済，すなわち変革と革新の経済においては，いわゆる「利潤」なるものが存在しないことも知っている。存在するのはコストだけである。会計士が記録する過去のコストであり，不確実な未来のためのコストである。そして未来のためのコストとして最小限必要とされる利益こそ，資本のコストである」（Drucker, 1993, 訳 p. 148）。

た経営を求められる。団体の正当性は設立の時点の理念・理想・目的にあるが，その設立を許すのはその団体が活動する社会制度である。ゆえに，社会が団体存在に対して正当性を与えていることになる。

IV 結 び

　株式会社を株主の社団とみて，会社は株主だと考える論者は経営者をその地位につけたのは株主であると考える。それゆえ，株主の意向を反映しない経営者に正当性はないと主張する。これが初期ドラッカーである。後期ドラッカーは株式会社というのは社会制度の一部だから，正当性の本源は社会の承認にあると考える。そこから，社会制度として機能を果たす限りにおいて，経営者に正当性があると発想する。

　団体概念での解釈はこれらの説明とは異なるロジックで経営者の正当性を主張する。概念構成体としての団体が成立する場合，団体の秩序維持の権限として，団体における管理権というものが位置づけられる。株式会社の内部構造でいえば，「会社それ自体」が成立し，その観念が経営者の正当性の根拠となる。これは，経営者の正当性の根拠を株主の所有権に求める考え方とは異なる。また，ドラッカーのように社会制度として株式会社を位置づけ，その適正なる機能的活動と経営者の正当性を直接結びつける考え方でもない。社会と経営者の間に，ここでも団体の存在を想定するのである。

　団体概念から導き出される経営者の正当性というものが有効であるのは，この考え方によれば，経営者の正当性は「機関としての正当性」でしかないと言い切ることができることである。ここでは，経営者は「株主のため」の下僕となるがゆえに正当であるというような卑屈な考え方に立つ必要はない。また，社会制度的な機能単位として社会貢献することで正当性を持ちうるというような大上段に正義を振りかざしたような議論からも自由になれる。後期ドラッカーの正当性論は社会制度の一部として機能する株式会社のみが正当性を付与されると主張し，機能を発揮できないと正当性がないという説明となる。つまり，自由主義社会を守る責任を自覚することで正当性が与えられるというような壮大な正当性論となる。しかし，団体という概念の

機関運営という発想を強めることで，それほど高邁な話に結びつけずに，社会制度としての株式会社の正当性とその責任を語ることができる。

団体概念から出てくる経営者の正当性の根拠はいたって常識的な範囲にある。経営者は団体運営に不可欠の機関である。この役割は基本的に団体目的の達成と団体維持である。団体そのもののためにやるべきことをやるのがその仕事である。もちろん株式会社は制度によりその存在が規制されているから，制度の枠内での活動となる。また，株式会社として守るべき社会規範がある。経営者の見識は株式会社の社会制度的意義を認識するかどうかに依存する。それゆえ，ときに経営者は株主と対決せねばならないこともある。株主と対決するロジックはどこに求めるべきか[8]。株主から経営権を委託されているから経営者に正当性があるというロジックでは短期的な利益回収に走る株主の意向にさからえない。社会制度的存在として株式会社が適切に運営されるためには，団体運営に責任を持つ「機関としての正当性」という論理が必要となる。

第三節　経営者をどう監視するか
　　　　　―コーポレート・ガバナンスとはなにか―

I　はじめに

平成14年の商法改正以来，近年のコーポレート・ガバナンスの動きには目を離せなくなっている。大半の上場企業が従来型の取締役会方式を維持する中，国際企業と呼ばれる数社は早々とアメリカ型委員会制度で動き始めた。そしてそれに追随する企業が増えていることも事実である。しかし，面白いことに，一部有力企業は従来型を全面否定するのではなく，監査機能と執行機能をある程度の分離にとどめるという改良型日本型ガバナンスで対応しようとしている。日本の株式市場に目を転じれば，アメリカ型の「株主主

---

[8] 経営者と株主との間の葛藤についてはバーリー・ミーンズが触れ，バーナムもこの事実の重要性を指摘している。（バーナム，訳 p. 110）

権」が喧伝され，これまで日本ではあまり見られなかった「敵対的TOB」で話題になる銘柄がいくつか見受けられるようになった。新規株主による配当の大幅増額要求で注目を浴びた「東京スタイル」や外資による敵対的TOBで株価が急騰した「ソトー」「ユシロ化学工業」などいくつかの例がある。また「ライブドア」が「ニッポン放送」の株式を時間外で買占めたことで，「ニッポン放送」を子会社化しようとしていた「フジテレビ」がライブドアに対抗しマスコミの大きな話題となっている。TOBを仕掛けた者は実質的に大株主となるわけだが，一般に経営者はそれを自分たち経営陣の意に反するという理由で「敵対的買収」と位置づけ，それと当然のように戦う。しかし，株主の持つ株式所有権が正義だとするなら，株主を自ら選ぼうとする経営者はなにをよりどころにそのような行動に出るのであろうか。株主主権ということなら，TOBを仕掛けた者も株主である。経営者にそもそも株主を選別する権利があるのかどうか疑わしい。では，経営者はどのような判断から敵対的な買収を仕掛けた株主に対抗しようとするのか。

　現代のガバナンス論は経営者の実質的な支配を認めた上で，経営者による会社の私物化をいかにして防止するか，もし私物化という事実があれば，それをいかに処罰し再発防止するかの方策を模索している。たとえば，株主総会の取締役選任・解任というチェック機能も，株主代表訴訟の簡素化も経営者の独断専行を抑制する方向での議論である。商法改正のあるべき姿を論じるにしろ，これからの日本企業が進むべきコーポレート・ガバナンスの方向を論じるにしても，さらには日本企業のあるべき姿や今後の日本型経営の行く末を考える上でも「株式会社制度」における「経営者の位置づけ」に対する原理的な再検討が求められているように思う。

II　経営者の「お手盛り」ぶり

　「会社は株主のもの」という発想を全面に出して，株価をあげ，配当を多くすることが「執行役」の最大の関心となり，そのことで執行役自らも「ストック・オプション」などを通じて，巨額の報酬を得るという流れがアメリカでは定着していた。そこに起こったのが，エンロンやワールドコムなどに

よる会計監査法人を巻き込んでの企業業績の粉飾であり、またそれによる不正な株価操作であった[9]。その破綻により企業経営者に対する不信感はかってないほど大きなものとなっている。

　アメリカ大企業の経営者の強欲ぶりや会社を食い物にするような報酬内容には呆れ返るばかりである。高額な年棒にストック・オプションなどを含め天文学的とも言える報酬をせしめ、退職後についてすらも、コンサルタント名目で多額の報酬を受け取る一方、在職中と同等の豪華なオフィスに専属秘書をあてがわれ、社用車は言うに及ばず、社用ジェット飛行機、そして無料利用の幹部用レストラン、果てはUSオープン・テニスの特等席での無料観覧まで保障するというお手盛りぶりである[10]。死ぬまで会社にたかるこのような姿勢は経営者の高額報酬とあいまって容認できないレベルに達している。

　現代の「カリスマ経営者」として知られるGEのジャック・ウェルチですら例外ではない。その「お手盛り」ぶりについては、思わぬところからその内実が明らかにされた。「ジェーン夫人が離婚訴訟の中で『月額三百五十万ドル（約四億三千万円）の慰謝料では現在の生活を維持できない』と主

9　エンロンの「特別目的会社」を用いての不良資産の「飛ばし」や業績をかさ上げする「デリバティブ取引」についての「会計操作」や会計学的問題については、浦野（2002）・浜田（2002）が詳しく取り上げている。
10　『日本経済新聞』2002.10.21(17面)に「最近表面化した主な特別待遇」として以下の記述がある。
▽ウェルチGE前会長
・顧問料（1日当たり1万7300ドルのほか8万6500ドルの契約料）
・社有機／社有車／社宅の利用（社宅は食費，光熱費，クリーニング代，花代などを含む）
・USオープン(テニス)などスポーツ観戦の特別席（9月中旬に特典の大半を返上することを表明）
▽メシエ・ビベンディ・ユニバーサル前会長
・専有面積500平方メートル超のマンハッタンの高級マンション利用
　（ビベンディから年末までの退居要求を受ける）
▽レビン・AOLタイム・ワーナー前会長
・年100万ドルの顧問料
・専用オフィスの利用
▽ガースナーIBM前CEO
・社有機／社有車／社宅の利用
・専用オフィス利用
・20年間の個人セキュリティーサービス

第三節　経営者をどう監視するか―コーポレート・ガバナンスとはなにか―　169

張，その厚遇ぶりが事細かに表ざたになってしまった」（日本経済新聞，2002.10.21.17 面）というのである。なんとも桁外れの金額であり，その金銭感覚は庶民の理解を超えている。「経営の神様」と騒がれた人物ではあれ，あまりに高額な報酬が白日のもとに晒されたわけで，社会的な批判が巻き起こったのも当然である。また 2003 年には，ニューヨーク証券取引所のリチャード・グラッソー前会長の退職金が約 1 億 9000 万ドル（約二百億円）という桁外れの巨額となることが明らかとなり物議をかもした。その後，2004 年には，ニューヨーク州司法当局は退職金の支払い差し止めと，これまでに支払われた約 1 億 4000 万ドルの退職金についても「1 億ドル以上の返還を目指す」返還訴訟をおこしているが，グラッソー前会長の方は逆に 5000 万ドルの増額を要求する厚顔ぶりである。

　このような事件の後では，経営者の強欲を牽制するという意味でのコーポレート・ガバナンスの議論は活発化せざるをえない。しかし，考えてみれば，経営者に対する高額の成功報酬を株価と連動させて支払うという道筋をつけたのは，株主にとっての最大利益を求めることこそが経営者の役割であるという基本的な発想であった。そこでは「会社は株主のもの」であるという前提が信じられており，「株主価値」の向上に奉仕するのが経営者の使命であると主張されたのである。

Ⅲ　「株主価値」か「企業価値」か
1　「株主価値」か「企業価値」か
　株主価値と企業価値をほぼ同義と捉える者もいる。しかし株主価値と企業価値は同義語といえるのだろうか。
　まず株主価値であるが，これについて考えて見よう。株主価値は株主にとっての価値である。
　株主は市場参加者である。株主は，市場での株価を基準に行動する。株主にとっての価値とは「株価」であり「投資リターン」のことと考えられる。「株主価値」ということを強調すると，市場での株価と連動させた発想が中心となる。市場は思惑で動く投機の場であり，「人気投票」という面がある

以上，市場の動向は行き過ぎを避けえない。時に上に，あるいは下に行き過ぎ，振幅を繰り返しながら適性水準を模索している。長期的には調整されると楽観的に見ることもできるが，その期間がどれほどのものとなるかは誰にもわからない。

　企業価値が具体的になにを意味するかはどう考えればいいだろうか。企業価値を市場価値と結び付けて「株式の時価総額」で割り切ろうとする考え方がある。これは経済学的な見方である。しかし，株主価値との対比の中で「企業価値」を考えると，企業の本質としての付加価値を生み出す側面が重視されねばならない。すなわち，企業の現在の評価と成長性などの将来の可能性なども含めたトータルな価値ということになる。これは必ずしも時価総額で表記される「株主価値」と一致しない。ここには，市場がすでに織り込んでいるものと，いまだ市場が織り込んでいないものが含まれている。市場は売上高増加率・営業利益率・経常利益率・一株利益・一株配当などを勘案し，企業の財務体質を調べ，今後の成長可能性などの「材料」を株価に織り込んでいる。しかし，企業価値には，市場がいまだ気づかず，反応してないものも含まれる。また，「企業価値」という考え方には，社会制度的存在として企業を捉えようとする発想がある。つまり，企業の存在理由を株主利益に奉仕することのみとせず，企業の存在により便益を受ける多様な利害者の存在を想定し，企業の社会貢献を暗黙の前提とする。そこでは従業員の雇用，取引先との関係，地域社会とのつながりなども含めて，企業が産み出す価値の範囲を広く捉える考え方が重要となる。

　「株主価値」と「企業価値」は重なる部分はあるが，経営者が「株主価値」を中心に発想し始めると，市場に振り回され安定した経営ができなくなる危険がある。エンロンやワールドコムなどの株価に依存した経営が破綻したのは故なきことではない。また，経営者が「株主価値」を考えて経営するとして，どの時点の株主利益を考えるべきか。現在，会社に内部留保している資金があるとして，それを株主に配当という形で還元すれば「株主価値」に配慮したことになるのだろうか。短期保有の意図しか持たない株主は配当の大幅増額をラッキーだと思うであろう。そして，配当の権利確定日が過ぎれ

ば，さっさと株を売るだろう。配当は数カ月後，すでに株主ではない者の手元に届くことになる。長期保有を考え，会社の成長を楽しみにしていた株主はどうであろう。将来の成長を犠牲にしたと憤慨するかもしれない。株主利益といっても短期と長期の保有者では考え方が違う。

　また，いわゆる「蛸足配当」と呼ばれるような違法配当について考えて見るのも参考になる。これは，粉飾決算などを行い，本来株主に利益配当できないにもかかわらず，配当を行う違法行為である。これを短期利益思考の株主の立場より見た場合，株主利益という意味ではどこに問題があるのかということになる。もちろん，「会社それ自体」を喰い潰す会社の自殺行為であるという意味では大問題ではあるが，株主の利益に奉仕すればいいという論理のみを突き詰めるのであれば，この行為が違法となる根拠はないようにも感じられる。会社を喰いつぶす行為が禁止されるのは，「会社それ自体」が株主のものという次元を超えたゴーイング・コンサーンであり，それが社会的存在と捉えられるゆえの話であろうと思われる。

　株主は尊重されねばならない。経営者は市場からの評価を気にする必要がある。しかし，経営の根幹は「企業価値」の向上を目指すことにあって，株価の上昇はその照り返しであるべきである。

2　企業価値の向上とTOB

　TOB（公開買付）やM&A（合併・買収）が日本でも盛んになりつつある。「市場における企業支配は，経済学的にいえば，企業資産を最高度の価値使用へと変換するメカニズム」（p.383）と見なされており，資産をより効率的に活用できるとする者が名乗りをあげる行為と捉えられている。パリノとハリス（Parrino and Harris, pp.385-394）の調査では，1980年代に行われた197社の合併後の業績を決定する要因として最も重要だったのは対象企業の経営者をすげ替えるか，あるいはそのままにしておくかということであり，経営者をすげ替えた場合には業界の標準よりも2％から3％も高い業績を示したという。それに対して，経営者を交代させなかった事例では，産業の平均を超える業績を残せなかったという。

資源を有効に使うことが善であるならば、無能な経営者を首にして、新しい経営者のもとで資産効率を高めることは社会にとっての善であると言うことになる。

しかし経営者には敵対的な買収に対して防衛策を講じることが許されている。ライブドアのニッポン放送に対するTOB以降、「ポイズンピル」を導入する企業が増えたと言われる。経営者がTOBに反対する根拠はなにか。経営者は株主利益以外についても配慮すべしとする議論がある。昨今の動きとして、多元的な利害調整が株式会社の役割として脚光を浴び始めている。たとえば、「1980年代中に20を超える州が、取締役会が決定を下すについて、株主の利益と共に、従業員、債権者、地域住民、取引相手、会社の利潤追求に関与しないその他の者の利益を考慮に入れることを認める法律 (alternative constituency statute) を制定した」(訳 p. 27) という。この法律はTOBにより株主が利益を得ることが明白であっても、TOBを阻止できる根拠の一つとして制定されたという。

ハミルトンは「株主とその他の利害者の利益が直接にまた著しく相反しない場合に限って前者の利益の考慮を認めるものである」(訳 p. 27) という「狭義の解釈」に言及してお茶を濁そうとしている感があるが、それでも「一見すると、これらの制定法は、株主の利益の最大化が会社の最終目的であることを前提とする会社法を革命的に変更するように見える」(訳 p. 27) と驚きを隠さない。

「会社それ自体」の永続的経営を考えるのが専門経営者である。株主への高額配当が会社の内部留保より優先される必然性はない。投資ファンドなどの機関投資家は投資によって利益を出す機関である。そのような株主は基本的に会社の永続性を否定してでも、短期的な配当を要求する傾向があるからである。たとえば、「ニッポン放送」のTOBでもキャスティング・ボードを握るかと話題になった村上ファンドは2001年には「東京スタイル」の大株主として、一株500円の大幅増配(剰余積立金1200億円に対して500億円)を提案した(株主総会での賛同は得られなかった)。また、2005年には、大阪証券取引所株の10%を保有し、一株当たりの年間配当を2万円(平成17年

3月期の単体最終利益のほぼ全額にあたる約20億円)に増やすよう株主提案している。会社側は配当については年間5000円を維持する方針であるとし,内部留保の理由については,「デリバティブ取引で証券会社が破たんした際に決済を肩代わりするため必要」と村上ファンドの提案を拒否している。

　株主の利益還元要求に対して,会社の永続的経営の観点で,この株主の要求を跳ね除ける経営者が必要となる。この論理は団体概念の成立とその運用機関としての経営者というもの以外にはない。日本経済新聞の「大機小機」欄には海外投資ファンドが日本の投資ファンドと組みTOBを仕掛ける事例が増えていることに対して,「種類株式制度の充実を」と題して一文を寄せている。その中でTOBの弊害について,次のように述べている。「ソトーやユシロ化学工業はこの犠牲になり,過去の資本蓄積のすべてを取り崩して三年間一株当たり二百円,既存の十五倍の高配当で辛うじて乗っ取りを防止したが,その対価は余りに大きい。将来への設備投資,社員の給与が抑制されるのは明白である」(2004年6月11日)。

　株式会社制度の導入期,株式会社の定着の指標としての減価償却の重要性を高村(1996)は指摘している。株主からの利益配当の要求という現実に対して,日本勧業銀行の救済貸付に際しては,「毎半期に機械原価の一・五%を償却積立金とすることが義務付けられた」(p.202)という。このような「会社それ自体」の健全な発展を考えての株主との対決は,永続的な運動体としての株式会社であってみれば,当然の施策であるといえる。

IV　経営者をどう監視するか

1　日本企業のコーポレート・ガバナンスの問題点

　1994年に発足した『日本コーポレート・ガバナンス・フォーラム』の設立趣旨の説明は以下のような文面で始まる。「『会社は誰のためにあるのか?』『経営のチェックは誰の手によって行われるのか?』こうした疑問を企業制度の原点まで立ち戻って考える研究分野を『コーポレート・ガバナンス』と呼びます。経営者の独断を許さず,一方で目先の利益のみを追求しがちな株主の専横を押さえ,また,従業員には公正な競争の場と雇用の機会を

与える。こうした理想を実現するための会社制度を考えるのが最大の研究テーマとなります。」

経団連[11]は上記の理想から判断して，日本のコーポレート・ガバナンスの問題点をいくつか指摘している。その最大の問題は「取締役の人数が多く，取締役会が実質的な議論を行う場として十分機能していない」ということである。この問題に対しては，そもそも「経営執行の場として取締役会を位置づけることには無理がある」のだから，「取締役会は執行機関の監視・監督と最終的な承認機関に徹すべきである」と，アメリカ型の執行と監督を分ける考え方を提唱している。

そこで問題となるのは，商法の規定であり，「取締役会ハ業務執行シ」（商法260条）という表現を削除すべしと提言している。また，「社外取締役などの現場の知識をもたない者が経営戦略の策定に深く関与するというのは無理な相談である」との現実的な判断から，「経営委員会や常務会などで実質的な議論や意思決定を行い，それを取締役会で承認するという現状を追認する形にするほうが現実的であろう」と述べている。また監査役制度については，「監査役と会計監査人との関係を整理し，連携を強化することが必要」と考え，公認会計士の商法上の責任を拡大する方向を打ち出している。さらに社外取締役の人材確保については，「社外取締役にとっては過酷な取締役の無過失，無限，連帯責任を見直す，あるいは，会社に対する賠償責任額のキャップ制を導入するといった対応をしなければ，優良な人材を得られないのではないか」という意見が述べられている。

2　大和銀行巨額損失事件

大和銀行巨額損失事件[12]に関する株主代表訴訟（大阪地裁は，2000年9

---

[11] 「わが国公開会社におけるコーポレート・ガバナンスに関する論点整理（中間報告）・2000年」
[12] 「大和銀行ニューヨーク支店の巨額損失事件とは同支店の井口俊英行員が1984年から11年間に亘り米国債の不正取り引きを繰り返し1995年9月にそれらの取引により11億ドルの損失が発生したことが発覚した。巨額損失の発生に加えて，大和銀行が本人からの告白でその事実を把握していたにもかかわらず米国金融監督当局へ報告しなかったことも明らかになり井口行員と当時の支店長が米捜査当局に逮捕され実刑判決を受けた。同行も詐欺等の罪で起訴されたが，最終的には1996

月20日)で，大和銀行の取締役ら11人に総額7億7千5百万ドル(約830億円)の賠償を命じる判決が出た。しかも，損失を出した行員の監視義務違反等の責任を問われた当時のニューヨーク支店長(取締役)には，なんと一人で5億3千万ドル(約560億円)という気の遠くなるような賠償が命じられ世間の耳目を集めた。

この判決については，各方面からさまざまな意見が寄せられた。たとえば，日本経済新聞では「株主代表訴訟の自爆」と題して，「この裁判官がどのような正義感の持ち主かは知らぬが，バランス感覚を欠いた正義感の発露は制度の自爆をもたらすのではないか。…優先されるべきは正義感よりバランス感覚で，今回の判決はやはりナンセンスとしか言いようがない」(「大機小機」欄，平成12年10月18日)と厳しい評価を下している。

商法関連の弁護士のホーム・ページ[13]には「なぜ不当なのか」と題して，いくつかの問題点が指摘されている。要点をかいつまんで言うと，まず，560億円という「天文学的金額」について，「法律が不可能を命じるのはおかしい」と言う。そして取締役の行為は「部下に対するチェックが不十分であったというだけ」であり，「部下が生じさせた損害の全額がなぜそのままA取締役の責任金額になるのか」と疑問を投げかける。そして，裁判の形式上の問題点として，「この裁判は株主代表訴訟の形を取っていますが，会社対A取締役の関係，つまり会社がA取締役に請求している問題」であり，一方的に，「会社は被害者で，A取締役だけが悪い」のかと問いかけています。つまり，「会社全体のチェック機能，危機管理システムの不備もあってこのような不祥事を誘発した」のであり，「取締役をニューヨーク支店長に任命したのも，問題の行員を採用し，ニューヨーク支店に配属し，長らく転勤もさせなかったのもすべて会社がやったこと」だと指摘しています。また，株主の責任については，株主自身は「株主有限責任の原則」に

年2月に司法取引に応じ罰金3億4千万ドルを支払うとともに米国での業務停止処分を受け米国から撤退した。」(US JAPAN BUSINESS NEWS)

[13] 「企業経営と法律知識」(取締役の責任) 弁護士 梅本 弘 http://www.eiko.gr.jp/4kigyou/kigyou_01.htm

よって守られていながら、「自分らが経営を任せた取締役には無限責任を要求するのは公平の見地から正当とは思えません」と述べています。そして最後に、処遇と賠償金（リスク）の乖離が大きすぎ、これでは「取締役のなり手が少なくなる」とこの判決の影響を心配しています。

　この判決に対して経済界からは、当然、悲鳴が発せられた。現実にそのような天文学的な賠償額が命じられたのだから、経営層が浮き足立つのは仕方がない。経団連では経営者の責任問題をどうするかが緊急の課題となったようである。経団連は、緊急提言として、すぐに制度上の見直しに言及している。すなわち、「1. 代表訴訟制度の見直し（犯罪等を除く賠償責任の定款による軽減、会社の被告取締役に対する訴訟支援、原告適格の見直し、等）2. 商法266条第1項の1～4号の行為についての過失責任化 3. 他の取締役や使用人の報告を信頼した場合の取締役を保護する「信頼の法理」の導入。また、取締役が、思わぬ損害賠償請求に対応するために、訴訟費用や損害賠償額を補償する会社役員損害賠償責任保険（D&O保険）」などである。

3　公開会社の取締役の責任

(1)　取締役の義務

　大和銀行事件で改めて取締役の責任の重さが認識された感がある。ここで、一般的な取締役の責任を簡単に見ておくことにしよう。

　取締役の義務は法的に定められている。取締役には三つの義務がある。「善管注意義務」・「忠実義務」・「監視義務」である。

　会社と取締役との関係については、「委任ニ関スル規定」（商法254条3項）とされている。本書では何度も指摘したが、「会社と取締役の関係」であって、「株主と取締役の関係」ではない。会社との委任関係の趣旨に従い、取締役は、「善良な管理者の注意をもってその任務にあたる義務」（民法644条）がある。「忠実義務」については、取締役は法令・定款・総会の決議を遵守し、「会社のため忠実にその職務を遂行する義務を負う」（商法254条の3）。「監視義務」としては、「取締役ハ会社ノ業務執行ヲ決シ取締役ノ職務ノ執行ヲ監督ス」（商法260条）とある。これは他の取締役の職務執行を監

視・監督義務と考えられている。

　社長，副社長，専務，常務などの執行役員は対外的，対内的な業務執行に関しても「善管注意義務」と「忠実義務」を尽くす必要があり，また，部下の監督責任なども生じる。大和銀行事件で多額の損害賠償命令をうけた元ニューヨーク支店長はこの部下の監督責任について義務違反を問われたわけである。また，代表取締役が行う重要な対外的取引については，取締役会決議を必要とするので，決議なしでは義務違反となる。

(2)　「経営判断の原則」

　取締役の「会社に対する責任」については，連帯責任の考え方がとられている（商法266条）。取締役会の決議事項については，その決議に賛成した取締役会もその行為をなしたものとみなされ，同一の責任を負うことになっている（商法266条2項）。また決議に反対ではあっても，議事録に異議あることを記載せずに署名捺印した場合は，その議案に賛成したものと推定されるとある（商法266条3項）。

　経営者の責任の問題を考える場合，経営者は「個人人格」か「組織人格」かという観点が必要となる。経営者個人の責任を問うという現行の商法の規定は法人の機関として「組織人格」で動いているという事実を軽視している。経営者を団体機関として位置づければ，経営者の個人責任を追及するという発想は筋違いであると気づく。すなわち，経営者はあくまで法人の機関なのであるから，法的責任は法人に帰属すると考えるべきで，賠償も法人として支払うべきものである。経営者の行為は「会社それ自体」の行為と考えるべきものである。要するに，株式会社制度の理念としては経営者は団体の執行機関としての過失責任のみを引き受けるということでいいはずである。

　取締役に無限責任を課すという発想はかつて存在した「株式合資会社」の論理である。上田（1944）によれば，「株式合資会社は無限責任の重役と有限責任の株主を以って組織するものにして形式上株式会社と合資会社との折衷的制度なり」（上田，p. 141）と説明される。大正七年においても，「全国中僅かに三十四ありしのみ」とその存在意義を疑われ廃止論議があったような概念である。この会社形態は株式会社と合資会社のそれぞれの長所を生か

そうとする発想から生まれたという。つまり，「即ち株式会社は有限責任の株主のみより成るが故に熱心忠実なる取締役を得ること難く，且往々にして奸悪の徒が公衆を欺くの具となり易し，之に反して合資会社は持分に譲渡の困難なるが為に広く公衆に訴へて巨大なる資本を募集すること能わず，依って株式合資会社の如くすれば大資本と熱心なる重役とを併せ得るに可なりと云うべきが如し」（上田, p. 140）。しかし，この議論は「机上の空論」であり，うまくいかずにやがて廃止されたという。

昨今の株主代表訴訟に見られるように，取締役に対する個人責任の追及は莫大な金額となっている。安い取締役の報酬ではリスクがありすぎるということで取締役となることを尻込みさせる事態が現実のものとなっている[14]。

団体概念を援用して，この問題を考えると，団体成立後の経営者の責任は機関としての責任に限定されるべきとの考え方が出てくる。これはアメリカなどで採用されている「経営判断の原則」あるいは「ビジネス・ジャッジメント・ルール（business judgement rule）」といわれるものである。これは，「忠実義務」と「善良な管理者としての義務」を果たしている場合には，経営責任を問われないというものである。

日本でも「セメダイン事件」判決（東京地裁平成8年2月8日）では「判断の前提となった事実の認識に重要かつ不注意な誤りがなく，意思決定の過程・内容が企業経営者として特に不合理・不適切なものといえない限り，義務違反とはならない」という考え方が前面に出てきている。

(3)　株主代表訴訟

概念構成体である株式会社の場合，会社の損害は「会社それ自体」にかわって誰かが訴えを起こすしかない。会社の運営に責任をもつ取締役自体が会社に損害をかけたという場合には，会社の監視機関である監査役が取締役を訴えるという話になる（商法275条の4）。しかし，日本の組織の取締役と監査役との力関係からすれば，現実にはそのようなことは起こらないの

---

[14] 高額の損害賠償の例としては，例えば民事再生法の適用を申請した「そごう」では，新経営陣が水島前会長ら旧経営陣19名に対し，総額約112億円の損害賠償請求を行っており，会社更生法が適用された「三田工業」などの場合では，更生管財人が旧経営陣4名に対し約19億円の損害賠償請求を行った。

で，株主代表訴訟ということになる。これは，株主が会社に代わって，取締役を訴えるという形式である。

　ここで面白いのは，株主が「会社のため」に，会社の代表機関的地位に立って訴訟を起こすのが，株主代表訴訟である。株主代表訴訟は「株主の代表による訴訟」という発想ではなく，株主が「会社それ自体」を代表して訴訟の当事者となるという発想をするわけである。このような理屈は，株主とは別の人格としての「会社それ自体」が成立しているという筋道を理解しないとかなりわかりづらいものだろう。しかし，団体概念を理解すれば，このことは比較的簡単に理解できるはずである。代表訴訟の手続きとしては，株主はまず監査役に対し訴えを提起するように請求し，監査役がそれに応じないときに初めて，株主自らが訴えを提起できることになっている。株主側が勝訴した場合でも，賠償金は会社に支払われるのであって，株主には直接的にはなんの得もない。裁判に勝ったのは「会社それ自体」であり，訴えた株主はその代表でしかないからである。

V　結　び

　1990年代にアメリカ景気の回復を契機として，アメリカ型のコーポレート・ガバナンスの優位性が喧伝され，利害関係者型のガバナンスから株主主権のガバナンスへとシフトした。そこでのポイントは独立外部者により構成される少人数取締役会，ストック・オプション依存の報酬制度，アメリカ型の会計監査制度の採用であった。日本は「失われた十年」と呼ばれる経済的な低迷期にあり，日経平均株価も最高値の3万8915円（1989年12月29日）から7607円（2003年4月28日）までの値下がりを経験した。このような経済状態から，過去を引きずり自己革新できない日本型ガバナンスの後進性が指摘され，アメリカ型コーポレート・ガバナンスへの動きが加速し始めた。

　もちろん，株主主権にすれば，企業業績が向上するということは一概には言えない。統治制度と企業業績の関係はそれほど明確ではない。アメリカと同様なガバナンス・システムを採用するカナダとイギリスが1990年代それほどの好業績を上げていなかったのも事実である。各国の独自の社会制度や

文化的な背景などを総合的に目配りした独自のガバナンス・システムの構築という方向が示唆されている。

　コーポレート・ガバナンスの改革の方向については，環境状況や文化的背景の違いを意識して日本がこれまで積み上げてきた会社主義の強みを残すような方向を模索するのが大切であり，アメリカ追随ないしその模倣の方向については慎重であるべきとの指摘が海外の研究者からある。(Bandara, 2004, p. 59)。

　イトーヨーカ堂の鈴木敏文社長は米国ナスダック上場廃止宣言をしたが，それに関して「日本には日本の風土に合った経営のやり方がある」(日経新聞, 2003.4.16／19面) と主張している。また「私の履歴書」で重視する順位を「お客様, 社員, …の順で株主は最後である」と株主軽視ともとれる発言をしたとして，株主側からの批判をあびてもいる。しかし，これは日本の経営者の本音である。必ずしも間違っていない本音を言って非難されるという状況は憂慮すべきものである。問題は反駁の論理が日本側から出てこないことである。日本の経営学者がアメリカの経営学をそのまま無批判に受け入れ，日本社会の実情について積極的に発言しないからであろうか。日本の経営学者がこのような見識ある経営者を援護できないでいるとは情けない。経営は価値の実現，人を扱う，という意味で文化に根ざした活動であるというのは真理を含んでいる。株主中心の米国型ガバナンスのみが唯一のガバナンスではないという視点をもつ必要がある。

第六章
株式会社の社会的責任と企業倫理
―団体の責任論―

第一節　株式会社の派生的側面―社会制度的存在としての株式会社―

I　はじめに

　株式会社制度は革命的な社会的発明であり，この制度を導入した社会は激烈な社会変革を経験することになる。しかしながら，株式会社制度の導入時期には国ごとの違いがあり，またその社会構造にも違いがあるので，社会変革のスピードとその内容は異なったものとなる。この違いは，先発資本主義国家か後発資本主義国家かという違いであるし，また近代における産業社会の進展に呼応する機能社会化の中で，共同体的性格がどの程度維持され，残存しているのかなどとも関係する。つまり，資本主義の発展と共同体の解体過程とは国によりその様相を変化させるということである。これは資本主義の理念と既存の社会構造との葛藤の結果であるが，株式会社制度の国ごとの展開にも同様のことが言える。

　アルベール（1991,訳 p.136）は『資本主義対資本主義』の中で，資本主義をアメリカ型とライン型の二つの類型にわけ，「ネオアメリカ型では，企業は他の品物と同じ商品であるのに対し，ライン型では，混合した性質で，商品であると共に共同体，コミュニティーである」と指摘している。共同体の基本形が文化圏により異なり，いくつかの類型に分けられるが，アジア的共同体に属する日本のような古い歴史と固有の文化をもつ国においては，資本主義のあり方も古い文化伝統との葛藤の中である程度修正されて発展するしかない。

ここでは株式会社の派生的な側面として，1 共同体としての側面　2 社会制度としての側面に言及しようと思う。四章で触れたモノ・ヒト・組織の三側面は株式会社制度に普遍的に見られる構造的な側面であるのに対し，ここで言及する二側面は株式会社を導入した国家の歴史ならびに文化の影響を強く受ける側面であるとともに，それらの違いを乗り越えて収斂する方向でもある。

Ⅱ　共同体としての側面
1　家共同体としての日本型経営

古い歴史をもつ国においてはそれぞれの国にかつて存在した特有の社会的関係のパターンがあり，そのような古い社会的関係に規定されながら新しい制度の導入が図られることが多い。なぜなら，人間はこれまで馴染んでいた考え方や遣り方をなかなか変えられないからである。また，新しい制度をすばやく消化するためには，これまで培ってきたものをうまく再利用できればそれにこしたことはないからである。

日本の場合などは，本来ゲゼルシャフトの営利団体であるべき株式会社が家共同体の運営論理と重ねられてきた面が強い。たとえば，明治期に三井・三菱・住友・安田などの財閥の基礎を築いた人々は，古い家制度の中で育った人々であり，家産として株式会社を理解していた面がある。財閥は，「第二次大戦前の日本において発達をとげた経営形態で，一族・一門の家族的関係のもとに閉鎖的に結合した資本家の多角的経営体」（大辞林）と定義されている通り，まさに家概念を中核概念とした事業体だと言える。

日本型経営の諸制度は，「家」概念の株式会社制度への応用という面をもつ。新規一括採用・終身雇用・年功昇進・年功賃金・企業内組合・会社福祉主義など，これらはすべて「家」，すなわち「会社それ自体」への忠誠と献身を引き出す制度的な工夫である。家共同体に忠誠を誓い，奉仕することは賞賛に値する行為であるとされた。逆に団体を移ることは非難の対象であり，社会的な制裁をある程度覚悟する必要のある行為であった。精神訓話としての「石の上にも三年」は，転職に対する戒めとなり，転職に対する社会

第一節　株式会社の派生的側面—社会制度的存在としての株式会社—　183

的制裁は経済的不利益や処遇における差別として存在した。会社は家共同体であり，運命共同体であった。会社への忠誠・献身の発想は根強く，会社への忠誠と献身のための精神教育が社是・社訓・社歌などとして存在してきた。これらは，まさに永遠なる存在としての「家」への忠誠と献身を教えるものである。日本社会における団体精神の記憶は主君の無念とお家断絶の恨みを，命をかけて晴らす忠臣蔵の物語として受け継がれているようにも見える。要するに，株式会社という団体概念は家概念としての「会社それ自体」の成立として再解釈され，日本型経営制度のなかで独自の展開をしたと考えられるのである。

　家を永遠に維持し，家の繁栄のために，家産を守るというのが「家の論理」（三戸，1991）である。「子孫はみな堤家の永遠の繁栄を念とし，自己を捨てて家の為に奉仕しなければならぬ」。この言葉は，いま「有価証券虚偽報告」問題で揺れる堤義明の父である堤康次郎が1942年に記した「堤家之遺訓」の一節である。堤義明は家産という発想で株式会社を経営していたことは明白である。堤義明の率いる西武グループでは，会社幹部が年初に堤家の墓参りを行うことが恒例となっており，その場に呼ばれることは名実ともに西武グループの中核を占めることになった証と考えられていたという。

　日本社会の伝統としての家制度により補強された「会社それ自体」の実在感はごく常識的な「会社への忠誠心」という領域を超えて，会社の永遠性を信じ，会社のためには自らの命をすら捧げることを厭わない人々をさえ作り出した。「会社は永遠である」という表現が，実感を伴って受けとめられた。ダグラス・グラマン事件でビルから飛び降り自殺した日商岩井の役員は，「会社の生命は永遠です。その永遠のために，私たちは奉仕すべきです。私たちの勤務はわずか二十年か三十年でも，会社の生命は永遠です」という遺書を残した。巨人軍の長島茂雄のセレモニーの言葉は「わたしは今日引退しますが，わが巨人軍は永久に不滅です」というものであった。

2　日本型経営の未来

　いま何が変わろうとしているのか。全体より個を重視する思想が一般化している。若い世代には昔風の「家」といった概念が理解できない。「家」は

団体概念から集団概念へと変化しつつある。

　戦前は家意識が強く，家は共同体であり，団体の概念で理解すべきものであった。家族は家の永続と繁栄のために生きた。すなわち，戦前の家では，家という永続体が概念構成体として成立しており，家成員は家の秩序に服し，家の存続と発展のために奉仕するものと考えられていた。これに対して，第二次大戦後は旧家族制度が崩壊し，新憲法の下で家は家庭となった。家庭は家族の平等なる結合体というイメージであり，これは自立した諸個人の連帯ないし結合関係としての集団の概念である。戦後の民主的な家庭においては，個を離れて家が独立的に存在するのではなく，あくまでも家族成員の相互作用が作る関係性の総体を家庭と呼ぶ。

　株式会社は団体の成立を契機とするが，家共同体的な団体イメージははやらなくなり，機能体としての組織イメージが強まりつつある。家の論理は共同体の論理であるから，村落共同体が消滅し，家庭も個人主義的となり，そもそも家共同体の論理を理解しない世代が増えつつある現状においては，職場に「家の論理」を転用しようとしてもむつかしいものがある。日本型経営といわれ「Japan As Number 1」を達成した家共同体型の会社モデルは否定されつつある。日本文化に固有の経験知であり，伝統文化として慣習化された思考パターンであった「家」の論理を会社へと適用することはますます時代錯誤となり急速に方向転換を迫られている。

　終身雇用の終焉と会社に対する家概念の適用の困難さにより，日本における会社への忠誠心は急速にしぼんでいる。団体概念の維持と補強への努力が緩むと「会社それ自体」の存在感は急速に薄れることになる。なぜなら，絶えまなく団体に対する忠誠心を喚起し，団体の永遠性とその存在意義を教え込むことなしには団体という存在は維持できないからである。しかし，だからといって，会社への忠誠や献身を「滅私奉公」のようなかたちで説くことは時代錯誤であるのは言うまでもない。

　そこで共同体型モデルから機能体型モデルへの転換が不可欠となる。若い世代は会社に共同体的一体感を求めず，会社は専門職集団が連携する機能団体となる。そこでは，組織人としての意識，すなわち専門職としてのプロ意識

と職業倫理が機能団体を支える原動力となるだろう。

Ⅲ 社会制度としての株式会社
1 株式会社の公益性

　株式会社の起源がイギリスとオランダの東インド会社にあるというのは，経済史の常識である。東インド会社はいくつかの画期的な仕組みを採用していたことが知られている。特に有名なものとしては，(1)出資金を限度とする出資者の有限責任の考え方，(2)出資金が十年間固定されるという資本金の考え方，また(3)出資者とは別に事業経営を担当する経営層が成立しているという三点であると思われる。これは，現在の株式会社制度の根幹である「株主有限責任」，「資本金」を基礎にすえる「会計制度」，資本と経営を分離する「重役制度」いうものに一応対応している。それゆえ，東インド会社の私益性と現行の株式会社を短絡的に結びつけ，株式会社は私益追求の制度として成立したと発想することは自然なこととなる。しかし，史実はそれほど単純ではない。

　株式会社というのはもともと私益を追求する制度として始まったと主張する向きがいる。しかし，東インド会社は喜望峰以東における条約締結権・軍隊交戦権・植民地経営権などをもった国策会社の性格をもっていたのも周知の事実である。たとえば，オランダ東インド会社が破産状態になり，1799年解散したとき，残余財産は国家に収納されたというし，支配領域についてはオランダ政府が支配をそのまま引き継いだということを考えると，単なる営利会社でなかったのは明らかである。しかも，株式会社は国王や連邦議会からの特許状により認められる特権により存在するものであった。

　「南海泡沫会社事件」以降，特許状をもつ会社のみしか残らず，近代的な株式会社の萌芽が大幅に遅れたというのも常識的な知識である。長期の停滞の後，18世紀後半，「準則主義」にもとづく新しい株式会社が動き始める。大事なことは，それらが鉄道・橋梁・銀行・保険・運河・給水事業・有料道路といった公共的性格の事業で，しかも巨大な資金を必要とするような業種か，紡績業・鉄鋼業・造船・鉱山などの国策上重要な産業分野であったとい

う事実である。株式会社は公共性か国策上の必要を主張することにより，制度として歩み始めたと考えるべきである。

　初期の株式会社は公共もしくは準公共目的の事業資金を広く大衆から集める手段であった。要するに，株式会社は公共的な事業，多額の資金需要，しかも従来手掛けたことのない新事業の立ち上げのために編み出された企業形態だったのである。株式会社として事業化されたものを振り返れば，このことは明らかである。とくに，鉄道建設はイギリスであれ，アメリカであれ，日本であれ，株式会社という企業形態ではじめて可能となるようなものであった[1]。また銀行は十九世紀の産業資本段階にすでに「個別資本」という範疇から「銀行制度」に組み込まれる存在となったとも言われる。株式会社の存在は社会的貢献という面をその誕生から主張してきたと言える。

　旧来の事業を私益でやるのなら，自己資本をもって無限責任でやり，成果もすべて自分のものとしうる個人企業か合名会社でいいはずである。事実，初期の産業資本家たちは家族経営を基本とするパートナーシップを基本的な企業形態として受け入れており，あえて株式会社とすることを好まなかった。株式を公開するということは，企業の所有権を広く株主に公開することであり，資金を広く集めうるとしても，自己と事業を直接結び付けようとする事業家には決して心地よい話ではないからである。

2　永続体としての株式会社

　株式会社制度の論理は概念構成体としての団体を成立させ，その「会社それ自体」が永続的に運営されることを想定している。株式会社は発起人の理念・理想・目的や出資者の思惑を超えた社会的な存在となる。株式会社は社会の財とサービスの生産と販売を通じて社会的貢献をすることになる。株式会社が営利法人と位置付けられることの意味を考える必要がある。

　営利は原動力である。営利は投資家に対して誘因を与える。営利はリスク

---

[1] 鉄道業で株式会社をイメージするというのがマルクスやエンゲルスであり，マルクスは株式会社について，以下のように述べている。マルクスは株式会社について，「個人資本に対する社会資本（直接に結合した諸個人の資本）の形態をとっており，このような資本の企業は個人企業に対する社会企業として現われる」（『資本論』三巻一，pp. 556-557）。

に対する報酬である。しかも，ドラッカーが言うように，その利益は事業活動を維持し，事業を展開するために必要な経費を賄い，また将来の事業展開のための投資を賄う「未来費用」である。すなわち，ゴーイング・コンサーン，つまり永続的に経営活動を持続することを運命づけられている株式会社にとっては拡大再生産のための未来費用という性格をもつ。営利は社会的有用性の評価基準である。どれだけ多くの人がその会社の財とサービスを購入したかの客観的な判断基準となる。社会貢献を継続的に続けるためには利益の再投資が不可欠であり，利益を株主にすべて分配するのでは「会社それ自体」としての事業の安定性や事業の拡大は望めない。会社が「会社それ自体」として永続性を主張するようになると，株主は一つの利害関係人となるばかりでなく，「会社それ自体」とは利害が相反することにもなる。株主は比較的短期的な観点で投資に対する見返りをうけようとするものであるが，会社は「会社それ自体」の発展のために内部留保を主張するようになるからである。

　株式会社の定款には事業目的と事業内容を書くことになっている。動機のレベルで営利追求であれ，具体的な事業活動はドラッカーが分析するように「顧客の創造」にあり，それは結果としての社会貢献となる。会社は顧客に商品が購入されることがない限り，市場から退場を迫られる。企業活動は顧客への商品の提供，つまり財とサービスの提供という機能を担当していることになる。会社の利益は社会貢献の尺度との位置づけられるゆえんである。しかも先ほども述べたように，企業の永続性を前提とする限り，その営利も再投資される未来費用でしかない。かくして，社会制度的な株式会社は「会社それ自体」の永続的な運動という視点をもって，会社と関わる株主・従業員・取引先・地域社会・顧客・行政など多数の利害関係者の利害を調整しつつ，日々の事業を遂行する存在となる。

3　公器としての株式会社

　株式会社は営利団体であり，営利をその原動力とする。しかしながら，動機はどうあれ，株式会社は社会の経済単位として社会制度化され，結果的に

社会的貢献をすることなしには永続的な存在となりえないことははっきりしている。大規模株式会社の活動は社会的に影響力をもち，「公器」として行動することを求められている。これに違反すれば社会からの批判や非難により社会からの追放ともなりかねない。

企業不祥事に際して，起こりうる具体的イメージは以下のようなものである。株式会社によってなされたなんらかの重大な反社会的行為の結果に株式市場がすばやく反応し，株価は「ストップ安」となる。マスコミ各社が押し寄せ，会社トップが頭を下げるところをめがけてカメラのフラッシュがたかれる。新聞・雑誌はここぞとばかり批判記事を掲載し，怒った消費者は不買運動に走る。国会議員の中には，関連部門の役人や監督官庁の責任者を呼び出して，事件について説明を求めたりする動きもでる。世間の非難の矛先が飛び火することをおそれる取引先は，当面の取引にも応じなくなるばかりか，会社の先行き不安から我先にと未集金の回収に押し寄せることになる。銀行は当然新たな資金需要に応じたがらないし，貸付資金の引き上げを迫るかもしれない。そのような状況は株式市場でのさらなる「空売り」を誘い，現物株式の投売りを誘発することにもなり一層の株価暴落も予想される。新規の取引や融資の目処が立たないとすれば，資金に余裕のない会社なら市場からの退出，要するに倒産は決まったようなものである。

株式会社が社会的に監視されている存在であることは，以上のような道筋で証明される。近年，不祥事を起こし廃業に追い込まれた企業の事例[2]を見るにつけ，公開会社に対する社会の批判の目は厳しくなり，株式市場の反応と評価は俊敏で容赦ないものということがわかる。

IV　結　び

株式会社の社会的性格を強調しすぎて，株式会社は「社会のもの」という

---

[2] たとえば，雪印乳業は2000年に「食中毒事件」を起こし，その記憶が覚めやらぬ中，2002年には子会社である雪印食品による「偽装牛肉事件」が発覚した。この事件では，雪印食品の元専務ら7人が逮捕，起訴され，会社は解散となった。また，本体の雪印乳業でも収益が急落し，98％の減資（資本金278億円を5億円に減資）が行なわれ，社員1300人の首が切られた。結局，グループは解体され，乳食品専門会社としてはなんとか生き残ったが，瀕死の状態まで追い込まれた。

第一節　株式会社の派生的側面—社会制度的存在としての株式会社—　189

主張がなされる場合がある。確かに，ゴーイング・コンサーンである株式会社は制度的存在として社会的性格を帯びている。しかし，いかに総有であるとはいえ株主の私有財産であるという事実は否定しようのない重みをもつ。これは公的性格を強調しすぎることに対する牽制となる。つまり，「近代的所有権の社会的性質は，その私的性質の基礎の上にあり且つそれとの矛盾・対抗関係にあるということ，このことが無視されてはならない」（川島，p.35）という川島の言葉に重みがある。

　法的には「会社それ自体」の所有する株主と，会社財産を所有する「会社それ自体」と，会社の機関としての経営者とが三つ巴の関係にある。我が物と信じる株主と制度的には「会社それ自体」のために経営する機関としての専門経営者とが対抗関係に立つことも想定されるのが株式会社制度である。株式会社を完全に「社会のもの」という立場と一線を画すべき発想がここにはある。

　資本主義は自由主義の立場である。個の自由という立場にあくまでも立ちながら，しかもそれが結果的に他者への貢献，つまり社会的貢献につながるという立場である。はじめに社会善を規定してそれを基準として動くべしとする思想とは一線を画する。

　もちろん，会社という存在が「社会的なもの」となっているのは事実である。確かに会社は社会的な制度存在である。社会への影響力も計り知れないものとなっている。社会に対する影響力の大きさを自ら認識して行動する必要があるのも事実である。そういう意味で会社は「社会のもの」と結果的になっている。しかし，資本主義ないし自由主義経済は個の欲望を肯定しその充足活動を許すところを原動力とする社会である。活力の源泉は自由にある。個人の欲望充足を肯定する社会であるがゆえに，結果的にさまざまな発想とそれに基づく財とサービスが社会に提供されるのである。

　初めから「社会のため」とお題目を唱えるように，自由な活動の範囲を固定化するような硬直的なことを言ったのでは自由主義経済は死んでしまう。自由主義経済の申し子である株式会社も「個人の欲望充足」というところに基礎を置く必要がある。「社会のため」などという価値判断で株式会社の活動範囲を限定する発想は「個人の欲望充足」を肯定する社会とは矛盾する。

このような発想は自由主義経済にとって危険な因子をはらんでいる。株式会社が結果的に「社会のもの」と捉えてよいほどの制度的存在になっていることと，「社会のもの」だから「社会のために活動せよ」と叫ぶこととは次元の異なることだということを確認しなければならない。「個人の悪徳は社会の善」というマンデビルの箴言や「神の見えざる手」に導かれて，個人の欲望追求が社会善の追求となるというアダム・スミスの洞察を再確認しなければならない。自由主義経済が良識派の眉をひそめさせるような行き過ぎた個人の欲望追求の場となることは事実である。しかし，それは牽制された拮抗関係のなかでバランスさせてゆくしかない。

第二節　団体物神と死―株式会社にいかに死を組み込むか―

I　はじめに

「会社の寿命は30年」という言葉がある。これは環境変化の激しい時代には会社は何もしないと30年でだめになるという経験則であるが，これは創業者ないし経営の中核を占める人間の寿命と重ね合わせた表現である。若く活力あふれた創業者も30年たてば，それほどの元気も気力も残っていない。しかし，理念としての株式会社は永続する運動体である。株式会社は団体であり，それは「死」を超越した概念である。環境変化に対応しつつ会社内部の人間を入れ替えながら生き続けるゴーイング・コンサーンである。

団体は死なない。それが問題を引き起こす。団体という存在にいかにして「死」を組み込むことができるか。われわれはこの観点から永遠の運動体である株式会社の責任問題を論じねばならない。団体は人間の生み出した社会的な構築物であるのだから，会社が暴走し始めたとき，それを止めるのは人間である。人間が最終的に団体をコントロールする必要がある。

II　団体の物神性

団体は理念・理想・目的を追求する概念構成体である。団体は観念的な存

第二節　団体物神と死―株式会社にいかに死を組み込むか―　191

在ではあるが，いったん成立するとそれ自体の存在を主張する。それは構成員を超える存在であり，守るべき理念や価値の体現者として扱われる。団体の掲げる理念や価値が崇高で侵しがたいと人々に感じられるようになると，団体という存在が絶対的なものに近づく。人間存在を超え，崇高であり，絶対性をおびるとき，団体は物神性を宿す。団体の物神性とは概念構成体として観念的に生み出された団体が，人間が産み出した存在であるという事実を超えて，絶対的な存在となる事態である。

　人間が作り出す団体ではあるが，団体はその構成員に対して拘束性をもつ。団体が拘束性を帯びて，構成員を超える存在として君臨しつづける。このイメージには抑圧の臭いがする。団体は構成員への抑圧性を高めて「恐怖の絶対者」となる可能性すらある。物神性を帯びた団体が構成員の寿命を超えて永遠を目指す。この論理は人間にとっての悲劇である。団体概念をもってはじめて，全体主義の怖さを論じることができる。団体の物神性はマルクスの商品物神を思い起こさせるし，ウェーバーの「鉄の檻」の組織支配を思い起こさせる。

　この団体がイデオロギーを帯びて究極の理想を掲げる団体であった場合，この団体は究極の抑圧団体となる。たとえば，国家という団体も時に神となることを思い出せば，このことは理解しやすい。国家の永遠性の神話は国家を神格化するために利用されるが，神格化された国家はまさに神として振舞うようになる。

　人類の究極の理想社会として成立した 20 世紀以降の社会主義国家群は共産党一党独裁による全体主義抑圧国家へと変貌した。それは，その掲げる崇高な理念とは似ても似つかぬ異形の姿への変貌であった。スターリンによる「大粛清」・毛沢東率いる「文化大革命」・チェコのチャウセスクの「独裁」・カンボジアではポルポトによる「大虐殺」が知られている。また，第二次世界戦争で自由主義陣営に対抗した日本・ドイツ・イタリアなどではそれぞれ軍事独裁全体主義政権が誕生した。日本は天皇を「現人神」とする「神国」であるとされ，軍国主義思想で徹底教育された軍部は「大東亜共栄圏」のスローガンを掲げて近隣各国を侵略したが，同時に自国民の自由をも徹底的に

抑圧し，日本を焦土と化すまでその戦いを止めることはなかった。ナチス・ドイツは純血アーリア人のドイツ民族国家の理念を掲げて，ユダヤ人の組織的虐殺という暴挙を国家主導でおこなった。

　人類の歴史は全体主義国家の悲惨を繰り返し目にしてきたし，われわれの生きるいまこの瞬間にも何百万という虐げられた人々が独裁全体主義国家の統制下で抑圧されて生きている。北朝鮮の金日成・金正日は二代にわたって自己を神格化するような国民教育を徹底させ，個人独裁の様相を強めているが，第二次大戦後（1950年代後半から主に60年代）の「在日朝鮮人の祖国帰還事業」においては，北朝鮮は「地上の楽園」であると喧伝され，約8万9千人が日本から北朝鮮に渡ったといわれている。昨今，北朝鮮による拉致問題に関連して，その「地上の楽園」が実際は「地上の煉獄」であったことが明らかにされつつある。

　心の平安を求める宗教団体とて団体である以上一歩間違えるとかえって危険である。極端な教義を掲げる狂信的なリーダーにより，常軌を逸した「狂信集団」へと姿をかえるものが跡を絶たない。理想社会の実現を目指し南米ガイアナに集団移住し，集団自殺したアメリカの新興宗教団体「人民寺院」（1978年）がある。また平和ムードを謳歌するこの日本で突然起きたのがオーム真理教の「地下鉄サリン事件」（1995年）であり，宗教団体が「テロ団体」に姿を変えた。

　株式会社とて団体である以上，例外ではない。ゴーイング・コンサーンとしての「株式会社」はそれ自体が崇拝や信仰の対象となり「物神性」を当然持つこともある。日本型経営が機能していた時代，会社に対する「滅私奉公」はそれほど違和感のある発想とは受け取られていなかった。さすがに，現代では，高度経済成長期のサラリーマンのように，「会社のため」に家族を犠牲にし，「会社のため」に死ぬことを当然と考えるような人は少なくなっているだろうが，「職務のため」ならいまでも全身全霊の努力は賞賛されるかもしれない。「過労死」という言葉は今も死語とならず，逆に身近な言葉となっている。組織人として職務に専念することは，心情的には職業人としての責任感なのだろうが，結果的には，「会社のため」になるというの

も事実である。

いかなる団体であれ，団体というものは拘束性・抑圧性をもつ。これが腐敗した独裁的な権力と結びつくと，団体がゴーイング・コンサーンであるがゆえに不当な支配が延々と続くことになる。団体理念や理想や目的が適正であっても，それを運営する機関の腐敗という危険は常にある。特に，代表権をもつものの独裁の可能性はあらゆる種類の団体に偏在する問題である。

それゆえ，団体においては，団体機関はつねに監視され統制されねばならない。

Ⅲ 法人実在説の必要性

ミドリ十字のエイズ薬害について，奥村（2000）は以下のように書く。「この薬を製造し，販売したのは，従業員で，それを指示したのは経営者であると考えられるが，これは経営者や従業員が個人として行ったことではない。それはミドリ十字という株式会社がその事業として行ったことである。そうであるから，この事件は株式会社ミドリ十字を犯罪者として摘発し，訴えなければならないはずである。しかし日本の法律ではそうはなっていない。…同じように水俣病も，チッソ株式会社が塩化ビニールの製造過程で有機水銀を水俣湾に排出したことから発生したもので，それはチッソ株式会社の企業活動としておこなったものである。…先のミドリ十字の場合もチッソの場合も，民事上の損害賠償は行っているが，刑事上の責任は問われない。それは犯罪を犯すのは全て意思のある個人であり，法人には身体がなく，頭脳もないから意思がなく，したがって犯罪行為はできない，という刑法学説にたっているからである」（p. 155）。

法人擬制説では「会社それ自体」の存在を擬制としてしか認めていない。すなわち，会社法人の実態は人間であり，会社の名を借りて，これを背後で動かす人間こそが実在であると考えている。それゆえ，会社の悪事・不祥事に際しては，自然人たる経営者や従業員の処罰という方向へ向かう。肉体も精神もない単なる制度上の存在を罰しても痛くも痒くもないという認識なのである。しかも，会社に対する業務停止命令や罰金刑が科せられるが，日本

の場合，罰金の額については実効のあがるほどの額でない場合が多い。

　株式会社制度を検討すると，法人実在説の立場に立つ必要がある。この立場からは法人そのものの責任という観点が生まれる。不正行為を行った経営者や従業員を罰するのみでなく，その行為が会社の行為と認定されれば，「会社それ自体」を罰するのである。精神も肉体もない会社を業務停止したり罰金刑を言い渡して何になるのかという考え方に立つのが　これまでの法人擬制説の考え方である。かれらの考え方の根本には，たとえ会社に解散命令を出したとして，別会社を簡単に作ることができるのだから，「会社それ自体」を処罰するなどという発想そのものがナンセンスであると考えるのである。しかし，多くの人が「会社のため」に働いているという実感をもち，「会社のため」に時に死をも厭わぬ行動を取るのであり，「会社のため」に生涯をかけてきた人々の存在があることも事実である。さらに言えば，会社合併に際して新会社にどちらの名前が引き継がれるかが交渉での重要問題となったりするという事実こそ，「会社それ自体」の実在感を示す例であると言える。このように考えると，会社の解散という死刑宣告と会社資産に対する重い罰金刑を組み合わせることで会社犯罪に対してそれなりの効果を期待できる。

　近年，企業倫理の問題もクローズアップされ，企業の倫理憲章の作成の動きなどもあるが，株式会社の倫理問題に関しては法人実在説からのアプローチを採用することが重要な論点となる。「会社それ自体」の責任を問うことこそ，ゴーイング・コンサーンとしての会社に対して必要な考え方である。会社は永続体である。会社の影響は甚大である。それゆえ，甚大な影響を食い止めるためには，「会社それ自体」に重い責任を負わせる必要がある。しかも「会社それ自体」の責任を問えば，被害にあった人は会社の存在する限り，補償を受け取ることができる。また会社が別会社に吸収されたり，他の会社と合併する場合にも，新会社が過去の補償義務を引き継ぐという発想も出てくる。

　「法人実在論」の立場は企業倫理にかかわる研究者や実務家から必要とされている。これは，「会社それ自体」を法的に処分するという議論とからむ

これから大切となる論点となる。

Ⅳ いかに死を組み込むか

　人間は有限の時間を生きる。死から逃れられる者はいない。人生の究極の課題は「死を考えること」であると哲学者はいう。「死を考えること」は，「生を考えること」でもあるという。しかし，それらの問いに対する答えが出ようが出まいが，有機体としての人間は，いずれ死ぬ。人間存在にはすべてを強制的にリセットする装置が組み込まれている。人間は消滅する運命を組み込まれているという意味で健全な存在である。

　しかし，人間の生み出す社会制度は死なない。制度は永続しようとする。団体はもともと永続体として構想され生み出される存在であり，ひとたび成立すれば持続的な成長を目指す。死すべき人間によって荷なわれねばならないが，常に機関としの人間を入れ替えながら活動し続ける。もちろん，団体には存在理由が設立趣旨として掲げられねばならず，それは社会的に有用なものであったはずである。しかし，団体は運営組織の自律的な運動体であり，観念的な存在を具現化するのは団体機関としての組織である。組織は，それ自体の機能的な拡大や生存を求めて活動領域を拡大しようとする。こうなると，たとえ団体設立の目的が社会的な有用性を失ったとしても，機関としての組織は自らの存続を求めるようになる。組織は団体の理念や理想や目的を逸脱して新たな目的を追加し，自ら増殖しようとすることもある。それはDNAにより作られた細胞がその設計図から離れ，自己増殖をするようになるガン細胞とも対比しうる。

　そこで，団体にも死を組込むことが是非とも必要となる。これにより，組織の暴走を未然に予防できる。個人が中心の時代には個人の死とともに，その事業も終焉を迎えるのが通例であった。ところが，個人から団体中心の時代となるに及んで，創業者の死とは無関係に団体は生き続ける。団体が環境との不適合を起こすとき，その団体を御破算にする仕組みが必要とされる時代になったということである。

　団体に死を与えるロジックを検討する必要がある。団体を成立させたのは

人間である。生み出した者が「死」を与えることが必要である。株式会社に対しては、最終的には「誰が死を与えうるか」という問いが重要となる。団体の運営は機関運営である。制度化された機関が適切にこの役割を果たすしかない。事業の存在意義が見出せないとなれば、取締役会が解散に向けて意思決定すべきである。

　商法上は会社の清算については、特別清算と通常清算の区別がある。特別清算は経営が行き詰まってのいわゆる倒産事例である。資本主義の論理には資本の破綻としての「死」が組み込まれている。倒産は外部要因による強制的な死である。これに対して、通常清算は取締役会による死の選択である。通常清算は会社の将来展望が開けず、会社存続の意義がないと判断するときの解散手続きである。取締役は適切に株式会社を運営する責任が当然あるわけであるが、団体そのものの存在意義がなくなり、その使命を終えたと判断できる場合、株式会社に最終的な「死」を与える責任もある。いかに歴史を重ねた会社であろうと、社会的意義がなくなり、将来展望が開けないとなれば、機関の職責として団体を自己消滅させるしかない。

　資本主義企業は二つの「死」の方法を経済システムに組み込むことで経済活動の健全性を維持しているといえる。社会主義が資本主義に経済競争で負けたのは「死」の組み入れ方にあったようにも見える。長寿となり世代交代が伸びると社会の活力が鈍るばかりでなく、さまざまな社会問題が起こってくる。長生きは理想社会の実現という側面をもつ一方で、さまざまな社会問題を増幅させる。人間の場合は、いくら長生きするようになったといっても、死から逃れる人はいない。そこに救いがある。しかし、団体の場合は、制度的に死を組み込んでおかねば、使命を終えた古い制度が新しい社会発展の可能性の芽を摘むことにもなりかねない。

V　結　び

　人類は、概念構成体である団体を制度的に成立させる仕組みを発明した。株式会社は個人企業とは異なる論理で成立し活動する経済単位である。株式会社を経済活動の主体とする経済システムを人間が作り出した意義は大き

い。20世紀以降の経済発展において，主要な役割を果たしたのは株式会社であった。それぞれの国家における経済成長は，株式会社の規模拡大とその成長スピードと重なっている。

株式会社は一旦出資された資金を固定化し，事業を継続する社会制度である。通常，株式会社の生存は社会貢献を通じて保障されるというのが株式会社制度の面目である。しかし株式会社は社会に害を及ぼす存在ともなりうる。その場合，人間の生み出したモノは人間が最終的にコントロールするという考えかたで対処する必要がある。株式会社は人間の生み出した社会的構築物であるから，株式会社についても，人間がそれに死を与える道を残す必要がある。

現行の法的解釈では「法人擬制説」の立場から自然人でない団体そのものを処罰すると言う発想を受け入れていない。しかし，「会社それ自体」の成立こそが株式会社の本質だと理解すれば，「法人実在説」の立場にたって「会社それ自体」を処罰しなければならない。当然，株式会社は自然人ではなく制度的存在なのだから，処罰としては経済罰と活動の監視・制限から解散命令という処罰が考えられる。最終的には，自然人と同様に法人に死刑を宣告し，存在を許さないという処罰の方法を明確にすべきである。

また機関としての代表取締役については，機関としては不良品であったのであるから，取り替えられねばならない。そして，廃棄された当の取締役については，別の会社機関にすぐにおさまることができないようにしなければならない。敗者復活という考え方は必要ではあろうが，不正のあった経営者に対しては一定の期間は保護観察とするような発想が必要となるのではあるまいか。

終章
資本主義の本質と経営の哲学

I　はじめに

　本書を締めくくるにあたって，株式会社制度を生み出した資本主義社会の本質とその中で経営を担う者の哲学について触れたいと思う。人類は個人としての自由の範囲を拡大してきたが，株式会社制度もそのような自由の中で育ち，花開いた存在である。個人的欲望追求が許される社会はどのような経過をたどり，成長したのか。また市場主義的な商品経済はどのように生まれたのか。資本主義の原動力である欲望は株式会社の経営にも深く関わる。市場主義経済社会に生きるわれわれは，いかなる経営哲学を持つ必要があるのか。

II　資本主義の成立と個人の自由

　株式会社が成立し花開く土壌としての資本主義を考えようとする場合，資本主義経済社会を支えた三つの自由の存在にどうしても触れておく必要がある。それらは「宗教からの自由」であり，「権力からの自由」であり，そして，「共同体からの自由」である。

　西欧社会では13世紀から15世紀の「人間の再生」を主張するルネッサンスの流れがあり，16世紀の宗教改革における新旧宗派の対立を契機として教会の権威が失墜することにより，一般市民は教会の思想的抑圧から自由になった。宗派を選択できる信仰の自由もやがて認められるようになり，自らの思想・信条に従って人々は生き始めた。これが「宗教からの自由」である。

　そして，17世紀終後半から19世紀初頭にかけてのイギリスの名誉革命

（1688〜1689），フランス革命（1789〜1799），ロシア革命（1917）などにより王や君主といった支配者を力で排除して市民が政治権力からの自由を獲得し始めた。王や君主の支配や恣意の下で彼らのために生きるのではなく，自分自身のために生きる自由を得たわけである。これが，「権力からの自由」である。

　また，18世紀前半から19世紀半ばには，イギリスの大地主による共有地の私有化が「第二次囲い込み運動」として起こり，その結果として農村を追われた人々は仕事を求めて都市に集まり，賃金労働者となった。農村からの労働力を吸収したのは産業革命により生まれた新しい職場であった。人々はかつて村落共同体の中に産み落とされ，共同体の規律と規範の中で生きていた。都市に流れ込んだ人々は農村共同体から切り離され，結果的に共同体的束縛から自由となった。農村共同体の一員としてではなく，職場の規律と規範を受け入れる都市労働者として生きるようになる。職場はそもそも機能と利害で結びつく集団であるから，そこでの個人の生き方は個人主義的なものとなった。これが，「共同体からの自由」である。

　近代産業がイギリスで花開き発展するのは故なきことではない。イギリスでは宗教改革・市民革命・産業革命により，「宗教からの自由」，「権力からの自由」，「共同体からの自由」という三つの「自由」を市民がいち早く手に入れた。人間は神のためではなく，君主のためではなく，共同体のためでなく，まさに自らのために生き始めたのである。人々は「自由の身」となり，個人としての人間的な欲望追求が可能なる社会が動き始めた。自由な社会の中では，自己決定と自己選択そして自己責任の論理が強調されるのは自然な流れである。自分の人生を自分で選び取り，その結果に対しては自分で責任をとることを求められる社会が動き始めたのである。

　日本の資本主義の展開もこれら三つの自由と無縁ではない。日本は本来，アニミズム・神道・仏教・儒教などが融合した多神教の国だが，江戸時代には政治権力により神仏習合の仏教が檀家制度として行われ，また人の道を律するものとしては儒教が好んで学ばれた。日本の仏教は大乗仏教であり，「衆生をあまねく救う」という発想が根本にある。また，釈迦の説いた原始

仏教は基本的には「自己の悟り」ないし「解脱」を目的とするものであり，絶対者である神への帰依と奉仕を説くような一神教とは発想が異なる。それゆえ，日本の八百万の神を認める多神教的宗教は民衆の生活と深く結びついて，もともとかなりおおらかな性質を持っていたといえる。

政治権力からの自由についていえば，日本では明治維新で「四民平等」となり近代社会の仲間入りをすることになる。これは武士階級という支配階級内部のクーデターというべきもので，日本はヨーロッパ的な意味での「市民革命」を経験することなく，支配階級により平等社会の理念が輸入され，上から与えられたという面が強い。

日本の村落共同体の解体過程は資本主義の発達とともに始まり，大正期・昭和初期を経て，高度経済成長期に一気に加速した。その頃，若者の都市への「集団就職」，一家の大黒柱の季節労働者としての「出稼ぎ」，取り残された農村の姿としての「三ちゃん農家」[1]などの言葉が新たに生み出されたが，それらの新語は高度経済成長期の農村と都市の関係をうまく表現している。

産業革命以前の社会は基本的に自給自足経済の範疇にある。すなわち，自分または支配者の需要を満たすために生産したのである。つまり，基本的に消費を目的とした生産活動が行われたのである。しかるに，産業革命以降の経済環境は激変する。ここでは，売るために生産するという経済システムが動き始める。つまり，消費を直接の目的としない生産活動が本格化するのである。農村共同体を追われた人々は都市に流れ込み，賃金労働者となって生産システムに組み込まれ，労働力も含めてあらゆるものが商品という形式で捉えられる社会となる。このような社会の中で，人々は新たに手に入れた個人としての生活の自由を謳歌すべく，営利追求に邁進し，商品経済を加速化させた。

資本主義社会を支える企業形態は，経済活動の拡大とともに，個人から合同企業形態へと移り，やがて株式会社が経済活動の中心をしめるような社会にいたる。株式会社は概念構成体として「人間にあらざるもの」であり，営利目的の永続的な運動体として市場競争を繰り広げている。商品を作り，そ

---

[1] 「じいちゃん・ばあちゃん・かあちゃん」が主な働き手となった農家。

れを売って儲けるという営利目的の経済活動は,「豊かな社会」と言われるモノあまりの時代になっても歩みを止めることはない。商品を生産し販売するということで利益をあげるという同じ原理で動くしかなく,財とサービスの提供は強制的といっていいほどの勢いで加速している。

ドラッカーは企業活動の本質をマーケティングとイノベーションという二つの機能として捉まえたが,まさに本質をついた指摘である。マーケティングもイノベーションも新たな商品開発という面とともに既存の商品の強制的な陳腐化という側面をもっている。モノがあふれる時代になればなるほど,この二つの機能は企業活動にとって本質的な行為となる。

III 資本主義の原動力としての欲望

資本主義は人間の自由を礼讃する。そして欲望充足を肯定する。自由に欲望を追求することが許されて始めて,資本主義は生き続けることができる。自由であってこその資本主義である。また,この欲望を原動力とするところに資本主義の強みがある。

近代社会は人々をさまざまな拘束から自由にし,人々の欲望追求を社会発展の原動力とする経済システムを構築した。株式会社はそのような社会の申し子である。株式会社は欲望を原動力として運動する団体である。株式会社は投資家の金銭欲やロマンを刺激して,資本を集積する。

株主はどのような欲望で動いているのか。投資家の原動力は投資に対するリターンというのが大方の見方である。要するに株主の行動の原点は営利である。営利は投資家に対して誘因を与える。営利はリスクに対する報酬である。しかもドラッカー的に言えば,営利は事業活動を維持し,事業を展開するために必要な経費を賄い,また将来の事業展開のための投資を賄う未来費用である。営利は社会的有用性の評価基準ですらある。どれだけ多くの人がその会社の財とサービスを購入したかの客観的な判断基準ともなる。

株式会社に関わる人々はそれぞれの個人的な欲望を満たす手段として会社に関わっている。経営者も従業員も取引先も顧客も,それぞれがそれぞれの動機と観点で会社と関わる。

欲望で進歩するということ，あるいは欲望で強制的な革新を引き起こすというのが，資本主義経済の強みである。経営者が聖人君子のような振る舞いをいつもするとも限らないし，そのような行動がかえって経済を停滞させることになるかもしれない。所詮，経営者も人間である。人間として要求できるレベルを超えて高い道徳性や高潔な人格を求めては経営者がかわいそうだといえる。資本主義の市場競争システムはあらゆる要素を飲み込んであらゆる可能性を試すことを許すシステムである。

　欲望を肯定する社会の出現に対して，それに眉をひそめる人々がいることも確かである。自由を謳歌する人々の存在をうとましく思う人々もいる。しかし自由な社会の実現こそは近代社会のスローガンであった。欲望を抑圧する社会から欲望を肯定的に捉える社会へと変化した流れの中に，株式会社という花が咲いている。

　レスター・ソロー（2003）の新書では資本主義の知的所有権問題に触れている。知的所有権の認められない社会では，発明のインセンティブが阻害されるという立場である。資本主義が欲望を原動力として動くシステムだと認識するなら，自分の努力の結晶が「社会のもの」とされ，「自分の物」にならない場合，そのよう努力は当然抑制されるしかない。自分の努力が報われず，やってもやらなくても結果が同じなら，多くの人は努力することを控えるだろうからである。産業革命以降の経済活動の飛躍的な発展の背後には，個人の所有権の絶対性があり，自らの努力でえたものは「我がもの」とできる経済システムがあった。

IV　所有概念の揺らぎと新しい資本主義の可能性

　私的所有の絶対性が資本主義の根幹にある理念である。しかるに，株式会社という制度は私的所有の原則をいつの間にか侵食する。すなわち，株式会社は売り買いされる「商品」であり，それを「総有」的に所有するのは株主である。しかし，会社財産に対して所有者は法人としての「会社それ自体」となる。株式会社制度は所有に関して二重構造をもつ。株式会社をめぐる所有権は資本主義社会の根幹にかかわる私的所有の絶対性を曖昧なものとす

る。これは資本主義の原動力である株式会社制度に内在する矛盾であり，資本主義の内部に仕掛けられた時限爆弾である。

株式会社の成立のロジックは，株主の「所有の論理」と切り離され，「会社それ自体」を概念構成体として成立させる「団体の論理」である。株式会社という団体が成立すると，株式会社は制度に基づいて機関として運営されて永遠の運動体となる。機関を担う経営者は「会社それ自体」の観点から経営を行うのであり，必ずしも株主の意向にそった経営行動をするとは限らない。団体の論理が全面に出てくると，株式会社は専門経営者により経営される組織体という姿をとり，社会制度的存在として経営されるようになる。なぜなら，経営者は必ずしも株主のために会社経営をするのではなく，「会社それ自体」のために経営するからであり，その「会社それ自体」は社会制度的に位置づけされており，商法や関連法で規制された存在となっているからである。株式会社の経営は株主の私的利益追求という観点よりも，広く利害関係者に配慮した多元的な経営行動となる傾向が強まる。企業行動の歴史を振り返れば，巨大公開会社の経営は株主利益に奉仕する方向から次第に企業の社会的責任の観点から経営実践される傾向にある。

「所有概念の揺らぎ」と新しい資本主義の可能性は表裏一体である。資本主義の根本原理は「所有概念の揺らぎ」によって新たな社会の可能性をはらむ。これは新しい資本主義の可能性でもあり，人類の未来にとっては望ましい方向であるかもしれない。

ドラッカー（1993）は資本主義の変質に言及する。現代の年金基金などの機関投資家が大株主となる社会はこれまでの社会とは異なると見る。これまで「年金基金社会主義」と呼んでいたものを「従業員資本主義」といい始めている。そこでの「資本の役割や機能」は，「『資本主義』のもとにおける資本の役割や機能とは，理論的にも実践的にも全く異なる」（訳 p. 150）という。そこでは，「今後ますます，資本の機能は，知識を効果あるものにすること」が重視され，「資本は，経営管理陣を支配するのではなく，成果をあげられる経営管理陣に仕えるようになっていく」（訳 pp. 150-151）という。要するに，「機関としての経営者」が名実ともに主導する株式会社のイメージと

重なってくるのである。また,「新しい資本主義の時代」には「短期的な成果ではなく,長期的な成果」あるいは「眼前株価よりも事業の成長」が重視されると指摘する（訳 p. 150）。これは,株式会社が短期的な「株主価値」を追求するものから,長期的な「会社それ自体」の成長を目指すものとなると言っているのと同じことである。

　株式会社をめぐっては,商法の規定が時代の変化に対応して次々と改正されてゆく。株式会社のあり方はどんどん変化しており,その存在のあり方は資本主義社会のあり方そのものを変えてゆく。それは単なる可能性ではなくて,ドラッカー的にいえば「すでに起こった未来」である。株式会社の理念は時代とともに,大きく振れる。そこに資本主義の柔軟性があり,強みがある。人間くさい欲望とこれまた人間的ではあるが,偏った正義感に酔って理念に走る側面がある。資本主義はこのような人間性の両輪をうまくバランスさせながら走り続けるシステムである。株式会社に関しては,解釈の多義性が常にある。ということは新解釈のもとで新しい社会システムが誕生するということにもつながる。それは,新しい資本主義の方向を示唆するものであるかもしれない。もちろん解釈の可能性は利害関係者の勢力関係であり闘争という面を持つ。

　近代社会の成立は個の自由の獲得というところから始まる。この認識が自由主義経済の理解のために不可欠である。個人の自由を追求して,それが結果的に他者のためになるというロジックが自由主義経済のロジックである。このロジックゆえに,私益の追求,個の欲望追求ということが許される。株式会社という存在を規定する上でも,個の自由なる欲望充足を許すという基本を忘れてはならない。個人の自由が自由主義経済の要であり原動力である。特定の価値判断や宗教的な固定観念に囚われた人々はいうに及ばず,伝統的な教養をみにつけた良識ある人々からも,行き過ぎた欲望充足に対しては非難や反発が起こる。これは当然の反動である。しかし自由主義社会はさまざまな考え方の拮抗関係のなかで進歩していくしかない。自由主義経済の子供としての株式会社には自由が不可欠である。つまり「経営の自由」が株式会社制度の根幹にはなければならない。

Ⅳ 結 び―組織の時代と経営の哲学―

「組織の時代」という表現をよく耳にするが,その意味するところは必ずしも明快ではない。しかし本書で取り上げた団体という概念を明確に認識することで,「組織の時代」という表現で意味されることがどういうことであるのかがはっきりとする。

団体というのは概念構成体である。それは理念・理想・目的を現実化するためのものであり,観念を永続的な運動体とする社会的発明である。団体は「人間にあらざる観念的存在」である。現代社会においては,各種団体が社会活動における活動主体となっている。営利目的の経済活動においては,株式会社という営利団体が経済活動の中心をしめるに至っている。また,公益的な活動に目を転じれば,中央政府や地方政府の公益団体が設立されて公法人として活動している。またこれら以外にも無数の民間団体が設立され運営されている。要するに,現代社会では私益・公益を含めてまずは団体を成立させ,その活動を通じて,社会活動を遂行するという形態が経済活動の主流を占めるに至ったのである。

では,人間はどこにいったのか。人間は組織人となったのである。組織人とはなにか。組織人とは団体の運営を担う機能単位としての人間である。普通,人間が個人として生きる場合,目的や活動は自分自身のものであり,自分が主体的に決定する。つまり,自分の価値や生き様に照らして,目的を設定し各種の活動をするわけである。それらは,個人としての価値判断と基準に基づいて選択されるものである。要するに,自分という存在を中心として生きるというのが,個人としての人間の生き方だといえる。もちろん,過去における生き方も必ずしも自分のためということばかりでなく,誰かのために働き,またどこかに働きにいくという状況はあったであろう。しかし,その場合でも,働かせる側は個人であり,雇う側にとっては「自分のため」,あるいは「家族のため」の活動であったと思われる。要するに,人間が主体として存在し,人は自分のためか他人のためであれ,とにかく特定の「人のため」に働いたのである。人間中心の経済社会といわれる所以である。

しかるに,産業革命以降の産業社会の進展により,人間中心の経済活動と

いう文脈が変化し始める。政治の局面でも，個人としての君主が支配する国家体制から，国家という法人が成立し，君主や国王もかつての絶対権力を主張することはできなくなる。市民革命を経て，やがては彼ら権力者も国家に仕える機関として捉えられるようになるのである。また，資本主義経済の原動力としての営利活動は個人企業から概念構成体としての共同事業形態へ，つまり個人の集まりとしての組合や個人の連合としての合名会社や合資会社を経て，団体概念の成立としての株式会社を中心的な制度とする経済社会になった。株式会社こそは理念・理想・目的により生み出された概念構成体であり，永続的な運動体である。それは，まさに団体であり「人にあらざる」存在である。

　団体における労働は団体機関の一単位としての活動であり，それは組織の一員としてのものとなっている。組織人は団体維持と団体目的の達成ということのための機能単位であり，そのような活動で報酬を得るという生き方しか許されていない。折角，個人として自由な生き方を自分で選択して生きることが許される社会となったのであるが，そのような個人生活を維持するためには，団体のための組織単位として働くということが必要となったというジレンマに直面しているのが現代人なのである。人は自由な生き方をするために，自分の時間と個人の自由を切り売りするということが必要である。団体の理念や理想に賛同できれば，団体目的と個人目的の一致という幸運に恵まれることになる。しかし，団体の目的やその存在意義がどのようなものであれ，個人が団体の内部で果たすのは団体機関としての一機能にすぎないということは厳然たる事実である。

　「組織の時代」というのは，社会の活動単位として団体が主体となり，人間は団体の運営機関として役割を担うような社会である。個人の意思は団体という存在の前に埋没する。人は，団体機関の役割に徹することを職業人のあり方として受け入れ，そのことを当然視する時代になったのである。

　組織人は組織においては個人としての人生を生きているのではない。個人としての人生は組織を離れたところにある。組織人である限り，自分の目的や意味づけで行動することを許されることはない。組織の機能活動として，

与えられた職務目的の観点で生きる生き方が強くなるのは避けられない。自分の人生を自分で決定するという個としての生き方が希薄となり，団体目的をわが人生の目的と重ね合わせて，組織人としての行き方に徹するという生き方になりがちである。これが「組織の時代」のわれわれの姿である。

　もちろんこのことをそれほど悲観的に捉える必要はないのかもしれない。先進国に限られるとはいえ，近代以降の個人は宗教・権力・共同体といった拘束から解放され，個としての目的を掲げて生きる自由を手に入れたのである。人間がこれほどの生活上の自由を手に入れ経済的に豊かな生活を謳歌している時代はないともいえる。宗教が人々の生活を秩序づけていた時代は神や仏のために生きることはあっても自分のために生きることは許されなかったであろう。絶対権力が存在した時代は権力者の意思で被支配階級は抑圧されていたであろう。また農村共同体の内部で生きねばならなかった時代には共同体の秩序が人々の生き方を制約し，そこで手に入れることのできた自由は限られた範囲の自由に留まったであろう。それに，労働は喜びであり，生きがいであるともいえる。人は何かをして人生の時間を埋めている。何もしないでいることはある種苦痛である。人は労働をうまく組み込み，人生を豊かなものとするしかないというのも実践的な知恵である。その場合，ガルブレイス（日本経済新聞，「経済教室」，2003.1.3）が指摘するように，新しい日本資本主義のかたちを構想しつつ，その中で，「成功の意味を問い直す」という作業も必要なのかもしれない。それは「GDPに加えて，雇用と所得を基準としてがむしゃらに生産に励む」生き方から，各人の「生活をより深く，より多彩に，より豊かに楽しむ」生き方への転換，すなわち「生活の楽しみ」を追求する生き方へと価値観をシフトさせることであるのかもしれない。

　以上を考え合わせると，自由な社会を生き抜くために必要なものは，われわれの自覚と自己責任ということになるのかもしれない。すなわち，自らの価値判断に基づいた人生の選択であり，その結果に対しては潔く責任を取るという態度が求められているのだろう。

あとがき

　前著『組織の概念』でビジネス思想の蔓延と競争状況の激化により，正月三箇日さえ休まない店が増えたと嘆いた。しかし，昨今では正月元旦からの営業も珍しくなくなり，コンビニでは24時間営業が当たり前となり，大手スーパーすら夜中の12時を越えて営業するという有様である。

　ドラッカーが主張した社会変革の原動力としての企業イメージが現実化し，企業間におけるマーケティングとイノベーションの競争が日夜行われている。もう寝ている暇もない。寝ないで頑張っても追いつかないという感覚がある。

　「なんのために走り続けるのか」。個人としてはこのような問いかけをしたくなる。しかし，株式会社という存在はそのような問いかけをしない。団体が成立した時点で運動エネルギーを与えられている。永続的に運動を続けるのみである。ましてやグローバル化が進展した資本主義的生存競争下で企業活動は進行しているのである。人間的なリズムと齟齬をきたすのは当然である。では，いかにこのような事態に対処すればよいのか。

　ラッセル（Russell, 1984, pp. 11-25）は労働時間一日四時間説を唱えていた。技術進歩による生産性の高度化で，その程度の労働時間で人類の必要とする物質的な必要は満たせるはずだと考えていた。四時間の労働でみんな幸せになれるはずだし，働きすぎは害悪だと主張していた。しかし現実はこれとは逆の方向で進んでいる。バブル経済の頃に耳にした「24時間戦えますか」というドリンク剤のキャッチコピーが日常的な現実になりつつある。

　地球規模の競争時代に突入したことは確かである。太陽はいつでもどこかの地域を照らしている。起きて活動している経済活動があるかぎり，それと同期化して地球の裏側でも経済活動がある。

　マネジメントは常にバランス感覚を必要とする。マネジメントの見識と工

夫に期待するというのはあまりに楽観的過ぎるであろうか。ドラッカーは機能的合理化が人々の日々の生活を侵食するような状況にあっても，楽観的である。ドラッカーは自由主義社会を守るのは経営者であるとの信念に基づいて次のようにいう。「組織のなかの人間が人間として成長すればするほど，組織の業績はあがるのである」。そして「組織自体が真面目さと誠実さの点で格を高め，高い目標とすぐれた能力を備えるようになれば，その組織の中の人間が人間として成長する分野がひらけるのである」(Drucker, 1957, 訳 p. 132)。

　しかし，組織人が活動するのは，あくまでも団体運営の一単位としてである。それは一つの専門化された機能単位に特化した活動である。高度分業社会である現代社会はますます細分化され，高度化された専門職を組織人が担うことになっている。果たしてドラッカーの言うように，組織の中で「人間的な成長」が可能かどうかはわからない。確かに，専門職ということで，特定の分野の専門能力は高度化するだろう。いくら学んでも学び足りないほどの世界がそこにはある。問題はそれが人間としての生を必ずしも充実させないということであり，そのような生き方が人間的な成長に結びつくかどうかという問題は残る。ここでもウェーバーの言葉がまた思い出される。すなわち，「精神のない専門人，心情のない享楽人。この無のものは，かつて達せられた人間性の段階にまですでに登りつめた，と自惚れるのだ」(Weber, 1905, 訳 p. 290) という言葉である。もはや，われわれは人間存在に関わる精神なるものが何であったのか，忘れてしまったかのようである。職業上の専門性を追究する以外の価値を見出すことはますます難しくなっている。ウェーバーの意味した精神とはなんであったか。プロテスタントは労働を天職と捉え，労働生活を宗教生活と同一のものとする精神（エトス）をもって資本主義の原動力となった。そこでは宗教に支えられていたとはいえ，少なくとも，人間としての価値判断と生き方があった。では，われわれは組織の時代にあって個人としての価値判断で自己の人生を選び取るような生活をしているのか。

　現代は団体が社会の前面にでるようになった時代である。資本主義の原動

力としての株式会社も団体である．われわれは，この団体の運営を担う組織人として団体と関わっている．団体はゴーイング・コンサーンとしての運動体である．もし，株式会社が「資本の論理」のみで運動するのなら，われわれの未来はとても明るいものとはいえないのだろう．しかし，株式会社制度の内部には「私的所有の絶対性」を揺るがす論理がある．株式会社は社会制度としての性格を強め，「会社それ自体」として社会的貢献をしつつ永続性をめざす存在となっている．これは希望的にみれば新しい資本主義の可能性である．このような社会の動きに対応する中にあって，株式会社の組織化原理も新しい編成原理を必要とする．それは個人の成長や人間としての精神を高らかに謳い上げるようなものであって欲しいものである．

　経営者の役割は団体の運営者としての自覚をもって，社会の中の制度的存在としての「会社それ自体」を経営することしかない．こうしろという具体的なものを挙げることは無意味である．経済社会は動き続けている．まずは，経営者が自らの経営哲学を鍛え上げ，時代に即応できる感性を磨く必要がある．それが経営者の仕事の第一歩である．

参考文献

Alexander, J. C. et al (ed.), 1987, *The Micro-Macro Link*, University of California Press, (石井幸夫ほか訳,『マクロ―ミクロ・リンクの社会理論』, 神泉社, 1998)

Bandara, D., 2004, *How is the Current View of Japanese Corporate Governance?: A Snapshot of the Present Corporate Governance Issues In Japan*, Graduate School of Business Administration, Chukyo University, No.4

Chew, Jr, D.H., and Gillan, S., 2005, *Corporate Governance at the Crossroads*, McGraw-Hill

中條秀治, 2003a,「株式会社の内部構造―『会社それ自体』の三側面―」,『中京経営研究』, 第13巻 第1号

中條秀治, 2003b,「会社は誰のものか―『会社それ自体』論の可能性―」,『中京経営研究』, 第12巻 第2号

中條秀治, 2000a,「会社の代表権と業務執行権―「団体」の概念と「組織」の概念を手掛かりとして―」,『中京経営研究』, 第10巻 第1号

中條秀治, 2000b,「会社の社団性と法人性を考える―団体の概念を手掛かりとして―」,『中京経営研究』, 第9巻 第2号

中條秀治, 1998,『組織の概念』, 文眞堂

中央大学真法会編, 1998,『対話で学ぶ商法』, 法学書院

Drucker, P.F., 1993, *Post-Capitalist Society*, Harper Business, (上田惇生ほか訳『ポスト資本主義社会』, ダイヤモンド社, 1993)

Drucker, P.F., 1985, *Innovation and Entrepreneurship*, Haper & Row

Drucker, P.F., 1976, *Unseen revolution: How Pension fund Socialism Came to America*, Harper & Brothers, (佐々木実智男・上田惇生訳,『見えざる革命』, ダイヤモンド社, 1976)

Drucker, P.F., 1974, *Management―Tasks, Responsibilities, Practice*, Harper & Row, (野田一夫・村上恒夫監訳,『マネジメント―課題・責任・実践―』, ダイヤモンド社, 1974)

Drucker, P.F., 1957, *The Land Marks of Tomorrow*, Harper & Brothers, (現代経営研究訳,『変貌する産業社会』, ダイヤモンド社, 1959)

Drucker, P.F., 1942, *The Future of Industrial Man*, The John Day Co., (上田惇生訳,『産業人の未来』, ダイヤモンド社, 1998)

Durkheim, E., 1895, *Les regles de la methode sociologique*, (宮島喬訳,『社会学的方法の規準』, 岩波文庫, 1978)

Durkheim, E., 1897, *Le suicide: Etude de sociologie*, (尾高邦雄編,「自殺論」,『世界の名著58 ―デュルケーム・ジンメル―』, 中央公論社, 1980)

Durkheim, E., 1893, *De la division du travail social*, (田原音和訳,『社会分業論』, 青木書店, 1971)

福光 寛, 2002,「変貌するコーポレート・ガバナンス」, (井村進哉・福光 寛・王 東明 編,『コーポレート・ガバナンスの社会的視座』, 日本経済評論社)

福永文美夫,「所有概念の一考察―吉田民人の所有構造の理論」,『久留米大学商学研究』, 第2巻第2号

Gordon, J, N. and Roe, M. J., edited, 2004, *Convergence and Persistence in Corporate Governance*,

Cambridge University Press
浜田　康，2002，『「不正」を許さない監査』，日本経済新聞社
Hamilton, R.W., 1980, *The Law of Corporations In a nutshell*, West Publishing Co., (山本光太郎訳，『アメリカ会社法』，木鐸社，1999)
晴山英夫，1980，「わが国における株式会社支配論の展開—戦前期—」，『商経論集』，北九州大学商経学会，第16巻，第304号
服部栄三，1964，『株式の本質と会社の能力』，有斐閣
林　徹，2005，『組織のパワーとリズム』，中央経済社
広田真人，2002，「株式所有構造とコーポレート・ガバナンス」，(井村進哉・福光　寛・王　東明　編，『コーポレート・ガバナンスの社会的視座』，日本経済評論社)
池野千白，1999，『現代会社法入門』，一橋出版
有賀　健，1993，「企業の所有と支配」，(伊丹敬之・加護野忠男・伊藤元重　編，『日本の企業　第1巻　企業とは何か』，有斐閣)
今西宏次，2001，「共同体主義，契約主義と株式会社の目的—アメリカにおけるコーポレート・ガバナンスに関する議論との関連で—」，『大阪経済大論集』，第52巻　第4号
井上和彦，1999，『現代経営の諸問題と企業関連法』，中央経済社
井村進哉・福光　寛・王　東明編，2002，『コーポレート・ガバナンスの社会的視座』，日本経済評論社
石渡貞雄，1982，「『所有と支配の分離』は存在するか—資本所有の分割とその支配—」，『社会科学年報』，専修大学社会科学研究所，第16号
伊丹敬之，2000，『日本型コーポレート・ガバナンス—従業員主権企業の論理と改革—』日本経済新聞社
伊丹敬之，1993，「株式会社と従業員『主権』」，(伊丹敬之・加護野忠男・伊藤元重　編，『日本の企業　第1巻　企業とは何か』，有斐閣)
伊藤　整，1953，『小説の認識』，河出書房
岩井克人，2003，『会社はこれからどうなるか』，平凡社
岩井克人，2002，『二十一世紀の資本主義』，筑摩書房
岩井克人，2002，「産業力—復活の道標　私の意見⑦」，『日本経済新聞』，2002年12月20日，朝刊13面
岩井克人，1994，『資本主義を語る』，講談社
岩井克人，1993，「ヒト，モノ，法人」，(伊丹敬之・加護野忠男・伊藤元重　編，『日本の企業　第1巻　企業とは何か』，有斐閣)
岩田龍子，1968，「『現代企業』論の展開」，『商学論集』，第37巻，第1号
自由国民社編，1994，『図解による法律用語辞典』，自由国民社
自由国民社編，1995，『口語訳基本六法全書1995』，自由国民社
勝部伸夫，2004，『コーポレート・ガバナンス論序説—会社支配論からコーヘポレト・ガバナンス論へ—』文眞堂
神田秀樹・武井一浩編著，2002，『新しい株式制度』，有斐閣
河端真一，2004，『コーポレートガバナンスの研究』，信山社
川島武宜，1975，「法的構成としての『法人』民法および商法のための基礎作業として」，(竹内昭夫編，『現代商法学の課題（下）』，有斐閣)
川島武宜，1949，『所有権法の理論』，岩波書店
河本一郎，1999，『現代会社法　＜新訂第八版＞』，商事法務研究会
神田秀樹・竹井一浩，2002，『新しい株式制度』，有斐閣

菊澤研宗, 2004, 『比較コーポレート・ガバナンス論』, 有斐閣
北原　勇, 1984, 『現代資本主義における所有と決定』, 岩波書店
小松章, 1986, 「現代巨大企業における支配の構図(1)―北原理論をめぐって―」, 『社会科学論集』, 埼玉大学経済研究室, 第57号
小室直樹, 1997, 『資本主義原論』, 東洋経済新報社
近藤光男, 2004, 『コーポレート・ガバナンスと経営責任』, 有斐閣
河野大機, 1999, 「ドラッカーの経営体統治・経営者統治論」, 『龍谷大学経営学論集』, 第39巻, 第1号
河野大機, 1994, 『ドラッカー経営論の体系化〈上巻〉』, 三嶺書房
倉沢康一郎監修, 1999, 『口語六法全書　商法』, 自由国民社
増地昭男, 「今日の企業統治の諸問題（上）」, 『中京経営研究』, 第8第1号
増地昭男, 「今日の企業統治の諸問題（下）」, 『中京経営研究』, 第8第2号
正岡幸伸・柴山慎一, 2002, 「取締役会の実態と理想」, 『Diamond Harvard Review』, April
ミッシェル・アルベール, 1991, （小池はるひ訳, 『資本主義対資本主義』竹内書店新店, 1991）
三枝一雄, 2001, 『論点整理　会社法』法律文化社
Gordon, J. and Roe, M., edited, 2004, *Convergence and Persistence in Corporate Gavernance*, Cambridge university Press
三戸　浩, 1998, 「企業支配論と企業統治論」, 『横浜経営研究』, 第XIX巻第2号
三戸　浩, 1992, 「パラダイム転換と新しい会社支配論―昭和61年, 平成3年の所有状況―」, 『横浜経営研究』, 第XIII巻　第3号
三戸　公, 2002, 『管理とは何か』, 文眞堂
三戸　公, 1997, 『現代の学としての経営学』, 文眞堂
三戸　公, 1994, 『「家」としての日本社会』, 文眞堂
三戸　公, 1994, 『財産の終焉―組織社会の支配構造』, 文眞堂
三戸　公, 1991, 『家の論理　I・II』, 文眞堂
宮島　喬, 1977, 『デュルケム社会理論の研究』, 東京大学出版会
宮内義彦, 2002, 「社外取締役の機能, 執行役の本質」, 『*Diamond Harvard Business*』, ダイヤモンド社, April
森　昊, 1985, 『株式会社制度』, 北海道大学図書刊行会
森田　章, 2002, 『会社法の規制緩和とコーポレート・ガバナンス』, 中央経済社
村上　享・水谷内　徹也・瀬谷　ゆり子・鈴木　基史・井形　浩治, 1999, 『コーポレート・ガバナンスの多角的研究』, 同文舘
根田正樹編, 2002, 『会社法30講』, 中央経済社
Nakagaki, N. and Bandara, D., 2004, "Corporat Gavernance of the Japanese Enterprise," *Chukyo Keiei Kenkyu*, Vol.13, No.2
新山雄三, 2001, 『論争"コーポレート・ガバナンス"―コーポレート・ガバナンス論の方法的視座―』, 商事法務研究会
西川郁生, 2004, 『アメリカビジネス法』, 中央経済社
西山忠範, 1992, 『日本企業論』, 文眞堂
西山忠範, 1985, 「第3章　新しい企業形態への模索―株式会社制度の廃棄―」（総合研究開発機構編, 『21世紀の日本の株式会社像』, 東洋経済新報社）
西山忠範, 1983, 『脱資本主義分析』, 文眞堂
西山忠範, 1980, 『支配構造論』, 文眞堂
西山忠範, 1975, 『現代企業の支配構造』, 有斐閣

西岡健夫，2001,「組織流動化の理論的検討」,『追手門経営論集』, vol.7
長浜洋一・平出慶道編，1998,『会社法を学ぶ（第6版）』, 有斐閣選書
大隅健一郎，1975,『新訂・会社法概説』有斐閣
大隅健一郎『会社法論』有斐閣
大塚久雄，1969a,『大塚久雄著作集第一巻―会社発生史論―』, 岩波書店
大塚久雄，1969b,『大塚久雄著作集第三巻―近代資本主義の系譜―』, 岩波書店
落合誠一・神田秀樹・近藤光男，1999,『商法Ⅱ 会社〔第3版補訂Ⅱ〕, 有斐閣
小笠原英司，2004,『経営哲学研究序説―経営学的経営哲学の構想―』, 文眞堂
奥村 宏，2002,「日本のコーポレート・ガバナンス」,（井村進哉・福光 寛・王 東明編,『コーポレート・ガバナンスの社会的視座』, 日本経済評論社）
奥村 宏，2000,『株式会社はどこへ行く―株主資本主義批判―』, 岩波書店
奥村 宏，1984,『法人資本主義―「会社本位」の体系―』, 御茶ノ水書房
奥村 宏，1975,『法人資本主義論』, 日本評論社
奥島孝康編，1997,『会社はだれのものか』, 社団法人金融財政事情研究会 早稲田大学エクステンションセンター
奥島孝康編，1996,『コーポレート・ガバナンス』, 社団法人金融財政事情研究会 早稲田大学エクステンションセンター
奥島孝康，1994,『会社法の基礎』, 日本評論社
Prentice, D.D. and Holland, P.R., edited, 1993, *Contemporary Issues in Corporate Governance*, Oxford University Press
Rusell, B., 1984, *In Praise of Idleness*, Unwin Paperbacks
小佐野 広，2001,『コーポレート・ガバナンス経済学』, 日本経済新聞
坂田 宏，1999,「会社は誰のもの？―株主代表訴訟をめぐって―」,『横浜経営研究』, 第ⅩⅩ巻1号
坂本雅則，2002,『企業における支配権力の重層的決定関係』, 博士学位申請論文（京都大学）
佐合紘一，2002,「リスク管理とコーポレート・ガバナンス」,『経営研究』, 第52巻4号
貞松 茂，1994,『株式会社支配の研究』, ミネルヴァ書房
桜井克彦，2001,「企業経営とステークホールダー・アプローチ」,『経済科学』, 第48巻4号
桜井克彦，1999,「コーポレート・ガバナンスに関する一考察―企業の社会的責任との関連を中心に―」,『経済科学』, 第46巻4号
渋谷博史，2002,「社会的視野からのコーポレート・ガバナンス」,（井村進哉・福光 寛・王 東明編,『コーポレート・ガバナンスの社会的視座』, 日本経済評論社）
重竹尚基，2002,「取締役会改革で会社が変わる3つのポイント」, *Diamond Harvard Business Review*, ダイヤモンド社, April
志村治美・中谷光隆編，1997,『現代社会と企業法』, 青林書院
篠田武司，1984,「株式会社における所有問題」,『経済評論』, 第33巻, 第9号
Stern, J.M., Shyly, J.S. and Ross, I., 2001, *The EVA Challenge: Implementing Value-Added Change In an Organization*, John Wiley & Sons,（伊藤邦雄訳, 2002,『EVA 価値創造への企業変革』, 日本経済新聞社）
澤田和也・秋山里絵，2002,『よくわかる商法大改正』, 日本実業出版社
鷹巣信孝，1996,『財産法における権利の構造』, 成文堂
鷹巣信孝，1989,『企業と団体の基礎法理』, 成文堂
高村直助，1996,『会社の誕生』, 吉川弘文館
田村諄之輔・戸塚登編，1998,『会社読本〔第5版〕』, 有斐閣選書
田中照純，1998,『経営学の方法と歴史』, ミネルヴァ書房

寺本義成，1997，『日本企業のコーポレート・ガバナンス』，生産性出版
Thurow, L., 2003, *Fortune Favors the Bold*, Haper Collins Publishers Inc., (三上義一訳，『知識資本主義』，ダイヤモンド社，2004)
富森虔児，1986，「『所有』と巨大株式会社」，『経済学研究』，北海道大学，第35巻，第3号
富森虔児，1977，『現代資本主義の理論』，新評論
Tricker, R.I., 2000, *Corporate Governance*, Durtmouth Publishing Company Limited
土屋晴行・富沢大志，1998，『商法がわかつた』，法学書院
土屋守章・岡本久吉，2003，『コーポレート・ガバナンス論』，有斐閣
上田貞次郎，1944，『株式会社論―全集第二巻―』，全集刊行会
内川菊義・中村義彦，1995，『現代株式会社論』，税務経理協会
植竹晃久・仲田正機編著，『現代企業の所有・支配・管理―コーポレート・ガバナンスと企業管理システム―』，ミネルヴァ書房
上柳克郎・北沢正啓・鴻常夫編，『会社法〔第六版〕H，有斐閣双書
Vinogradoff, P., 1959, *Common Sense in Law*, Clarendon Press, (末延三次・伊藤正己訳，『法における常識』，岩波文庫，1972)
渡辺英二，2004，「経営者支配と正当性」，『横浜国際社会科学研究』，第9巻第2号
Weber, M, 1922, *Soziologische Grundbegriffe*, (清水幾太郎訳，『社会学の根本概念』，岩波文庫，1972)
Weber, M, 1913, *Uber einige Kategorien der Verstehenden Soziologie*, (林道義訳，『理解社会学のカテゴリー』，岩波文庫，1968)
Weber, M, 1905, *Die Protestantische Ethik und der Geist des Kapitalismus*, (梶山力・大塚久雄訳，「プロテスタンティズムの倫理と資本主義の精神」，『世界の名著』，中央公論社，1975)
八木弘，1963，『株式会社財団論』，有斐閣
山崎正一・市川浩編，1979，『現代哲学事典』，講談社
吉森賢，1998，「企業はだれのものか―企業概念の日米欧比較(1)アメリカ・イギリス―」，『横浜経営研究』，第ⅩⅠⅩ巻　第1号
吉森賢，1998，「企業はだれのものか―企業概念の日米欧比較（2・完）ドイツ，フランス，日本，結論―」，『横浜経営研究』，第ⅩⅠⅩ巻　第3号
若林政史，1994，『日本的経営の制度化を考える』，中央経済社
若林政史，1989，『日本的経営論から日本的会社論へ』，中央経済社
若林政史，1987，『株式新社論―新しい会社像―』，白桃書房
若杉敬明監修，2004，『株主が目覚める日―コーポレート・ガバナンスが日本を変える』，商事法務

索　引

【ア行】

預かりもの　76
新しい資本主義の時代　204
新しい日本資本主義のかたち　207
アメリカ型委員会制度　166
アメリカ型の会計監査制度　179
アメリカ型のコーポレート・ガバナンス　49
家　182
　　——概念を中核概念とした事業体　182
　　——共同体　97, 183
　　——共同体としての日本型経営　182
　　——共同体の運営論理　182
　　——の繁栄　183
　　——の論理　103, 183
　　——への忠誠と献身　183
一円会社　135
一単位株につき一票　35
一物一権主義　77
一般投資家　34
委任　137
イノベーション　159
　　——競争　159
ウェーバー　1
　　——的な方法論的個人主義　62
　　——の方法論　65
　　——の根本的発想　2
失われた十年　179
討死　96
旨味のある株　87
運営機関　12
　　——としての経営者　128
運命共同体　146, 183
永遠なるもの　72
エイズ薬害　193
永続
　　——体としての株式会社　186
　　——的な運動体　12

——的な事業体　135
営利
　　——財団法人　21
　　——社団法人　17, 21
　　——性　17
　　——法人　41
エコノミック・アニマル　96
エコ・ファンド　89
NPO法案　48
M&B（合併・買収）　171
LBO（企業担保資金による買収）　157
お家大事　96
狼の集団　4
お手盛り　105

【カ行】

会　6
解散理由　36
会社（company）　17, 58
　　——機関　35
　　——支配権の争奪　82
　　——資本主義　125
　　——それ自体　41, 108, 122
　　——それ自体論　102
　　——という概念　19
　　——という存在　50
　　——人間　96
　　——の悪事・不祥事　193
　　——の営利性　18
　　——の「格」　97
　　——の機関　129, 136
　　——の債務に対して連帯保証　80
　　——の社団性　18
　　——の寿命は30年　190
　　——の清算　196
　　——の存在感　60
　　——の特徴　17
　　——と取締役の関係　138

——の内部統制　33
　　——の内部留保　172
　　——の内紛問題　149
　　——の病理　105
　　——は永遠である　183
　　——は公器　98
　　——犯罪　194
　　——への忠誠・献身　183
　　——への忠誠心　183
　　——への背任行為　161
　　——本位　116
概念構成体
　　——としての株式会社　39
　　——としての社会的構築物　40
　　——しての団体　7,16,58,59
開放的関係　2
過去のコスト　157
家産として株式会社　182
家産を守る　183
過失責任　133
価値判断の問題　67
がっぷり四つ　87
家庭　184
株価　169
株式
　　——合資会社　177
　　——上場廃止基準　37
　　——の時価総額　170
　　——の相互持合い　116
　　——の転売　34
　　——の分散化　110
　　——物権説と株式債権説　81
株式会社（corporation）　17,58
　　——財団説　30
　　——制度の論理構造　140
　　——という企業形態　186
　　——というものの革命的な意義　39
　　——としての死刑宣告　36
　　——の永続性　130
　　——の概念　133
　　——の機関　35
　　——の経営権　140
　　——の公益性　185
　　——の所有の二重構造　83

　　——の内的な論理　140
　　——の内的論理構造　129
　　——の内部構造　165
　　——の派生的な側面　182
　　——の発展史　40
　　——の本質　38
　　——のロジック　153
株主
　　——意思　38
　　——価値　49,87,170
　　——価値の向上　89
　　——社団説　28
　　——主権　91
　　——主権のガバナンス　179
　　——責任投資　89
　　——総会　35
　　——代表訴訟　91,179
　　——代表訴訟の簡素化　167
　　——中心の米国型ガバナンス　180
　　——の集まり　28
　　——の社団　28
　　——の信任　36,154
　　——の代理　93
　　——の有限責任の論拠　130
　　——の利益　89
　　——への高額配当　172
　　——持株比率の不実記載　84
　　——有限責任　185
　　——利益中心の企業概念　90
空売り　188
カリスマ経営者　168
過労死　96,192
関係　1
　　——概念　59
　　——性　2
　　——性の総体としての集団　3
　　——性の違い　2
監査役　137
監視義務　149
監視業務　151
監督権　143
観念（イデア）　53
　　——実在論　53,127
管理スタッフ　11

機関　124
　——所有　124, 127
　——地位にまつわる権限　161
　——投資家　89
　——としての管理スタッフ　12
　——としての経営者　133
　——としての責任　133
　——による運営　39
　——の構成員　133
　——の正当性　163
　——の組織体　29
企業　20
　——価値　88, 170
　——価値の向上　171
　——活動の本質　201
　——経営者に対する不信感　168
　——それ自体　107
　——の倫理憲章　194
　——不祥事　188
　——倫理　194
　——倫理の問題　194
議決権の争奪戦　162
擬似的「家」　97
擬制　55
　——的存在　135
偽装牛肉事件　188
機能
　——資本家　132
　——体　103
　——体型モデル　184
　——単位として生き方　14
　——単位としての人間　205
規範　5
寄付行為　21
共益権　81, 129
境界　3
　——の概念　3
競業避止義務　143
狂信集団　192
共同
　——企業　20
　——企業形態　20
　——事業目的　45
　——事業をなさんとする意思　25

共同体　103
　——型モデル　184
　——からの自由　198
　——の解体過程　181
　——の論理　98
業務
　——執行権　137, 138
　——執行責任者（CEO）　139
　——停止命令　193
共有　77
規律　5
組合　17, 20
　——員の主体性　20
　——性　20
　——的団体　19
　——における全体性　22
　——の個人原理のロジック　22
　——本来の理解である個人原理　19
経営
　——委員会　148
　——権　131
　——の神様　169
　——の自由　204
　——哲学　198
　——判断の原則　133, 177
　——判断の理論（business judgment doctrine）　138
　——判断のルール（business judgment rule）　138
経営者　111
　——革命　127
　——支配　117
　——支配の正当性　91
　——支配論　110
　——の意義　128
　——の位置づけ　167
　——の見識　166
　——の権力行使　127
　——者の権力の正当性　160
　——の強欲　105, 169
　——の使命　169
　——者の正当性　152
　——の独断専行　91, 167
　——の不正行為　128

──の無過失責任　133
　　　──の役割　169
契約　47
ゲゼルシャフト　103
結合関係にある全社員対各社員の社会的関係　22
ゲマインシャフト　103
減価償却　130
　　　──の重要性　130
原始的企業概念　90
牽制されない機関　163
牽制システム　163
現代
　　　──大企業の支配者　126
　　　──のガバナンス論　91
　　　──の資本物神の預言者　159
権力からの自由　198
権力闘争　5
個
　　　──体同士の連携　13
　　　──と全体という二元論　62
　　　──と全体という用語　63
　　　──とは何か　62
　　　──の欲望追求　204
　　　──を超える全体性　66
　　　──を超える存在　145
ゴーイング・コンサーン　12, 135
行為　1
　　　──の可能性　71, 72
公益
　　　──財団法人　21
　　　──団体　14
　　　──法人　41
公開株式会社　37
交換価値　129
公器　188
　　　──としての株式会社　187
公共もしくは準公共目的の事業資金　186
公人　155
構成員
　　　──間の関係　21
　　　──とは別個の存在を成立させる団体の論理　46
　　　──の個性　20
　　　──の範囲　8
　　　──への抑圧性　191

拘束性　191
公的団体　14
合名会社　17
　　　──組合説　22
　　　──社団説　22
　　　──の性格　24
　　　──の編成原理　17
　　　──の本質　19
　　　──の由来　43
合有　77
顧客の創造　187
国体のイメージ　9
国民　9
　　　──あっての国家　9
　　　──を超えるものとしての国家　10
個人
　　　──企業　20
　　　──原理　20
　　　──人格　92
　　　──人格の体現者　15
　　　──独裁　192
　　　──としての価値判断　209
　　　──に還元されない全体性　22
　　　──に還元する考え方　46
　　　──の結合関係を一つの全体とてみるという立場　22
　　　──の自由　204
　　　──の相互作用としての関係性　66
　　　──の相互作用の総体を一つの全体性と扱う集団概念　44
　　　──の欲望充足　189
　　　──の欲望充足を肯定する社会　189
　　　──保証　133
　　　──を超える存在　7
コスト　157
国家　9
　　　──概念　9
　　　──概念の恣意性　9
　　　──建設の理念　9
　　　──の主権　74
　　　──の統治権　75
　　　──理念　9
コーポレート・ガバナンス　139, 169
コーポレート・ガバナンスの改革　180

コロニー 13
　——という団体 13
　——の全体性 13
　——の繁栄 13
婚姻関係 70
　——という拘束的な間柄 71

【サ行】

最高意思決定機関 35
財団 8
　——説 29
財閥 182
サービス残業 96
三権分立 146
CEO（最高経営責任者：chief executive officer) 151
COO（業務執行責任者：chief operational officer) 151
自益権 81, 129
私益の追求 204
資格株 146
事業
　——コンセプト 40
　——をさせる意思 29
　——をする意思 29
自己責任 207
市場 33
　——参加者 33
　——での株式の購入 33
死すべき存在 6
執行
　——機関の長 145
　——業務 151
　——役員制 151
　——役制度 150
実在 59
　「——」と「虚構」の狭間にある存在 62
　——と虚構の狭間を揺れ動く概念 71
　——論 52
実体 59
　——概念 59
私的所有の絶対性 202
仕手戦 87
イノベーション競争 159

支配 125, 126
　——構造 38
　——者 126
　——主体 126
　——という用語 128
　——の正当性 154
資本
　——維持・充実の原則 37
　——確定の原則 37
　——金 185
　——の運動 37, 40
　——のコスト 157
　——の論理 109, 127
　——不変の原則 37
資本主義 93
　——社会の本質 198
　——の原動力である欲望 198
　——の内部に仕掛けられた時限爆弾 203
　——の発展 181
　——の理念 181
社員 25
　——の個性 44
　——の主体性 25
　——の総意 25
　——の連帯保証 80
社会 63
　——実在論者 66
　——正義の観点 155
　——制度としての株式会社 185
　——善 189
　——的関係として「実在感」 61
　——的行為 2
　——的事実 64, 65
　——的事象 63
　——的実在 41
　——的責任 99
　——的組織体 7
　——という実在 63
　——に由来する正当性 156
　——の公器 100
　——有機体 58
社外取締役 90
社是・社訓・社歌 183
社葬 96

索引 221

社団　8, 17
　　——性　17, 20
　　——説　28
　　——的団体　19
　　——という概念　19
社団法人　28
　　——説　28
社長　142
従業員　137
　　——資本主義　203
　　——主権　93
　　——のための会社　98
宗教からの自由　198
自由主義経済の要　204
自由主義経済のロジック　204
終身雇用制　96
終身雇用の終焉　184
集団
　　——維持　6
　　——概念　184
　　——概念の有効性　17
　　——的な見方　9
　　——という概念　3
　　——という概念の限界　6
　　——としての合名会社　24
　　——と団体の概念の差異　1
　　——と団体の成立論理　1
　　——と団体の本質的な違い　1
　　——の概念　3
　　——の議論　24
　　——の限界　6
　　——の発想　67
　　——の本質　4
　　——の論理　46
　　——の論理に踏みとどまる立場　24
自由なる経営　150
重役制度　38, 185
主観のフィルター　54
主権　74
受託責任　89
出資金の集まり　37
出資者の集まり　37
準則主義　185
使用価値　129

証券制度　38
商号　45
上場基準　37
上場廃止　37
少数株主支配　110
少人数取締役会　179
商品　129
　　——の強制的な陳腐化　201
　　——物神　191
商法に規定された必須機関　150
常務会　148
初期の産業資本家　186
職位　137
職業倫理　185
職権　137
職責　137
職務　137
諸個人の相互作用の総体としての関係性　44
諸個人の作る相互作用の総体　66
所有
　　——概念の揺らぎ　203
　　——と経営の分離　91
　　——による支配　115
　　——の成熟　124
　　——の絶対性　77
　　——の二重化　122
　　——の二重構造　83
　　——の論理　203
所有権　73
　　——説　77
　　——の絶対性　105, 202
　　——の「本質」　74
　　——は絶対である　76
神格化された国家　191
人格なき社団　48
信条　155
人生の選択　207
死んだ株　87
人的会社　24
人的資源　40
信任関係　137
信認義務（fiduciary duty）　137
人本主義　93
信用取引　86

信頼の法理　176
推定す　55
随伴的結果　159
崇高な理念　191
ステイク・ホルダー　156
ストック・オプション依存の報酬制度　179
ストップ安　188
生活の質　156
生活の楽しみ　207
税金の二重取り　56
正当
　——性の根拠　154
　——性の伝統的な根拠　154
　——性のない権限　154
　——性の本源　165
　——な経営権　161
制度
　——的な構築物　60
　——としての株式会社　61
　——論的企業観　98
責任ある選択　159
説明責任　36
設立登記の手続き　39
セメダイン事件　178
善管義務　92, 149
全体
　——主義国家の悲惨　192
　——主義の怖さ　191
　——主義抑圧国家　191
　——としての国家　68
　——とは何か　62
専門
　——経営者　128
　——人　15
　——性　162
　——能力の習得　15
占有による支配　115
創業者の死　195
相互牽制の仕組み　163
相互行為　2
総有　77
組織　15
　——化原理　155
　——人　15, 205

——人格　92
——人格の体現者　15
——人としての意識　184
——という概念　14
——という現象　14
——という目に見えない怪物　16
——としての側面　129
——の「境界」　3
——の時代　14, 205
——の長　142
——の病気　103

【タ行】

大企業公器論　107
第三種法人説　30
体制維持の装置　10
代表　160
　——権　138
　——執行役　150
　——取締役　142
　——取締役社長　137
代理　160
大和銀行巨額損失事件　174
鷹巣信孝　21
多元的目的　99
多元的な利害調整　172
蛸足配当　171
脱資本主義論　114
団体　1
　——意思　10
　——運営の機関として経営者　128
　——概念　184
　——概念の本質　1
　——機関　15
　——機関としての組織　16
　——機関の正当性　152
　——機関の組織体としての社団　29
　——規範　34
　——規律　13, 34
　——原理　20
　——行為　11
　——構成員　8, 13
　——精神　13
　——精神の記憶　183

——それ自体　11
　　——秩序　69
　　——的意思　10
　　——という全体性の存在　62
　　——という存在　7
　　——という存在の本質　60
　　——という用語　24
　　——と構成員間の関係　21
　　——における管理権　165
　　——における指揮権　11
　　——における人の位置づけ　8
　　——に死を与えるロジック　195
　　——にも死を組込むこと　195
　　——の運営者としての自覚　210
　　——の永遠性　184
　　——の概念　1
　　——の課す規律や規範　69
　　——の業務執行機関　15
　　——の議論　24
　　——の拘束性　69
　　——の執行機関　145
　　——の実在性　50
　　——の性格の違い　21
　　——の成立を認めるロジック　24
　　——の存在意義　10
　　——の代表権　11
　　——の代表権者　11
　　——の長　142
　　——の内部統制権　164
　　——の発想　67
　　——の物神性　190
　　——の論理　46
　　——は人間にあらざる存在　7
　　——は理念・理想・目的から連想された概念
　　　構成体　7
　　——物神　190
　　——有　80
担保株　146
地上の楽園　192
地上の煉獄　192
中間法人　41
忠実義務　92, 149
中世の普遍論争　53
ちょうちん　87

通常清算　196
詰め腹を切らす　96
定款　25
デイ・トレーダー　86, 134
定年退職　96
適者管理の思想　145
敵対的
　　——企業買収　157
　　——TOB　167
　　——買収　167
鉄の檻　15, 191
デュルケム　64
　　——的な方法論的全体主義　62
　　——の方法論　64, 65
テロ団体　192
天皇機関説　75
同期の桜　96
道具性　15
投資ファンド　172
投資リターン　169
統帥権干犯問題　75
道徳性　162
道徳律　155
トカゲの尻尾きり　96
特別清算　196
特別背任罪　163
TOB　84
　　——（公開買付）　171
ドラッカー　18
取締役　137
　　——会議長　139
　　——会制度　145
　　——会の専管事項　145
　　——会の無機能化　163
　　——の義務　137, 176
　　——派生機関説　146

【ナ行】

仲間　4
7名以上の発起人　36
日本
　　——型企業システム　95
　　——型企業システムの本質　95
　　——型経営の諸制度　182

224　索引

　　——企業のコーポレート・ガバナンス　173
人間
　　——性の限界　6
　　——存在を超越した概念構成体　40
　　——的な限界　6
　　——的な成長　209
　　——という存在　6
　　——ならざる機関　124
　　——にあらざるもの　200
　　——の作る集団　6
認識主体の認知　54
認識の枠組み　54
ネガティブ・シンキング　54
年金基金　156
年金基金社会主義　203
年功制　96
乗っ取り屋　157

【ハ行】

敗者復活　196
博愛専制　156
歯車　15
派生機関説　146
罰金刑　57
バーナムの「経営者革命」論　112
バブル　157
バーリ＝ミーンズの「経営者支配」　112
非営利団体（NPO）　14
東インド会社　185
ビジネス思想の蔓延　208
ビジネス・ジャッジメント・ルール　178
非政府団体（NGO）　14
必要悪　18
ヒトとしての側面　129
一人会社　27, 135
表見代表取締役　149
未来費用　187
複眼的管理　160
不正な株価操作　168
物神性　192
物的会社　21
腐敗した独裁的な権力　193
部品　15
普遍概念　53

普遍論争　50
プラトンのイデア論　53
プロ意識　184
粉飾決算　171
分量説　77
閉鎖会社　38
閉鎖的関係　2
並列機関説　146
ポイズンピル　172
封建社会の所有概念の違い　77
法人　19, 47
　　——格の希薄化　38
　　——格否認の法理　49
　　——格をもたない各種団体　48
　　——擬制説　52
　　——実在説　52
　　——資本主義　117
　　——性　17
　　——としての意思　38
　　——とはなにか　41
　　——成り　49
　　——の概念　42
　　——の存在論争　50
　　——否認説　54
　　——論争　51
法的主体（artificial entity）　135
方法論的
　　——関係主義　69
　　——個人主義　62
　　——全体主義　62
保護観察　196
ポジティブ・シンキング　54
ボス　5
　　——の出現　5
　　——の登場　5
発起人組合　36

【マ行】

マーケティング　159
マネーゲーム　157
マネジメント
　　——・コントロール　111
　　——の見識　208
　　——の責任　159

守るべき理念や理想　72
水俣病　193
看做す　55
未来のためのコスト　157
未来費用　130, 187
民法で規定される組合概念　19
無機能資本家　132
無限責任　25
　——社員　27
滅私奉公　96
目的結社　7
持株比率　37
　——の不実記載問題　38
モノがあふれる時代　201
モノとしての側面　129

【ヤ行】

唯名論　52
有限責任　25
　——社員　25
有限責任制度　38
幽霊の実在性　70
抑圧団体　191
抑圧の臭い　191
欲望　202
　——を肯定する社会　202

【ラ行】

利害関係者　156
　——型のガバナンス　179
理事　21
　——会　21
利潤　18
理念としての国家概念　9
理念・理想・目的　8
　——を具現化した概念構成体　7
労働時間一日四時間説　208

初出一覧

序　章　団体の概念
　　　　書き下ろし

第一章　株式会社とは何か―団体の成立―
　第一節　合名会社の社団性について考える
　　　　「会社の社団性と法人性を考える―団体の概念を手掛かりとして―」，
　　　　『中京経営研究』，第9巻第2号2000年を加筆修正。
　第二節　株式会社の社団性について考える
　　　　「会社の社団性と法人性を考える―団体の概念を手掛かりとして―」，
　　　　『中京経営研究』，第9巻第2号2000年を加筆修正。
　第三節　株式会社の法人性について考える
　　　　「会社の社団性と法人性を考える―団体の概念を手掛かりとして―」，
　　　　『中京経営研究』，第9巻第2号2000年を加筆修正。

第二章　株式会社をめぐる存在論と方法論―団体の存在論と方法論―
　第一節　法人の存在論争を考える
　　　　書き下ろし
　第二節　団体の方法論―方法論的関係主義―
　　　　書き下ろし

第三章　株式会社は誰のものか―団体の所有論―
　第一節　株式会社の所有について考える
　　　　書き下ろし
　第二節　会社は誰のものか―「会社それ自体」論の可能性―
　　　　「会社は誰のものか―『会社それ自体』論の可能性―」，『中京経営研究』，第12巻第2号2003年を加筆修正。

第四章　株式会社の内部構造―団体の内部構造―
　第一節　「会社それ自体」論の展開―系譜とその批判―

「会社は誰のものか―『会社それ自体』論の可能性―」,『中京経営研究』,第12巻第2号 2003年を加筆修正。
　第二節　株式会社の内部構造―「会社それ自体」の三側面―
「株式会社の内部構造―『会社それ自体』論の三側面―」,『中京経営研究』,第13巻第1号 2003年を加筆修正。

第五章　経営者の正当性―団体の運営論―
　第一節　会社における代表権と業務執行権
「会社の代表権と業務執行権―「団体」の概念と「組織」の概念を手掛かりとして―」,『中京経営研究』,第10巻第1号 2000年を加筆修正。
　第二節　経営者の正当性―団体機関の正当性―
　　　　　書き下ろし
　第三節　経営者をどう監視するか―コーポレート・ガバナンスとはなにか―
　　　　　書き下ろし

第六章　株式会社の社会的責任と企業倫理―団体の責任論―
　第一節　株式会社の派生的側面―社会制度的存在としての株式会社―
　　　　　書き下ろし
　第二節　団体物神と死―株式会社にいかに死を組み込むか―
　　　　　書き下ろし

終　章　資本主義の本質と経営の哲学
　　　　　書き下ろし

著者紹介

中條　秀治（ちゅうじょう　ひではる）

1952年　大阪府岸和田市生に生まれる
1977年　早稲田大学商学部卒業
1979年　早稲田大学大学院商学研究科博士課程前期修了
1984年　早稲田大学大学院商学研究科博士課程後期単位取得
　　　　　中京大学商学部専任講師
現在　　中京大学経営学部教授（商学博士早稲田大学）
専攻　　経営組織論・経営管理論
著書　　『経営管理の思想家たち』（共著），早稲田大学出版部，1987年
　　　　『中部中堅企業の実態と動向―新たな安定と効率化をめざして―』（共著），中京大学中小企業研究所，1987年
　　　　『現代企業論講義』（共著），中央経済社，1989年
　　　　『組織の概念』文眞堂現代経営学選集（第Ⅱ期第1巻），1998年
　　　　　（組織学会賞受賞）

現住所　471-0131　愛知県日進市岩崎町元井ゲ17番地37
E-mail：hchujo@mecl.chukyo-u.ac.jp

株式会社新論
―コーポレート・ガバナンス序説―

2005年9月30日　第1版第1刷発行　　　　　　　　　検印省略

著　者　中　條　秀　治

発行者　前　野　眞太郎

発行所　東京都新宿区早稲田鶴巻町533
　　　　株式会社　文　眞　堂
　　　　電話　03（3202）8480
　　　　FAX　03（3203）2638
　　　　http://www.bunshin-do.co.jp
　　　　郵便番号（162-0041）振替00120-2-96437

印刷・モリモト印刷　　製本・イマキ製本所
© 2005
定価はカバー裏に表示してあります
ISBN4-8309-4525-7　C3034